MAURICE PHILIP REMY

MYTHOS BERNSTEINZIMMER

MAURICE PHILIP REMY

MYTHOS
BERNSTEINZIMMER

List

Der List Verlag ist ein Verlag
des Verlagshauses Ullstein Heyne List GmbH & Co. KG

ISBN 3-471-78579-5

Karte: GeoKarta, Heiner Newe, Altensteig
Geländedarstellung der Karte: MHM®, © Digital Wisdom
Lektorat: Antje Taffelt, Berlin
Satz: Franzis print & media GmbH, München
Lithografie: Franzis print & media GmbH, München
Druck und Bindung: Offizin Andersen Nexö Leipzig GmbH, Zwenkau
Printed in Germany

INHALT

Spur zum Bernsteinzimmer? Kopf eines antiken Kriegers,
versteigert bei Christie's, London, 1994

SPUREN

Die Auktion war eine erlesene Ansammlung höfischer und kirchlicher Kostbarkeiten. Christie's versteigerte an diesem 13. Dezember 1994 in London »Bedeutende Europäische Plastiken und Kunstwerke« aus dem Besitz der Witwe des britischen Kunsthändlers James Byam Shaw, aus dem Kloster der Karmeliterinnen in Chichester und aus dem Nachlass des amerikanischen Kunsthistorikers John Rewald sowie verschiedene Einzelstücke weiterer Anbieter.

Zu den Höhepunkten zählte eine 700 Jahre alte venezianische Karaffe aus Bergkristall, ein geschnitzter Triptychon und ein Paar vergoldete Bronzelöwen aus dem frühen 16. Jahrhundert, ein Königsberger Schachspiel in Bernstein und Perlmutt aus dem 17. Jahrhundert sowie die weiße Marmorbüste eines Jünglings von Houdon. Mit einem Aufrufpreis von 15 000 bis 20 000 Pfund nahm sich ein kleiner Elfenbeinschrank vergleichsweise günstig aus. Besonders an ihm war allerdings seine Herkunft: Es handelte sich um eine Arbeit des Danziger Bernsteinschnitzers Gottfried Turau, der Anfang des 18. Jahrhunderts in Berlin das Bernsteinzimmer vollendet hatte. Und der Schrank blieb nicht das einzige Stück in dieser Auktion, das eine Verbindung zu jenem sagenumwobenen Kunstwerk herstellte.

Unter der Nummer 73 wurde am frühen Nachmittag ein geschnitzter Bernsteinkopf aufgerufen. Die feine Arbeit zeigte einen antiken Krieger im

Profil – den rostroten, glänzenden Kopf auf einer ovalen Alabasterplatte; an seinem Hals der Ansatz einer Toga. Auf der Rückseite des Medaillons klebte ein ausgeschnittener bedruckter Zettel, offensichtlich aus einem älteren Versteigerungskatalog. Die englische Aufschrift lautete: »Medaillon, Kopf des Cäsar, geschnitzt aus trübem Bernstein, mit Umhang – in Lederschachtel.« Spätere Nachforschungen ergaben, dass der Einlieferer – ein Londoner Kunsthändler – das Stück seinerseits auf einer der typisch englischen Auktionen von Möbeln, Trödel und Antiquitäten auf dem Land ersteigert hatte. Davor verliert sich die Spur der einstigen Besitzer im Dunkel der Geschichte.

Auch nach der Auktion bei Christie's verschwand der Bernsteinkopf zunächst wieder aus dem Licht der Öffentlichkeit. Ein Sammler hatte das Kunstwerk für 10 350 Pfund erworben und zog es vor, sich im Stillen an seinem Besitz zu erfreuen. Erst Jahre später, im Mai 1997, wurde die »Gemeinde« der Bernsteinzimmerforscher durch einen Artikel in der Zeitschrift *GEO* auf das ungewöhnliche Stück aufmerksam. Es glich exakt jenen 16 Köpfen, die einst in dem legendären Saal als Schmuck an den ovalen Wandkartuschen angebracht waren. Wies der Bernsteinkopf aus der Auktion bei Christie's eine Spur zu dem verschollenen Kunstwerk? *GEO* hielt dies nicht für ausgeschlossen und zitierte abschließend den Kunstdetektiv Clemens Toussaint mit den Worten: »Bei der Entdeckung des Quedlinburger Domschatzes … hat es genauso angefangen.«

Toussaint spielte auf das frühmittelalterliche Samuel-Evangeliar an, das 1988 der Stiftung Preußischer Kulturbesitz in Berlin von einem englischen Kunsthändler zum Kauf angeboten worden war. Die kostbare Handschrift wies dem Juristen und Historiker Dr. Willi Korte nach hartnäckigen Recherchen schließlich den Weg zum so genannten Quedlinburger Domschatz, der am Ende des Zweiten Weltkrieges von einem US-Soldaten im Harz gestohlen worden war. Fünf Jahre nach dem Auftauchen kehrte die kostbare sakrale Sammlung 1992 aus den USA nach Deutschland zurück.

Anfang der neunziger Jahre herrschte Hochkonjunktur für echte und selbst ernannte Kunstfahnder. Nicht nur in den USA, sondern vor allem in der sich auflösenden UdSSR kamen ein halbes Jahrhundert nach Ende des

Zweiten Weltkrieges bislang verloren geglaubte Kunstsammlungen en bloc aus ihren geheimen Lagern ans Tageslicht. Absoluter Höhepunkt der weltweiten »treasurehunt« war das Wiederauftauchen des Priamos-Schatzes in Moskau. Die Goldfunde Heinrich Schliemanns aus den Ruinen des antiken Troja waren 1945 von staatlich beauftragten sowjetischen Kunsträubern in Berlin beschlagnahmt und seitdem in den Magazinen des Puschkin-Museums versteckt worden. Erst als drei junge russische Kunsthistoriker Anfang der neunziger Jahre den Mut hatten, Auszüge aus den geheimen Beuteakten in westlichen Zeitschriften zu veröffentlichen, kam Bewegung in die Sache. 1994 durften deutsche Wissenschaftler schließlich erstmals einen Blick auf das Schliemann-Gold werfen. Anders als im Westen allerdings, wo die Rückgabe deutscher Kunstschätze zumeist nach langwierigen juristischen Auseinandersetzungen erwirkt werden konnte, wird die Beutekunst größtenteils bis heute in Russland zurückgehalten. Frostig ermahnte Irina Antonowa, die Direktorin des Puschkin-Museums in Moskau und Gralshüterin der geraubten Kunst, 1995 auf einer internationalen Konferenz über »Kriegsverluste« in New York einen deutschen Teilnehmer auf dessen Frage nach einer möglichen Rückgabe des Priamos-Schatzes: »Gebt uns erst das Bernsteinzimmer zurück!«

Irina Antonowa ging offensichtlich von den Verhältnissen im eigenen Land aus; als gäbe es auch in Deutschland geheime Magazine, in denen unter anderem das Bernsteinzimmer versteckt gehalten würde. Es war jedoch kein Geheimnis, dass sich in Deutschland sogar offizielle Stellen an der Jagd nach dem verschollenen Kunstwerk beteiligten. 1997, zur selben Zeit als *GEO* die Geschichte von dem Bernsteinkopf aus der Versenkung holte, verfolgte die Polizei von Potsdam eine heiße Spur. Auf dem »grauen Kunstmarkt« war Anfang des Jahres eines von vier florentinischen Steinmosaikbildern angeboten worden, die einst im Bernsteinzimmer gehangen hatten. Ursprünglich ein Geschenk der österreichischen Kaiserin Maria Theresia an Zarin Elisabeth, zeigten die aus Hunderten von verschiedenfarbigen Steinen zusammengefügten Einlegearbeiten Allegorien auf die fünf Sinne. Von dem angebotenen Steinmosaikbild kursierte eine VHS-Kassette mit einer circa fünfminütigen Videoaufnahme. Deutlich zu sehen – das Motiv: zwei Paare vor einer idealisierten italienischen Landschaft im Schatten eines antiken Torbogens. Einer der jungen Männer berührt seine Angebetete zärtlich mit der Hand am Kinn, der andere hält seiner Dame eine Rose unter die Nase – beides den Geruchs- beziehungsweise den Tastsinn symbolisierend. Im Vordergrund hatte der Künstler in feiner Ironie zwei Hunde aufgestellt, der eine beschnuppert den anderen – allerdings nach Hundeart.

Dieses Steinmosaikbild war, so erklärte sein Besitzer, der 67-jährige Hans Achtermann, später der Polizei, von seinem Vater aus dem Krieg mit nach Hause gebracht worden. Nach dessen Tod erbte es der Sohn. Viele Jahre stand es gut behütet auf dem Speicher, bis Achtermann Anfang Februar 1991 in einer Fernsehdokumentation über das Bernsteinzimmer sein Bild wiedererkannte. Von da an regte sich in dem Rentner aus Bremen der Wunsch, das gestohlene Kunstwerk zu Geld zu machen. Sein Scheidungsanwalt sollte ihm dabei helfen. Der Rechtsanwalt und Notar Manhard Kaiser versuchte über Mittelsmänner potenzielle Käufer zu ködern. Unrealistische Preisvorstellungen – zweieinhalb Millionen Dollar wurden für das Steinmosaikbild gefordert – und die offensichtlich heikle Provenienz des Kunstwerks erschwerten die Suche nach einem geeigneten Käufer, bis Kaisers Mittelsmänner auf den ehemaligen Stasi-Offizier Hans Otto Teschner stießen, seinerzeit Verbindungsoffizier zur berüchtigten DDR-Firma »Kunst & Antiquitäten« beim Ministerium für Staatssicherheit. Die Handelsgesellschaft verkaufte unter anderem von DDR-Bürgern abgepresste oder beschlagnahmte Wertgegenstände an westliche Antiquitätenhändler und gehörte zur »Kommerziellen Koordinierung«, kurz »KoKo« genannt, aus dem Devisenreich des Alexander Schalck-Golodkowski. Auch nach dem Ende der DDR pflegte Teschner seine alten Seilschaften; insbesondere zu Alex Hilpert, dem ehemaligen Chefeinkäufer der »Kunst & Antiquitäten«, hielt Teschner enge Verbindung.

Was Kaisers Mittelsmänner nicht wissen konnten: Kunstexperte Hilpert stand in Kontakt mit der Polizei in Potsdam, die ihn um Mithilfe bei der Suche nach einem gestohlenen Caspar David Friedrich gebeten hatte. Nachdem Hilpert nun von dem Steinmosaik erfahren hatte, informierte er im Einvernehmen mit Teschner seinen Ansprechpartner bei der Polizei in Potsdam, Peter Schultheiß. Der Polizeidirektor begann seine Ermittlungen auch auf das Bild aus dem Bernsteinzimmer auszudehnen. Allerdings nur mit gedämpftem Optimismus; die Gefahr einer Fälschung war groß.

Neben Schultheiß arbeiteten Teschner und Hilpert auch mit dem Berliner Peter Weber zusammen. Der Geschäftsmann hatte die Gunst der Stunde genutzt und eine »neue Produktlinie« für seine Firmengruppe ins Leben gerufen – die Wiederbeschaffung von gestohlenen Kunstwerken. Weber versuchte nun aus dem Steinmosaik Kapital zu schlagen; da lag es nahe, die Story einer großen deutschen Illustrierten anzudienen. Die Journalisten vom *Stern* dachten eher an einen Aprilscherz, als Hilpert ihnen im Auftrag von Weber am 1. April 1997 im Hotel Interconti in Hamburg die Geschichte vom Steinmosaik anbot; dankend lehnten sie ab. *GEO* hatte an der »Jahrhundertgeschichte« ebenfalls kein Interesse, obwohl das Magazin kurioserweise gerade an einem eigenen großen Bernsteinzimmerartikel recherchierte. Schließlich machte der *Spiegel* das Rennen. Geld spielte jetzt offenbar keine Rolle mehr; immerhin hatte Weber vom *Stern* gut zwei Millionen Mark gefordert. Gemeinsam mit dem Berliner Geschäftsmann nahm nun auch das Nachrichtenmagazin die Fährte auf. Und als Polizeidirektor Schultheiß, getarnt als angeblicher Kaufinteressent, schließlich am Dienstag, dem 13. Mai 1997, in der Kanzlei des Notars in Bremen das Steinmosaikbild beschlagnahmte, standen mit Weber auch die Journalisten des *Spiegels* unangemeldet vor dem Haus.

In der Berichterstattung des Nachrichtenmagazins trat dann der spektakuläre Zugriff des Mobilen Einsatzkommandos der Polizei etwas in den Hintergrund. Stattdessen geriet der Chefredakteur des *Spiegels*, Stefan Aust, bei der Pressekonferenz anlässlich der Präsentation des Steinmosaikbildes im Polizeigebäude von Potsdam mit aufs Bild, so als habe er das geraubte Kunstwerk persönlich aufgespürt. In der Hausmitteilung auf Seite drei des *Spiegels* wurde aus dem Informationshonorar für Weber und seine Genossen »eine Art Finderlohn«, der den Weg zum Bernsteinmosaik »finanziell geebnet« hätte. Der Chefredakteur informierte am Tag nach der Beschlagnahme persönlich den russischen Präsidenten Boris Jelzin. Zufrieden äußerte sich Regierungssprecher Igor Schabdurasulow in Moskau, es läge ein Angebot eines deutschen Unternehmers und des Nachrichtenmagazins der *Spiegel* vor, sich um die Rückführung zu bemühen. »Weil wir meinen«, so Aust in seiner Hausmitteilung, »dass das Bild … Russland gehört.«

Tatsächlich gab es bei den verantwortlichen Stellen im Innenministerium, der Staatsanwaltschaft und der Polizei niemanden, der daran gezweifelt hätte. Die Bundesregierung wartete mit einer offiziellen Stellungnahme lediglich, bis die Echtheit des Steinmosaikbildes zweifelsfrei festgestellt worden war. Zudem stand einer Rückgabe zunächst die sorgfältige juristische Prüfung der Eigentumsverhältnisse entgegen. Nach deutschem Recht bestand durchaus die Möglichkeit, dass Hans Achtermann sich das Kunstwerk als »gutgläubiger Erbe des bösgläubigen Erblassers«, wie es im Juristendeutsch heißt, »ersessen« hatte. Schließlich zahlte ein Bremer Kaufmann aus eigener Tasche eine sechsstellige Summe an die Tochter des mittlerweile verstorbenen Achtermann und räumte damit den Weg für die Rückgabe endgültig frei. Drei Jahre nach seiner Beschlagnahme konnte das Steinmosaikbild endlich vom Staatsminister für Kultur, Michael Naumann, im Katharinenpalast in Zarskoje Selo vor den Toren von St. Petersburg, wo das Bernsteinzimmer einst seine Bleibe hatte, dem russischen Präsidenten Wladimir Putin übergeben werden.

Im Bewusstsein der Öffentlichkeit blieb allerdings das Bild Stefan Austs, der schon in der Woche nach der Beschlagnahme im Katharinenpalast auf den russischen Premierminister traf. Im Gepäck hatte Aust eine Abbildung des Steinmosaikbildes, das er Wiktor Tschernomyrdin überreichte, Pressefoto inklusive. Irritiert berichtete die *Süddeutsche Zeitung* daraufhin über die »staatstragende« Rolle des Nachrichtenmagazins und konnte sich des Eindrucks nicht erwehren, »Der *Spiegel* suche in höherem Auftrag fieberhaft nach dem legendären Zimmer, werde hin und wieder fündig und setze alles daran, den Kunstschatz seinem ursprünglichen Eigner Russland triumphierend zurückgeben zu können«.

Es fiel daher auch nicht mehr besonders auf, als am 22. Mai 1997, also neun Tage nach der Beschlagnahme des Steinmosaikbildes, ein Berliner Rechtsanwalt eine Louis-XVI.-Kommode, die zum Inventar des Bernsteinzimmers gehörte, gleich im Berliner Büro des *Spiegels* ablieferte. Seine Mandantin hatte in einem Zeitungsartikel über das wieder aufgetauchte Steinmosaikbild auf einem alten Foto auch ihr Möbelstück entdeckt und fürchtete nun, Schwierigkeiten mit der Justiz zu bekommen. Anders als Hans Achtermann, der von Anfang an um die Vergangenheit seines Kunstwerkes wusste, hatte die Berlinerin die Kommode in gutem Glauben von einem bayerischen Antiquitätenhändler gekauft. Der wiederum hatte das Möbel mit den markanten Bronzebeschlägen und aufwendigen Marketerien Anfang 1978 bei der KoKo-Firma »Kunst & Antiquitäten« für 20 000 Mark erworben. Die Kaufquittung befand sich in den Akten; die Vorbesitzer allerdings waren unbekannt.

Kurz nach der Übergabe der Kommode in Berlin meldete sich Johannes Elste aus Leipzig, der das Stück seinerzeit im Auftrag von »Kunst & Antiquitäten« restauriert hatte. Die Kommode, so der Tischlermeister, habe sich in desolatem Zustand befunden. Die Füße waren verfault, das Furnier abgeplatzt. Zudem hatte der Vorbesitzer sie mit weißer Lackfarbe angestrichen und auf die Platte einen Kaninchenstall aufgenagelt. Bei der Restaurierung fielen Elste die kyrillischen Buchstaben ZDU und die Zahl 217 auf der Rückwand der Kommode auf. Offensichtlich gehörte das Möbelstück zum Inventar eines Museums in der Sowjetunion.

Das hinderte die DDR-Kunsthändler nicht daran, das wertvolle Möbel gegen Devisen zu verkaufen. Der *Spiegel* erhielt 1997 schließlich per Fax die Bestätigung vom Museum aus Zarskoje Selo, dass die Inventarnummer auf den Verlustlisten des Palastes erfasst sei und die Kommode somit tatsächlich im Bernsteinzimmer gestanden hatte. Die Bundesregierung konnte sich mit der Besitzerin einigen und restituierte die Kommode im April 2000 zusammen mit dem Steinmosaikbild.

Beinahe ein halbes Jahrhundert war vergangen, seit das Bernsteinzimmer sich an seinem letzten sicheren Aufenthaltsort, dem Schloss von Königsberg, buchstäblich in nichts aufgelöst hatte, als dann 1997 mit dem Bernsteinkopf, dem Steinmosaikbild und der Kommode gleich drei Stücke aus dem legendären Raum wieder auftauchten. Das beflügelte die Hoffnungen, die Entdeckung der verschollenen Wandvertäfelungen aus dem goldgelb schimmernden Harz stünde kurz bevor. Allein 50 neue Spuren wurden seither öffentlich diskutiert; im Erzgebirge legte ein Deutschamerikaner einen alten Erzstollen wieder frei, in Coburg wurde ein Steinbruch mithilfe des Technischen Hilfswerkes umgegraben, auf der litauischen Seite der Kurischen Nehrung setzte ein deutsches Schatzsucherteam die Spaten an, und Der *Spiegel* lässt seit der Jahrtausendwende die Keller des alten Schlosses in Königsberg freilegen – alle auf der Suche nach dem Bernsteinzimmer. Doch die verbissenen Bemühungen der Kunstfahnder, selbst ernannten Experten und Schatzsucher blieben bislang ohne Erfolg.

Dabei fällt auf, dass der Aufwand, der in Suchexpeditionen und Grabungen gesteckt wurde, oft deutlich größer ist als die Bereitschaft, die Hinweise, die dazu führen, ernsthaft zu hinterfragen; einer quellenkritischen Prüfung jedenfalls hält keine der bislang verfolgten Spuren wirklich stand. Aber auch die Geschichte des sagenumwobenen Kunstwerks von seiner Entstehung bis zu seinem spurlosen Verschwinden in Königsberg 1945 ist durchsetzt von groben Entstellungen, offensichtlichen Irrtümern und viel Phantasie. Eine kaum mehr überschaubare Anzahl Bücher, Zeitungsberichte, Dokumentationen und sogar zwei Spielfilme haben die Legende vom Bernsteinzimmer festgeschrieben – mit der Wirklichkeit hat sie kaum mehr etwas zu tun.

»Die barocke Kostbarkeit, von der hier die Rede ist und die heute auf einen Wert von 250 Millionen DM geschätzt wird«, so schreibt beispielsweise Dorothee Haedicke im *Westpreußen Jahrbuch* von 1993, »entstand aus den künstlerisch gestalteten Bernsteinwandvertäfelungen eines Schlosszimmers, das der geniale Danziger Baumeister und Bildhauer Andreas Schlüter für den ersten preußischen König Friedrich I. im Jahre 1701 entwarf.« Schon dieser erste Absatz enthält drei Irrtümer, die sich in nahezu allen Schilderungen über das Bernsteinzimmer wiederfinden: Der Wert des Kunstwerkes ist nur schwer zu bestimmen; sicher ist er deutlich niedriger als die angegebene Summe. Die Gesamtkosten für die Wiederherstellung des Bernsteinzimmers liegen jedenfalls bei weniger als zehn Prozent. Das Jahr 1701 kommt für den Auftrag mit hoher Wahrscheinlichkeit nicht in Frage, und Andreas Schlüter war zwar ein begnadeter Künstler – der Schöpfer des Bernsteinzimmers ist er nicht.

Als Erster hatte der Direktor der Städtischen Kunstsammlungen der Stadt Königsberg, Dr. Alfred Rohde, 1942 in einem Aufsatz davon gesprochen, dass in der Wandvertäfelung der »dekorative Geist« des genialen Barockbildhauers und Architekten Andreas Schlüter zu spüren sei. In Anspielung auf ebenjene Bernsteinköpfe, von denen einer 1994 bei Christie's versteigert worden war, schrieb Rohde: »Wobei die 8 Masken sterbender Krieger … unseren Blick auf die Zeughausmasken lenken …« Bis auf wenige Ausnahmen wiederholen sämtliche Aufsätze, Artikel und Bücher seither diese, von Rohde übrigens noch sehr vorsichtig formulierte Zuschreibung wie eine Gewissheit.

Dabei hätte ein Blick genügt, um jede Ähnlichkeit zwischen dem antiken Kriegerkopf aus dem Bernsteinzimmer und den 22 Köpfen der sterbenden Krieger, die Schlüter im Innenhof des Berliner Zeughauses als Schlusssteine für die Rundbogenfenster des Erdgeschosses entworfen hatte, auszuschließen. Der Bernsteinkopf greift ein äußerst beliebtes barockes Dekorationsmotiv jener Zeit auf, einen alten Krieger mit römischem Helm. Der Skulpturenschmuck von Schlüter aber zeigt die Häupter besiegter Krieger in dramatischem Todeskampf, sämtlich mit bereits geschlossenen Augen. Der barocke Bildhauer hatte die Köpfe in Erinnerung an die erfolgreiche Teilnahme brandenburgisch-preußischer Truppen an der Schlacht gegen die Türken vor Wien sogar teilweise mit Haarbändern und Turbanen versehen.

Während in diesem Fall der wahre Sachverhalt auf einen Blick zu erkennen ist, erweisen sich zahlreiche Legenden um das Bernsteinzimmer als sehr viel zählebiger und schwerer zu widerlegen. Dieses Buch unternimmt den schwierigen Versuch einer historisch einwandfreien Rekonstruktion der Geschichte des Bernsteinzimmers. Es ist das Ergebnis einer 15-jährigen intensiven Beschäftigung mit der Thematik; begonnen 1988 als Recherche für eine ARD-Dokumentation, die drei Jahre später zum ersten Mal ausgestrahlt wurde; fortgesetzt in andauernder Auseinandersetzung mit jeder neuen Entwicklung zum Thema; zusammengefasst und vertieft für eine neue, zweiteilige Dokumentarserie, die im Jahr 2003 anlässlich der Einweihung des wiederhergestellten Bernsteinzimmers ausgestrahlt wird.

Im Verlauf der Arbeit stellte sich heraus, dass über Jahrzehnte hin aus der ehemaligen Sowjetunion – wohl aus politischen Gründen – bewusst falsche Sachverhalte zum Bernsteinzimmer gestreut wurden. Sie fanden Eingang in nahezu sämtliche Publikationen der vergangenen 40 Jahre. Ohne sie zu hinterfragen, wurden sie ein ums andere Mal übernommen und gelten mittlerweile als unumstößliche Tatsachen. Um diesen Systemfehler zu vermeiden, wurde für dieses Buch vornehmlich auf die Originalquellen zurückgegriffen. Als Basis hierfür diente die intensive Recherche in zahlreichen Archiven vor allem in Deutschland, der Sowjetunion beziehungsweise Russland und den USA. Zum ersten Mal konnten für dieses Buch auch die Akten des Fonds A-659 im Staatlichen Archiv der Russischen Föderation in Moskau eingesehen werden, der sämtliche Dokumente über die staatliche Suche nach dem Bernsteinzimmer in der ehemaligen Sowjetunion enthält. Ebenso wichtige Aufschlüsse ergab die Auswertung zahlreicher privater Archive und Dokumentensammlungen, die durch Interviews mit über 50 Zeitzeugen abgerundet werden konnte.

Schließlich erfuhr diese Arbeitsgrundlage eine wertvolle Ergänzung durch verschiedene jüngere wissenschaftliche Publikationen zum Thema »Kunstraub« der Forschungsstelle Osteuropa der Universität Bremen, denen das große Verdienst zukommt, erstmals Licht in das Dunkel dieses von Legenden umrankten Kapitels deutsch-sowjetischer Geschichte zu werfen. Zur kunsthistorischen Bewertung der Wandvertäfelungen ist neben verschiedenen exzellenten Aufsätzen vor allem die Magisterarbeit über die Legendenbildung um das Bernsteinzimmer von Sebastian Welter zu nennen, die einen beeindruckenden Überblick über das Thema gibt.

Dieses Buch beschreibt nicht noch eine Schatzsuche, es präsentiert auch keine neue Theorie über einen Ort, an dem das Bernsteinzimmer versteckt sein soll. Gleichwohl gibt es eine klare Antwort auf die Frage nach dem Schicksal des Kunstwerkes, ohne dabei auf die althergebrachten dramaturgischen Elemente des Mythos zurückzugreifen – kein Fluch, keine unerklärlichen Morde, kein gleißender Schatz. Herausgekommen ist eine andere, in weiten Teilen neue Geschichte des Bernsteinzimmers. Seine wahre Geschichte.

Angebliche Vorlage für das Bernsteinzimmer. Masken sterbender Krieger,
Andreas Schlüter, Zeughaus Berlin, um 1700

Mehr ist nicht geblieben. Abgefallene Schnitzereien aus dem Bernsteinzimmer, gesammelt bis 1941

DAS KUNSTWERK

»Des Ozeans, der Thetis Tochter, Klymenen
umarmt als Gatte Merops dieses Landes Herr,
das von dem vierbespannten Wagen allererst
mit leisen Strahlen Phöbus morgendlich begrüßt;
die Glut des Königs aber wie sie sich erhebt,
verbrennt das Ferne, Nahes aber mäßigt sie.«

Ortsbeschreibung zum Auftakt einer Tragödie. Geschrieben von Euripides, einem griechischen Dichter, knapp 500 Jahre vor Christi Geburt. Erzählt wird das Schicksal des Phaeton, Sohn der Klymene und des greisen Herrschers Merops, dessen Land weit im Osten liegt, dort, wo der »Rossestand« des Sonnenwagens liegt – dort also, wo die Sonne aufgeht.

Am Morgen seiner Hochzeit erfährt Phaeton von seiner Mutter, dass sein wirklicher Vater nicht Merops, sondern Helios ist, der Sonnengott persönlich. Erregt sucht Phaeton seinen Erzeuger auf und fordert, zum Beweis seiner göttlichen Herkunft den Sonnenwagen lenken zu dürfen. Gegen die verzweifelten Warnungen des Helios greift Phaeton nach den Zügeln und treibt die Rosse an. Schon bald verliert er die Kontrolle über das glühende Gefährt und saust meteoritengleich durch die Luft, abwechselnd den Äther und die Erde versengend – bis Zeus, der Göttervater, eingreift und den überforderten Sonnenlenker mit einem Blitz vom Himmel holt. Hart schlägt der tote Leib des Phaeton auf der Erde auf, unweit jenes Ortes, an dem die Vorbereitungen für seine Hochzeit unbeschwert andauern.

»O weh! – mein Kind!«, ruft König Merops aus, als der schwelende Rauch des verbrannten Körpers in den Palast weht, und der Chor stimmt an: »Dem Sohne ruft er, der sein Seufzen nicht vernimmt, der seiner Augen Tränen nicht mehr schauen kann.« Mit diesen Sätzen endet die Tragödie des Euripides abrupt; der Text ist nur in Fragmenten erhalten. Durch den griechischen Dichter Apollonius Rhodius, der 200 Jahre später die Fahrten der Argonauten beschreibt, ist ein weiteres Detail der Phaeton-Sage überliefert: Voller Schmerzen weinten und klagten die Töchter des Sonnengottes, die Heliaden, über das Schicksal ihres Bruders Phaeton, der nach Rhodius in den Fluss Eridanus, den heutigen Po, gestürzt war. Schließlich ging mit den Heliaden, deren Trauer nicht enden wollte, eine Verwandlung vor – sie wurden zu Pappeln, die noch heute die Ufer des Po säumen.

Der römische Dichter Ovid hat um Christi Geburt die Phaeton-Sage erneut aufgenommen und dabei auch die Metamorphose der jungen Mädchen zu sprießenden Pappeln in eindrucksvolle Verse gefasst. Auf dem Höhepunkt der Handlung versucht die Mutter der Heliaden ihren Töchtern die angewachsene Rinde und die Zweige vom Leib zu reißen: »... doch siehe«, so bei Ovid, »blutig rinnen hervor, wie aus offener Wunde, die Tropfen. ›Schone doch! Mutter, o schone!‹, so ruft, die sie eben verwundet: ›Schone doch! Uns wird selber der Leib in dem Baume zerrissen! Lebt nun wohl!‹ Die Baumrinde verschließt die elenden Worte. Tränen fließen hervor, und es starrt der geträpfelte Bernstein. Gegen die Sonn' am jungen Gebüsch; das empfangene Kleinod sendet der lautere Strom zum Schmuck den lateinischen Töchtern.«

Schon Goethe war bei der Rekonstruktion des Urtextes von Euripides aufgefallen, wieviel Wahrheit und genaue Beobachtung in den Versen der antiken Schriftsteller liegt. Tatsächlich ist Bernstein versteinertes Harz, wenn auch nicht von Pappeln, sondern von urzeitlichen Nadelbäumen, deren Wälder vor 35 bis 55 Millionen Jahren im Osten Europas lagen, etwa dort, wo heute die Ostsee gegen die Küsten Ostpreußens brandet. In stürmischen Nächten löst sich der Bernstein, der leichter ist als Wasser, vom Meeresboden und wird an die Strände gespült. Nicht der Po, aber der

Handel brachte den Halbedelstein den »Töchtern« Alexandrias, Athens und Roms »zum Schmuck«.

Das war auch dem römischen Gelehrten Tacitus bekannt, der Ende des ersten Jahrhunderts n. Chr. in seinem Bericht über Germanien, der ersten bekannten Darstellung dieses Landstrichs überhaupt, mit der »sagenhaften« Deutung des Bernsteins als »Tränen der Heliaden« aufräumte und ihr eine eher naturkundliche entgegensetzte. Die Germanen, so Tacitus, »untersuchen … das Meer und als einzige aller sammeln sie den Bernstein, zwischen den Untiefen und an der Küste selbst … Sie selbst machen keinen Gebrauch davon: roh wird er gesammelt, formlos wird er gebracht, und sie nehmen den Kaufpreis staunend entgegen. Dennoch könntest du erkennen, dass das der Saft der Bäume ist, weil meistens gewisse auf der Erde lebende und beflügelte Lebewesen dazwischen durchscheinen, die, nachdem sie von der Flüssigkeit eingewickelt wurden, dann in das hart werdende Material eingeschlossen werden.« Tacitus hatte aus den Einschlüssen, den so genannten Inklusen, von Insekten und anderen kleinen Lebewesen im versteinerten Baumharz die richtigen Erkenntnisse gewonnen.

Diese aufgeklärte Sicht sollte allerdings nur bis zum Untergang des Römischen Reiches dauern. Mit dem anbrechenden Mittelalter ersetzten neue Fabeln das Wissen der Lateiner. Bernstein, so hieß es jetzt, sei der ausgeschiedene Nierenstein des Luchses, Walfischsperma oder sogar Drachenblut. Perlen aus Bernstein, die unter Aufsicht des Deutschen Ordens in den Hansestädten Lübeck und Brügge zu Schmuck und Rosenkränzen verarbeitet wurden, gelangten von der Ostsee über Konstantinopel, Smyrna und Aleppo bis nach Persien und China. Mit dem Übergang des Bernsteinmonopols an die preußischen Stände im Jahr 1454 verlagerten sich die Bernsteinzünfte in die Ostseemetropolen Danzig, Stolp, Kolberg und Königsberg. Hier kam das Handwerk zu neuer Blüte. Kleine Heiligenfiguren, Kruzifixe und Tafelbildchen waren ebenso kostbare wie begehrte Handelsobjekte.

Zugleich wurden dem Stein übernatürliche, heilende Fähigkeiten zugesprochen. Es heißt, Martin Luther habe einige Körner weißen Bernsteins gegen seine Nierensteine eingenommen. Seinem Zeitgenossen, dem Arzt

Johann Meckbach aus Hessen, gelang es 1545, aus Bernstein Öl zu gewinnen, das als Wundermittel gegen vielerlei Krankheiten weit über die Landesgrenzen gerühmt wurde. So sandte etwa Erzherzog Ferdinand von Österreich gleich zweimal in einem Jahr einen Boten auf den weiten Weg von Wien nach Berlin, um sich vom Herzog von Preußen ein Fläschchen dieses Öls zu erbitten.

In den »Kunst- und Wundercamern« der europäischen Fürstenhöfe fand sich Bernstein wegen der ihm zugeschriebenen Vielseitigkeit deswegen auch in allen drei Sammlungsteilen. Bei den so genannten Naturalia, für die Edelmetalle, Perlen, Korallen, Versteinerungen und seltene Tiere gesammelt wurden, lagen große und außergewöhnlich geformte Bernsteinklumpen zwischen Schildkrötenpanzern, Muscheln, Straußeneiern und Kokosnüssen. Bei den Mirabilia, den Auffälligkeiten und Absurditäten der Natur, fand sich der Bernstein wegen seiner angeblichen therapeutischen Kräfte zwischen Alraunen, Wurzelhölzern, Obsidian und Einhörnern. In der Abteilung Artificialia, den Erzeugnissen von Menschenhand, wurden kunstvoll geschnitzte, gedrechselte, gravierte und geschliffene Bernsteinarbeiten zusammen mit anderem Kunsthandwerk aus Elfenbein, Kristall oder Edelmetall ausgestellt.

Kein Hof, der auf sich hielt, verzichtete darauf, einen oder mehrere Bernsteindreher fest anzustellen; sie sollten die Kunstkammern mit neuen wertvollen Objekten schmücken. Für die Herzöge von Preußen war wie später für die Kurfürsten von Brandenburg das »preußische Silber« als landeseigener Bodenschatz nicht nur eine willkommene Handelsquelle, es unterstrich sogar den eigenen Herrschaftsanspruch. Spätestens seit Friedrich Wilhelm, der Große Kurfürst, 1660 im Frieden von Oliva die Souveränität über Preußen erlangte, galt das Bernsteinvorkommen »als ein von Gott dem Landesherren von Brandenburg und Preußen erwiesenes Geschenk und sein persönliches Besitztum«. Wohlkalkuliert wurden diplomatische Geschenke aus diesem exklusiven Besitz an die europäischen Fürstenhäuser versandt, um die Empfänger gewogen zu stimmen. Noch war Brandenburg-Preußen eine Quantité négligeable im Konzert der europäischen Großmächte, die sich gutstellen musste mit seinen Nachbarn. Im Verlauf des 17. Jahrhunderts gerieten die kunsthandwerklichen Arbei-

Bernsteinthron. Skizze eines Stuhls für Kaiser Leopold I., 1677

ten aus Bernstein immer größer und aufwendiger. Kunstvolle Pokale, Schalen, Schachbretter, Kandelaber und kleine Schatullen reisten als Staatsgeschenke an die europäischen Höfe nach Russland, Frankreich, Schweden und Dänemark.

Die staatliche Protektion führte zu einer Blüte der Bernsteinkunst. Die Schnitzer in Danzig oder Königsberg entlockten dem zerbrechlichen Material den ganzen Formenreichtum des Barocks. Zugleich führte der Wunsch nach immer größeren Objekten in der zweiten Hälfte des 17. Jahrhunderts aber auch »den Verfall der Bernsteinschneidekunst herbei«. Schuld daran, so Alfred Rohde in seinem Standardwerk über Bernstein aus

23

Reste vom Thronsessel. Fragmente des Prunkstuhls,
Kunsthistorisches Museum Wien

dem Jahr 1937, war die Erfindung der so genannten Inkrustationstechnik. Um größere Flächen mit dem teuren Material zu belegen, wurden die Bernsteinbrocken scheibenförmig auseinander geschnitten und dann auf einem Untergrund aus Holz wie ein Mosaik aneinander geklebt. »Im Grunde genommen«, so Rohde, »eine unsolide Technik, da die beiden Materialien, Holz als Kern und Bernstein als Auflage, sich nicht vertragen, da sie in sich verschieden arbeiten …«

Wie vergänglich solche Inkrustationsarbeiten waren, zeigt sich an den Resten eines ehemaligen Prunkstuhls, die heute im Depot des Kunsthistorischen Museums in Wien aufbewahrt werden. Nur noch zehn Bernsteinfragmente und zwei zeitgenössische Zeichnungen (in Berlin bzw. Merseburg) künden von der einstigen Pracht dieses Staatsgeschenks, das der Große Kurfürst 1678 an den deutschen Kaiser Leopold I. in Wien versandt hatte. Der Kaiser bedankte sich mit ungewöhnlich freundlichen Worten und schrieb aus Schloss Laxenburg von der Reiherbeize: »Wie nun dieser Stuel nicht allein wegen seiner raritet und schönheit wohl zu aestimieren ist … und mir dahero ein solches zu freundt – oheimb – und gnädiglichem Gefallen geraicht …«

Auf der Rückseite des Stuhls hatte sich sein Schöpfer verewigt: Nicolaus Turau, Bernsteindreher aus einer alteingesessenen Danziger Handwerkerfamilie. Einer seiner Gesellen, Gottfried Wolffram, wird drei Jahrzehnte später im Auftrag von König Friedrich I. die ersten Wandtafeln des Bernsteinzimmers in Berlin gestalten.

Das Volk nannte diesen ebenso kunstsinnigen wie verschwenderischen König wegen seines Buckels den »schiefen Fritz«, und sein Enkel, Friedrich II., dem die Geschichte den Beinamen »der Große« zuweisen sollte, schrieb in seinen *Denkwürdigkeiten zur Geschichte des Hauses Brandenburg* eine vernichtende Kritik über ihn: »Alles in allem: er war groß im Kleinen und klein im Großen.« Dieses Urteil über Kurfürst Friedrich III., den späteren König Friedrich I., fällte er zu Unrecht. In jahrelangen geduldigen diplomatischen Verhandlungen war es ihm gelungen, was seinem Vater, dem Großen Kurfürsten, ein Leben lang vorgeschwebt hatte: den europäischen Mächten, dem deutschen Kaiser und vor allem dem polnischen König den Königstitel abzutrotzen. Nicht aus Eitelkeit, wie Friedrich der Große arg-

Friedrich I., König in Preußen

»… auch der recht Königliche, und von den
klugen Chinesen nur zu ihrer Könige Schmuck
gebrauchte Preußische Birnstein [scheint die
Königswürde] schon von allen Zeiten
erfordert zu haben …«
Ein Professor der Albertina anlässlich
der Krönung Friedrichs I., 18. 1. 1701

wöhnte, sondern, so der Historiker Sebastian Haffner, um damit »eine
Anhäufung von Mittel- und Kleinfürstentümern in einen Staat [zu ver-
wandeln]«. Damit erst konnte die Geschichte dieses Landes beginnen –
ohne Friedrichs Krone kein Preußen. Aber für Monarchen, die statt blut-
getränkter Schlachtfelder nur ein paar glanzvolle Bauwerke hinterlassen, hält
die Geschichte den Beinamen »der Große« eben nicht bereit.

Die Geburtsstunde Preußens schlug am 18. Januar 1701 in Königsberg. In der Schlosskapelle krönte sich Friedrich eigenhändig zum König in
Preußen. Auf dem Schlossplatz wurden für das Volk ganze Ochsen gebraten
und Gold- und Silbermünzen in die Menge geworfen, aus zwei Brunnen
sprudelten 4000 Liter Wein. Und an der Universität von Königsberg
bemühte sich ein Professor im Rahmen einer Laudatio nachzuweisen, dass
die königliche Würde längst überfällig gewesen sei, weil dies »der recht
Königliche, und von den klugen Chinesen nur zu ihrer Könige Schmuck
gebrauchte Preußische Birnstein schon von allen Zeiten erfordert zu haben
schiene«. Dass allerdings das Bernsteinzimmer anlässlich der Krönung in
Auftrag gegeben worden sein soll, ist eine Legende, die sich hartnäckig hält,
seit der Kunsthistoriker Otto Pelka 1920 in seinem Buch *Bernstein* den
Anstoß dazu gab. Pelka erwähnt in diesem Zusammenhang ein Emp-
fehlungsschreiben des dänischen Königs, in dem er »den … Bernstein-

arbeiter Gottfried Wolffram an Friedrich I. von Preußen zur Herstellung eines Bernsteinzimmers im Schlosse zu Charlottenburg empfahl«.

Tatsächlich bewarb sich mit Datum vom 30. September 1701 der Bernsteindreher Gottfried Wolffram bei König Friedrich I. um eine Anstellung. Nach seiner Zeit als Geselle bei Nicolaus Turau in Danzig hatte er 1691 eine Anstellung als königlicher Hofdrechsler bei Christian V. von Dänemark gefunden. Verschiedene künstlerisch hochwertige Elfenbeinreliefs von seiner Hand befinden sich bis heute im Besitz der königlichen Familie. 1699 starb sein Dienstherr. Dessen Sohn, König Frederick IV., scheint den Kunstgeschmack seines Vaters nicht geteilt zu haben. Die Aufträge und damit auch die Entlohnung für Wolffram wurden immer geringer, und er begann sich nach einer neuen Stelle umzusehen. Bereits am 20. Oktober 1700 wandte er sich an den Kurfürsten Friedrich III. und bat um eine Anstellung, nicht ohne darauf hinzuweisen, dass er »auch dazumahlen wie Ihro Gott höchstseeligst ruhender Vater Churfürstl. Durchl. Ließen den Stuhl machen von Biernstein in dantzig ich auch habe damit an gearbeitet«.

Schließlich entließ König Frederick IV. von Dänemark den Bernsteindreher seines Vaters. Immerhin gab er Wolffram ein Begleitschreiben mit auf den Weg, in dem er dessen Dienste dem preußischen König anempfohl. Das auch von Otto Pelka zitierte Schreiben befindet sich heute im Preußischen Geheimen Staatsarchiv – das Bernsteinzimmer allerdings wird darin mit keinem Wort erwähnt. Wolffram erhielt seine Anstellung am Hofe Friedrichs I. – als Bernsteindreher, so wie schon zuvor am dänischen Königshof.

Auch sonst betrieb der Kurfürst und spätere König Kulturförderung in großem Umfang: Er gründete die Akademie der Künste, die Societät der Wissenschaften und ließ die Stadt Berlin von seinem Schützling Andreas Schlüter verschönern. Er gab das Stadtschloss in Auftrag, das Zeughaus – mit den berühmten Köpfen der sterbenden Krieger –, und für seine feinsinnige Frau Sophie Charlotte ließ er vor den Toren Berlins Schloss Lietzenburg erbauen.

Unter der Königin wurde Lietzenburg zum Mittelpunkt des gesellschaftlichen und geistigen Lebens der Stadt. Opern, Singspiele und Kon-

Begnadeter Künstler. Elfenbeinrelief von Gottfried Wolffram, dem Schöpfer des Bernsteinzimmers, um 1695

zerte erfüllten das Schloss mit Musik; der Philosoph Gottfried Wilhelm Leibniz verkehrte freundschaftlich mit Sophie Charlotte und genoss ihre Protektion, Gelehrte aus Berlin und dem Ausland trafen sich zum Gespräch mit ihm in den Salons der Königin. Schon im Jahr nach der Fertigstellung von Lietzenburg, 1700, wurde der Schwede Johann Friedrich Eosander zum Hofarchitekten berufen und mit der Erweiterung des einflügeligen Baus beauftragt. Eosander, der aus Gotland stammte und sich deshalb, einer Mode der Zeit entsprechend, Eosander von Göte nannte, konzipierte

Kultureller Mittelpunkt. Schloss Lietzenburg, nach dem Tod der Königin 1705 ihr zu Ehren in »Charlottenburg« umbenannt.

nach französischem Vorbild eine Dreiflügelanlage. Die beiden neu erbauten Flügel verband er, indem er den alten Bau zu beiden Seiten jeweils um 13 Achsen erweiterte. Mit Fortschreiten der Baumaßnahmen, die 1702 begannen, wurde auch der Innenausbau vorangetrieben. Die Umbauten waren noch nicht beendet, als die Königin am 1. Februar 1705 überraschend starb. Nach dem Tod Sophie Charlottes verflog der Geist von Lietzenburg. König Friedrich I., der das Schloss fortan nach seiner verstorbenen Frau »Charlottenburg« nannte, nutzte neben dem Stadtschloss diesen Bau für Audienzen und feierliche Staatszeremonien. Dem gewandelten Anspruch wurden teilweise auch die Innenräume angepasst. Besonderes Augenmerk lag auf dem bereits fertig gestellten Erweiterungsbau Eosanders. Im Erdgeschoss der westlichen Hälfte lagen in einer Folge das neue Audienzzimmer, das Arbeitszimmer und das Schlafzimmer des Königs. Zwischen dem Audienzzimmer und dem Arbeitszimmer befand sich ein weiterer Raum, der später nach seiner 1709 angebrachten Damastbespannung das »Rote Tressenzimmer« genannt wurde. Schon die Kunsthistorikerin Margarethe Kühn hatte 1970 die Vermutung geäußert, dass den Planungen für das Bernsteinzimmer die Maße dieses Raums zugrunde gelegen haben müssen. Jüngste Forschungen des Kunsthistorikers Guido Hinterkeuser haben diese Vermutung zweifelsfrei belegt.

Allerdings bleibt nach wie vor eine gewisse Unsicherheit, was das Entstehungsdatum des Bernsteinzimmers angeht. Betrachtet man die Ausstattung des Roten Tressenzimmers genauer, dann fällt auf, dass die Sockelfelder der 22 Pilaster, die den Raum gliedern, mit Wappenkartuschen, Pferden und Adlern verziert waren; das Pferd als Wappentier der Hannoveraner, der Adler als das der Preußen sprechen für einen Einbau der Pilaster und Kapitelle noch zu Lebzeiten Sophie Charlottes, einer geborenen Prinzessin aus dem Haus Hannover. Auch die Allianzwappen auf den vergoldeten zweiarmigen Bleileuchtern sowie die Initialen »SC« für Sophie Charlotte in der Bekrönung des Kaminspiegels deuten darauf hin, dass das Zimmer bereits fertig eingerichtet gewesen sein muss, als die Königin starb.

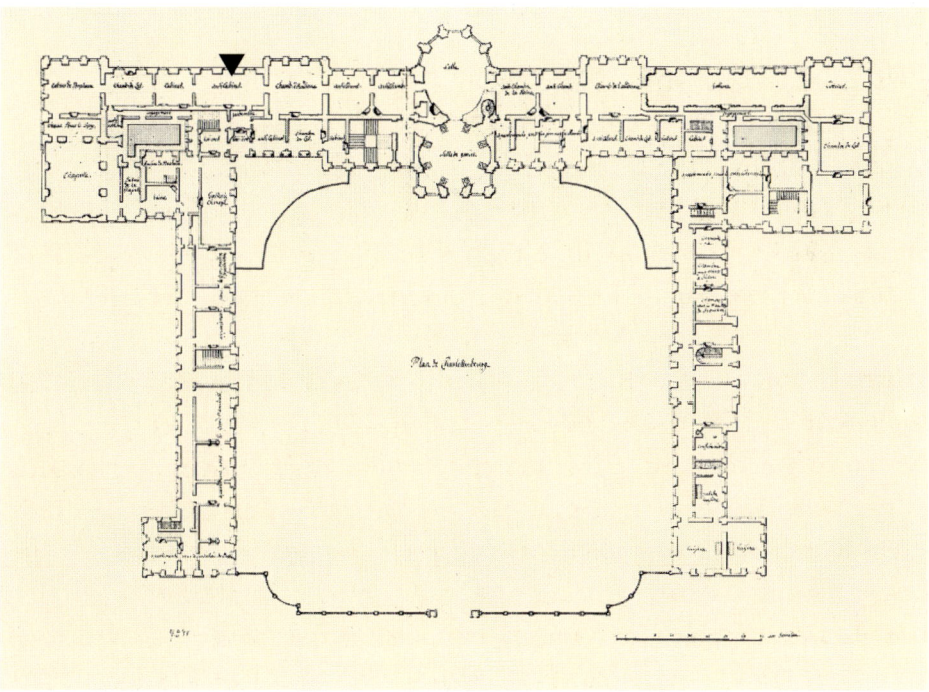

Grundriss von Charlottenburg 1705. Eine Wandvertäfelung aus Bernstein für den kleinen Saal (siehe Pfeil)

31

Das Rote Tressenzimmer im Schloss Charlottenburg. Statt mit Bernstein 1709 mit rotem Damast und goldenen Tressen ausgeschlagen

Es ist also sehr wahrscheinlich, dass Friedrich I. erst nach dem Tode seiner Frau im Jahr 1705, im Zuge der Umgestaltung der Räume angeordnet hatte, den kleinen Saal zwischen seinem Arbeits- und seinem Audienzzimmer mit einer Wandvertäfelung zu verkleiden; allerdings nicht wie üblich aus Holz, sondern aus Bernstein. In Zusammenhang mit den zahlreichen Prachtbauten, Kunstwerken und Prunkräumen, die Friedrich I. während seiner Regentschaft in Auftrag gegeben hatte, keine ungewöhnliche Entscheidung. Zumal seinen Gemächern in Charlottenburg nicht die Bedeutung beikam wie etwa der königlichen Zeremonialwohnung des Stadtschlosses in Berlin. Mit der Inkrustationstechnik war die Durchführung rein technisch gesehen problemlos möglich, und aus seiner Monopolstellung heraus verfügte der König in Preußen zudem über genügend Bernstein für eine so aufwendige Arbeit.

Der Auftrag zur Vertäfelung eines Zimmers in Charlottenburg mit Bernstein war nicht mehr als eine Laune des verschwenderischen Monarchen, etwa zu vergleichen mit dem Befehl des Königs von 1704 ein Lustschiff für die Spree, die Fregatte »Liburnica«, zu bauen. Späteren Generationen blieb es vorbehalten, dem Bernsteinzimmer eine singuläre Stellung in der Kunstgeschichte zuzuweisen – Rohde etwa sprach von der »Phantastischste[n] an Inkrustationstechnik«, die es jemals gegeben hatte. Und Pelka lobte die »Einzigartigkeit dieses Denkmals deutschen Kunstgewerbefleißes«. Das fraglos hohe künstlerische Niveau der plastischen Details für die Wandverkleidungen übersteigt das der zahlreichen bekannten kleineren Arbeiten allerdings nicht. Es scheint, mehr als dem künstlerischen Wert verdankt das Bernsteinzimmer seinen Dimensionen den Nimbus des Einzigartigen.

Die Gliederung der Wandvertäfelung folgte der strengen architektonischen Ordnung des Barocks. Vier große Wandtafeln in einer Breite von jeweils 1,65 Meter und vier schmalere zu 1,26 Metern, alle in einer Höhe von 4,75 Metern, sollten die Hauptflächen zwischen den Türen, Fenstern und dem Kamin im Roten Tressenzimmer bedecken. Dazu kamen noch vier lediglich 55 Zentimeter breite Wandtafeln für die Ecken sowie eine rechteckige Tafel, die möglicherweise als Supraporte für eine der beiden Türen gedacht war. Jede der Tafeln teilte sich in ein Sockelpaneel von etwa

Liburnica, LXXXII pedes Longa, Lata XXIII, Tormentis bellicis aeneis XX IJ armata, omnis aeneris instrumento navali A supellectile splendid firma instructa, aplustribus aliusque ornamentis decorata, et Primi Borussiae Regis nomine iure — ergo his a e columna FREDERICUS, Augustissimus Borussiae Rex, Regni sui Conditor, ad exemplar à se probatum m en Belgio aedificari, et relicto ceteno ihac lecum ihic cum subire nisus, utilla animi causa uteretur, et maritimae navigationis magnae et voluptate inter Marchici coeli oblectamenta frueretur.

Launen eines verschwenderischen Königs. Ein Bernsteinzimmer und eine Staatsjacht, die Fregatte »Liburnica«

71 Zentimetern Höhe sowie in ein circa vier Meter hohes Wandstück. Die Sockelpaneele der vier großen Wandtafeln zeigten, eingerahmt von ornamentalen Mustern, die bekrönten Initialen »FR« für Fredericus Rex, die der vier schmaleren den preußischen Adler. Muster, Initialen und Adler

waren aus klarem goldbraunem Bernstein. Der durchsichtige Bernstein war auf der Rückseite aufwendig graviert und tiefgeschnitten. Um den Effekt zu verstärken, unterlegten die Bernsteindreher die durchsichtige Einlegearbeit mit Goldpapier, das das Licht reflektierte und so den eingeritzten Strukturen zu besonderer Wirkung verhalf.

Auch die hohen Wandstücke waren in strenger Gleichmäßigkeit gestaltet: Die vier breiten Felder zeigten jeweils einen großen Spiegel mit aufwendigem Bernsteinrahmen und darüber eine ovale Kartusche; die schmaleren Wandstücke einen aufgesetzten Bernsteinrahmen, darüber einen kleinen Leuchter vor einem herzförmigen Spiegel sowie, in ähnlicher, nur kleinerer Form wie bei den breiten Wandstücken, eine ovale Kartusche. Neben ornamentalen Barockformen zierten plastische Büsten, Köpfe und Masken die Wände. Darunter acht »alte Kerls Köpfe« – aus einem Stück geschnitzte vollbärtige Greisenhäupter – als Bekrönung der Rahmen; 17 Jungfrauenbüsten in den vier großen Kartuschen und dem die Wandfelder abschließenden Fries; links und rechts der Kartuschen jeweils ein »Seitenkopf« – das Haupt eines Kriegers mit antikem Helm, das eben jenem Bernsteinkopf so ähnelte, der 1994 bei Christie's in London versteigert wurde.

Geplant hatte diese Wandvertäfelung der Hofarchitekt von Schloss Charlottenburg, Eosander von Göte, ausgeführt wurde die Arbeit von dem Bernsteindreher Gottfried Wolffram. Allerdings scheint es zwischen den beiden Künstlern nicht zum Besten gestanden zu haben. Eosander, dem der Kunsthistoriker Goerd Peschken im Vergleich zu dem genialen Schlüter das »typisch teigige, gravitätische« im Stil attestiert, ärgerte sich, dass Wolffram eigenmächtig Änderungen vornahm, »die den Dessin nur verderbete«. Um den aufsässigen Künstler zu disziplinieren, zog Eosander 1706 zwei weitere Bernsteinschnitzer aus Danzig hinzu, Gottfried Turau und Ernst Schacht. Offensichtlich in seiner Ehre gekränkt, bezeichnete Wolffram seine neuen Kollegen später als »leuthe, die doch der arbeith nicht gewachsen und nimmermehr Ew. Königl. Mayt. intention erreichen werden«.

Von Ernst Schacht sind keine bekannten Arbeiten überliefert; von Gottfried Turau allerdings, bei dessen Vater in Danzig Wolffram als Geselle gelernt hatte, sind ein kleines Bernsteinkästchen und der 1994 bei Christie's in London versteigerte Elfenbeinschrank erhalten geblieben. Der Vergleich

Begabter Kunsthandwerker. Elfenbeinschrank von Gottfried Turau, der das Bernsteinzimmer vollendete

zwischen den Reliefs dieses Kleinmöbels und den verschiedenen noch existierenden Elfenbeinarbeiten Wolfframs fällt zu dessen Gunsten aus. Hier Turau, der begabte Kunsthandwerker, da Wolffram, der begnadete Künstler – der Konflikt war vorprogrammiert.

In seiner Wut über die zwei neu hinzugekommenen Bernsteindreher aus Danzig soll Wolffram sogar »gewalthätig« gegen Eosander geworden sein. Jedenfalls verschloss er die erste fertige Wandvertäfelung aus Bernstein in seinem Haus und reiste erbost nach Sachsen ab. Angeblich, so Wolffram später, weil er verhindern wollte, dass Eosander seine Arbeit nach Charlottenburg bringen ließ, um dann »die Ehre [zu] haben … solche wand Ew. Königl. Mayt. als seine eigene invention zu präsentieren«.

Der Streit eskalierte, weil Eosander, begleitet von 20 bewaffneten Männern, die Türen von Wolfframs Haus aufbrechen ließ. Die Wandvertäfelung wurde beschlagnahmt und nach Charlottenburg gebracht. Wolffram war verbittert und beklagte sich später beim König, dass »die Wand [bei der

Spiegelrahmen aus dem Bernsteinzimmer. Von Gottfried Wolffram 1707 nach Dänemark gebracht

Aktion] nicht wenig beschädiget [worden sei], auch [sei] unter anderen der große darin befindliche Spiegel zerbrochen worden«.

Es ist nicht mehr zu klären, ob Wolffram sich nun beleidigt weigerte, die Arbeit fortzusetzen, oder ob Eosander ihn ausschloss, um hinterher zu behaupten, Wolffram weigere sich, seine Arbeit wieder aufzunehmen. Sicher ist jedenfalls, dass der brüskierte Bernsteindreher 1707 nach Kopenhagen zurückkehrte, um sich für den frei gewordenen Posten des Kurators der dänischen Kunstkammer zu bewerben. Wolffram führte eine größere Anzahl eigener Arbeiten aus Elfenbein und Bernstein mit sich, die er beim Zoll hinterlegen musste, bis eine formelle Einfuhrgenehmigung erteilt worden war. Auf einer Liste wurde der gesamte Warenbestand des Künstlers erfasst: darunter »ein Altar von Bernstein nicht völlig fertig … eine große Bernsteinlade mit allerhand schönen Bildern … allerhand fertig und unverfertige Bernstein arbeith [sowie] ein Spiegel mit Bernstein rahmen ganz fertig«.

Dieser Spiegelrahmen aus Bernstein hat die Zeiten überdauert und steht noch heute in den Sammlungen von Schloss Rosenborg in Dänemark. Erstaunlicherweise ist er genauso hoch wie jene Spiegelrahmen, an denen Wolffram in Berlin gearbeitet hatte. Lediglich in seinem Aufbau und in seiner plastischen Verzierung unterscheidet er sich von den zurückgebliebenen Rahmen in den Wandvertäfelungen. Zieht man allerdings in Betracht, dass noch Jahre später im fertig gestellten Bernsteinzimmer einer von vier Rahmen fehlte, so spricht alles dafür, dass der verärgerte Wolffram Teile seiner Arbeit einbehalten und mit nach Kopenhagen genommen hat. Der Spiegelrahmen wäre somit eines der wenigen noch existierenden Teile des Bernsteinzimmers, von denen man heute weiß. Die Vermutung liegt nahe, dass Wolffram noch andere, beschädigte oder nicht vollendete Schnitzereien aus dem Bernsteinzimmer an sich genommen hat. Möglicherweise stammt auch der Kriegerkopf, der 1994 bei Christie's versteigert wurde, aus dem auf der Wolffram'schen Zollliste als »allerhand fertig und unverfertige Bernstein arbeith« bezeichneten Bestand.

Immerhin fehlte an dem versteigerten Kriegerkopf die Halspartie, was geschickt durch die aus Alabaster gefertigte Toga verdeckt wurde. Vielleicht war der Hals bei der Bearbeitung abgesplittert. Der Kunsthistoriker und Bernsteinexperte Georg Laue, der den Kopf nach der Auktion begutachtete, ist jedenfalls davon überzeugt, dass die hohe Qualität der Arbeit für die Hand Wolfframs spricht. Und sicher ist, dass der Kriegerkopf schon vor dem Zweiten Weltkrieg, also deutlich vor dem Verschwinden des Bernsteinzimmers, auf dem internationalen Markt angeboten worden war. Das belegen der rückseitig aufgeklebte Ausschnitt aus dem Auktionskatalog und das Alter der eigens für den Bernsteinkopf aufwendig angefertigten Lederschachtel.

Wolffram hätte allen Grund gehabt, seine Arbeit zurückzuhalten. Seinen Angaben nach weigerte sich Eosander, die ausstehenden 2000 Reichs-

Detail einer schmalen Wandtafel. Oben zu beiden Seiten der Kartusche die
Kriegerköpfe, Foto von 1942

Kriegerkopf. Detailaufnahme von 1942

taler für die Arbeit an den Wandvertäfelungen zu bezahlen. Darüber hinaus hatte der Oberhofarchitekt ausgerechnet die zwei neu hinzugekommenen Bernsteindreher damit beauftragt, die Rechnung Wolfframs zu prüfen. Schacht und Turau veranschlagten durchschnittlich weniger als die Hälfte des Preises, den ihr Vorgänger eingefordert hatte – statt 2877 Talern und 21 Groschen nur noch 1337 Taler und 14 Groschen. Es ist nicht bekannt, ob sich die beiden neuen Bernsteindreher später an diese Preisvorgaben gehalten haben; sicher war ihr Dumpingpreis jedoch dazu geeignet, den Ruf Wolfframs zu untergraben. Ein jahrelanger Rechtsstreit um den ausstehenden Lohn endete schließlich 1713 mit der endgültigen Ablehnung seiner Ansprüche.

Auch in Dänemark konnte Wolffram nach der Rückkehr aus Berlin auf seinem Gebiet nicht mehr richtig Fuß fassen. Der ehemalige Hofdrechsler scheint sich daraufhin zwar mit einigem Erfolg auf den Handel verlegt zu haben, Kunstwerke von Wolffram aus Elfenbein oder Bernstein aber sind aus der Zeit nach 1707 nicht bekannt. Das kostbare Material nahm er allenfalls noch in die Hand, wenn er beauftragt wurde, kleinere Reparaturen an älteren Arbeiten durchzuführen. Als der eigentliche Schöpfer des Bernsteinzimmers 1716 starb, hatte die Faszination an diesem Material ihren Zenit bereits überschritten. »Das Bernsteinzimmer«, so schreibt die Kunsthistorikerin Gisela Reineking von Bock, »war die letzte Großaufgabe für die künstlerische Verarbeitung von Bernstein … Danach aber sind kaum noch nennenswerte Bernsteinarbeiten entstanden.«

In einem der vier kleineren Rahmen der Wandvertäfelung war von den Nachfolgern Wolfframs aus weißen Adern im honiggelben Bernstein kunstvoll die Zahl 1709 zusammengesetzt worden. Das spricht dafür, dass die Arbeit in diesem Jahr zumindest weitgehend abgeschlossen war. Allerdings sollte die Wandvertäfelung nicht mehr in Schloss Charlottenburg eingebaut werden. Friedrich I. hatte sich im Jahr zuvor wieder verheiratet. In den Schlössern des Königs wurden jetzt verschiedene Räume für seine neue Frau hergerichtet – möglich, dass sich Friedrich I. in diesem Zusammenhang entschlossen hatte, auch jenen Raum anders ausstatten zu lassen, für den die Wandvertäfelungen aus Bernstein ursprünglich gedacht waren. In einer zeitgenössischen Liste über die Umbauarbeiten des Jahres 1709 in Charlottenburg heißt es nämlich, der Tapezierer habe »die bernstein Camer mit Carmosin damast und güld brelatebanden beschlagen«.

Nicht auszuschließen ist aber auch, dass die Vollendung des durch Oberhofbaumeister Eosander neu erbauten Westflügels von Schloss Oranienburg vor den Toren Berlins im Jahr 1709 den König auf den Gedanken brachte, die Wandvertäfelungen aus Bernstein dort statt in Charlottenburg einbauen zu lassen. Ein Inventarverzeichnis von Oranienburg aus dem Jahr 1743 nennt »die Gallerie auf den rechten Flügel am vordern Schloß-Platz welches die Bernstein Gallerie hätte werden sollen«. Da die Galerie im

Westflügel von Oranienburg größer war als das Rote Tressenzimmer, für das die Wandvertäfelungen ursprünglich geplant wurden, hätte man noch weitere Wandfelder anfertigen müssen. Andere Quellen, die diese Vermutung bestätigen könnten, sind allerdings bislang nicht bekannt. Sicher ist lediglich, dass das Bernsteinzimmer nie in Oranienburg eingebaut wurde.

Nach 1709 sollen die Wandvertäfelungen in der Kunstkammer im dritten Stock des Berliner Schlosses aufbewahrt, aufgestellt oder sogar eingebaut worden sein. Ein passender Ort – unter den Absonderlichkeiten und Schätzen befand sich bereits eine Bernsteinsammlung mit so ungewöhnlichen Teilen wie: » … eine Schäferey von Bernstein … ein ganzer Bauer[n]hof, worauf Ochsen, Kühe, Kälber, Tauben, Störche … sind. Eine Uhr. Die Auferstehung Christi. Ein Altar. Sehr viele künstlich ausgearbeitete Schränke, Pokale und andere Gefäße, Hausgeräth, Thiere u. d. gl. Ein Schiff aus Bernstein mit einem Uhrwerke. Ein dergleichen Bergwerk worinn die Figuren der Arbeitsleute aus Bernstein sind …« Hier, inmitten dieses Kosmos aus Kuriositäten und Kostbarkeiten, durch die der König nur besonders auserwählte Besucher führte, mag Peter I. von Russland das Bernsteinzimmer zum ersten Mal gesehen haben. Belegt ist zumindest, dass der Zar, der auf der Durchreise nach Frankreich Ende 1712 zum Staats-

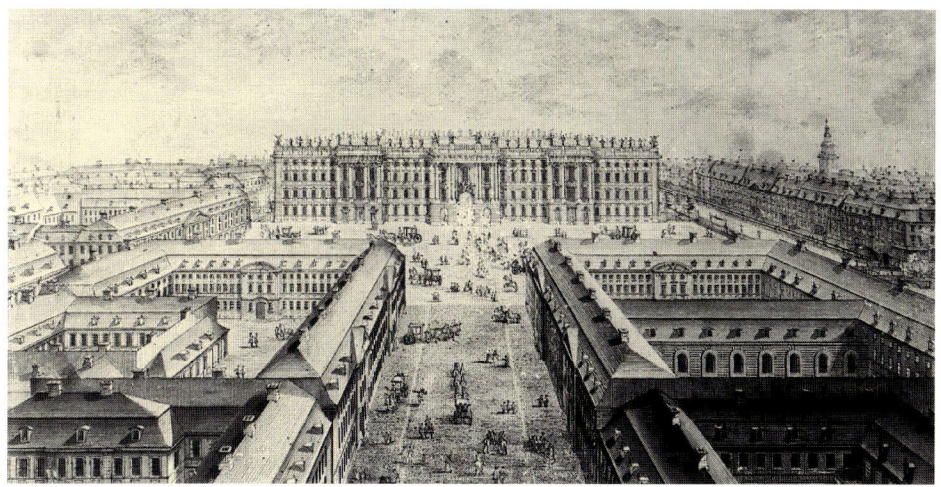

Zwischengelagert im Stadtschloss von Berlin. Das Bernsteinzimmer unter den Kuriositäten und Kostbarkeiten der Kunstkammer

besuch in Berlin weilte, während seines Aufenthalts auch die Kunstkammer besichtigt hat. Gekommen war er allerdings nicht, um kulturelle Eindrücke zu sammeln; Peter I., der Russland zur Großmacht formen sollte und dem die Geschichte dafür den Beinamen »der Große« verlieh, steckte die katastrophale Niederlage seiner Truppen gegen die Türken am Pruth noch in den Knochen. Zum wiederholten Male versuchte er, den preußischen Monarchen zum Kriegseintritt gegen die Schweden zu überreden.

Es ging, wie in den meisten Kriegen, um handfeste wirtschaftliche Interessen. Seit dem Dreißigjährigen Krieg hatte Schweden die Vormachtstellung über die Ostsee, der als Drehscheibe für den weltweiten Handel größte Bedeutung zukam. 1699 schlossen sich Zar Peter I., der polnische König August II. und Frederick IV. von Dänemark zu einer Allianz zusammen, um die Vorherrschaft der Schweden zu brechen und sich selbst die wichtigsten Häfen zu sichern. Der Große Nordische Krieg nahm 1700 seinen Ausgang mit dem Überfall polnischer und dänischer Truppen auf das schwedisch besetzte Livland. Mit Unterbrechungen dauerte das erbitterte Ringen bis 1721. Dem König in Preußen war es gelungen, sich durch geschicktes Taktieren aus diesem Krieg, der immerhin an den Grenzen seines Landes tobte, herauszuhalten. Und auch der Besuch des Zaren im Winter 1712 sollte daran nichts mehr ändern; kurz darauf, am 25. Februar 1713, verstarb Friedrich I. in Berlin.

Bis zum letzten Atemzug hatte der Kronprinz, Friedrich Wilhelm I., an seinem Bett ausgeharrt. Nachdem er das Sterbezimmer seines Vaters verlassen hatte, befahl er, dass man ihm sofort die Buchhaltung des Hofes vorlege. Friedrich Wilhelm I. überflog das Zahlenwerk, verlangte nach einer Feder, strich den gesamten Etat durch und verkündete anschließend, hiermit seien sämtliche Anstellungsverträge aufgehoben. Deutlicher hätte der neue König nicht zum Ausdruck bringen können, dass die Uhren in Preußen von nun an anders gingen.

Der Vater des jungen Regenten hatte diesem einen Schuldenberg von über 20 Millionen Talern hinterlassen; mit eisernem Besen räumte Friedrich Wilhelm jetzt mit dem auf, was er »die dollste Wirtschaft von der Welt« nannte. Von den 24 Schlössern behielt er nur sechs – Weinkeller, Krönungsmantel, Prachtkutschen, Pferde, Sänften, Tafelsilber und Möbel wurden

Friedrich Wilhelm I., König in Preußen –
Peter I., der Große, Zar von Russland

»Uns bat der preußische König, wir möchten ihm
große Bauern zu Grenadieren beschaffen, Länge nach
beiliegendem Maß; zu diesem Zweck schreibt den
Gouverneuren, sie sollen in den Gouvernements bis
zu 200 solcher Leute sammeln ... falls sie länger sind
als das Maß, desto besser ...«
Peter I. über Friedrich Wilhelm I., 28.11.1716

»Katherinchen, mein Herzensfreund, sei gegrüßt!
Über das hiesige erkläre ich, dass unsere Fahrt hierher
nicht umsonst war ... Der K[önig] schenkte mir ein
außerordentlich bedeutendes Geschenk – eine Jacht ...
und ein Bernstein-Kabinett, das ich schon lange
wünschte ...«
Peter I. an seine Frau, 17.11.1716

verkauft. Er stoppte sämtliche Bauprojekte, neben vielen anderen Handwerkern und Künstlern verlor auch Oberhofarchitekt Eosander seinen Posten. Die Oper wurde geschlossen, die Hofkapelle aufgelöst, leer stehende
Gebäude und Parks verpachtet. Für die Kunstkammer bestand jetzt natürlich auch kein Bedarf mehr; das Bernsteinzimmer soll, möglicherweise
im Zuge der Verkleinerung der Sammlung, im Zeughaus eingelagert worden sein.

Der neue König hatte keine andere Wahl – »Preußen war immer noch
ein Programm«, wie Sebastian Haffner die Situation beschrieb. Friedrich I.
hatte es mit seiner Inthronisation nur proklamiert, jetzt lag es an seinem
Sohn, die Voraussetzungen dafür zu schaffen, dass es verwirklicht werden
konnte. Und tatsächlich gelang dem Choleriker, der seine Umgebung un-

ablässig mit Stockhieben zur Eile antrieb, die Konsolidierung des maroden Staates. Das Resultat konnte sich sehen lassen: solide Staatsfinanzen, ein geordnetes Verwaltungswesen sowie eine gut gerüstete und ausgebildete Armee.

Dem Militär galt die besondere Aufmerksamkeit Friedrich Wilhelms I. Der »Soldatenkönig«, wie er bald genannt wurde, trug im Alltag am liebsten Uniform und war häufiger auf den Exerzierplätzen und in den Kasernen zu sehen als in seinen Schlössern. Mit einer Vorliebe, die einer Marotte gleichkam, sammelte und drillte er Soldaten, die über 1,88 Meter groß waren. Über 2500 »Lange Kerls« hat er in ganz Europa werben oder kaufen lassen; die größten unter ihnen wurden im Auftrag des Königs von Kopf bis Fuß porträtiert. Bisweilen nahm seine Leidenschaft groteske Formen an – in Potsdam ließ Friedrich Wilhelm I. einen Versuch starten, mit Hilfe besonders großer Männer und Frauen eine Art »wohlfeile Pflanzschule für Giganten« aufzuziehen. Ohne Erfolg; dafür künden zwei auf königliche Anweisung präparierte Skelette von Langen Kerls in der Berliner Charité bis heute von der merkwürdigen Vorliebe Friedrich Wilhelms I. für groß gewachsene Männer.

Auch den ausländischen Mächten war die Eigenart des Königs nicht verborgen geblieben; so berichtete etwa der österreichische Gesandte aus Berlin an seinen Hofkanzler, dass Moskau, London, Paris, Kopenhagen und Stockholm »mit dergleichen Figuren des Königs Gemüt gewonnen habe[n] … Bei S. Kön. Maj. kann man mit großen Leuten mehr ausrichten als mit allen Raisonnements und Rechtsgründen«. Besonders Zar Peter I. nutzte die Schwäche des preußischen Königs und sandte in regelmäßigen Abständen russische Männer von hohem Wuchs als Geschenk. Immer noch versuchte er Preußen für den Krieg gegen Schweden zu gewinnen.

So groß das persönliche Interesse Friedrich Wilhelms I. an seiner Armee im Allgemeinen und den Langen Kerls im Besonderen auch war, außenpolitisch folgte er doch dem vorsichtigen Kurs seines Vaters. Obwohl er schon im Jahr seiner Krönung der nordischen Allianz gegen Schweden beigetreten war, gelang es ihm, sich aus allen bewaffneten Auseinandersetzungen soweit als möglich herauszuhalten. 1716 trat der Nordische Krieg dann in seine entscheidende Phase; bis zum Spätsommer war es der

Hang zu »Langen Kerls«. Friedrich Wilhelm I. nimmt persönlich Maß,
Farbdruck um 1900

Allianz gelungen, die Schweden aus ihren letzten Stützpunkten in Norddeutschland zu verdrängen. Immer klarer zeichnete sich jetzt ab, dass Russland als neue Vormacht über die Ostsee aus dem Ringen hervorgehen würde. Das löste bei den verbündeten Mächten Dänemark, Polen und Sachsen Katerstimmung aus. Die für den Herbst geplante Landung auf dem schwedischen Festland verzögerte sich, und Russland drohte in die außenpolitische Isolation zu geraten. Erschwerend kam hinzu, dass der Zar seine Truppen weit nach Westen vorgeschoben hatte; ohne den Rückhalt seiner Verbündeten wären die russischen Stellungen nicht zu halten gewesen. In dieser für Peter I. nicht ganz ungefährlichen Situation war es sinnvoll, mit größerem Nachdruck als bisher um den preußischen König zu werben.

Friedrich Wilhelm I. verfolgte andere Pläne; schon 1714 hatte er sich in einem Garantievertrag mit Russland die Hafenstadt Stettin samt Umland für den Fall eines russischen Sieges gesichert. Vorsorglich hatte der König in Preußen aber auch zur anderen Seite hin die Fühler ausgestreckt. Im September 1716 kam es zu einem Geheimvertrag mit Frankreich, dem Verbündeten Schwedens; der Inhalt der Vereinbarung betraf wiederum Stettin und Umland. Damit war die Hafenstadt in jedem Fall gewonnen. Friedrich Wilhelm I. musste jetzt nur noch dafür Sorge tragen, sich auf keiner der beiden Seiten in den Krieg verwickeln zu lassen. Keine ganz leichte Aufgabe, ohne dabei das Wohlwollen des Zaren aufs Spiel zu setzen, der möglicherweise auf dem Weg war, zu einem der mächtigsten Männer Europas zu werden.

Vom 23. bis zum 28. November 1716 kam es zum Treffen der beiden Monarchen im alten Kloster von Havelberg in der Prignitz. Friedrich Wilhelm I. hatte einen eleganten Ausweg aus seinem Dilemma gefunden. Er überreichte dem Zaren anlässlich seines Besuchs zwei außergewöhnliche Präsente – die königliche Jacht »Liburnica« und das Bernsteinzimmer. Beide Geschenke waren nicht nur ungewöhnlich kostbar, sie trafen zudem genau die Vorlieben des Zaren. Peter I. war seit frühester Jugend begeistert von der Seefahrt und, seitdem er es wohl 1712 gesehen hatte, auch vom Bernsteinzimmer. Der Zar schien offensichtlich angenehm überrascht und schrieb noch vor seiner Abreise zufrieden an seine Frau: »Katherinchen, mein Herzensfreund, sei gegrüßt! Über das hiesige erkläre ich, dass unsere

Fahrt hierher nicht umsonst war, sondern von einigem Nutzen … Der K[önig] schenkte mir ein außerordentlich bedeutendes Geschenk – eine Jacht, die in Potsdam festgemacht liegt, und ein Bernstein-Kabinett, das ich schon lange wünschte.«

Die »Liburnica« wurde später nach Hamburg gebracht und sollte erst zwei Jahre später in St. Petersburg einlaufen. Die Wandvertäfelungen aus Bernstein verließen Berlin Ende März 1717. Eingehüllt in Flanell und verpackt in mit Wachstuch beschlagenen Kisten wurden sie auf acht Leiterwagen nach Memel geschickt, wo Gesandte des Zaren die kostbare Fracht übernehmen sollten. Friedrich Wilhelm I. konnte zufrieden sein; in einer gemeinsamen Deklaration war die enge Bindung von Preußen und Russland beschworen worden, und außerdem hatte der Zar noch einmal den Anspruch Preußens auf Stettin bestätigt. Und das alles, ohne dafür an der Seite Peters I. in den Krieg ziehen zu müssen. Der Verlust der ohnehin bis dahin auf der Havel bei Potsdam vor sich hin modernden Staatsjacht wird dem sparsamen Monarchen wenig bedeutet haben; ebenso wenig wird ihm an den Wandvertäfelungen gelegen haben, die gleichfalls unter dem Zahn der Zeit gelitten hatten. Für Friedrich Wilhelm I. waren diese Relikte väterlichen Prunkes totes Kapital. Die Rechnung ging auf. 1720, am Ende des Nordischen Krieges, fielen Stettin und das östliche Vorpommern endlich Preußen zu.

Der Zar scheint so zufrieden über seine Geschenke gewesen zu sein, dass Friedrich Wilhelm I. in Havelberg zu seinen politischen Forderungen sogar noch Nachschub an Langen Kerls von ihm verlangen konnte. Jedenfalls befahl Peter I. vor seiner Abreise per Depesche, in Russland »200 solcher Leute [zu] sammeln … falls sie länger sind als das Maß, desto besser«. Im Sommer 1718 trafen die ersten »55 Mann großer Grenadiere« in Potsdam ein. Außerdem zwei ausgesuchte Gegengeschenke des Zaren: ein in St. Petersburg gebautes Flussboot sowie eine Drechselbank. Als besondere Geste fügte Peter I. noch »einen Pokal unserer eigenen Hände Arbeit« bei. Friedrich Wilhelm I. zeigte sich hocherfreut. Die Drechselbank ließ er unweit seines Schlafzimmers aufstellen, aus dem vom Zaren selbst gefertigten Pokal trank er auf dessen Wohl. Die 55 russischen »Riesen« aber begeisterten den König dermaßen, dass er darauf bestand, eigenhändig die

Elisabeth, Zarin von Russland

»Und nach dem Mittagessen gab es im
Bernsteinzimmer die Audienz für den
Römisch-Kaiserlichen Kammerherren Zinzendorf.
Jener Herr Kammerherr kam ...
und ging allein in das Gemach hinein ...«
Aus dem Zeremonial-Journal Elisabeths, 16. 4. 1755

Größe eines jeden nachzumessen, bevor alle zur Garde nach Potsdam abkommandiert wurden.

Das Bernsteinzimmer war schon ein Jahr zuvor in der neuen Hauptstadt Russlands eingetroffen. Beeindruckt schrieb der Generalgouverneur von St. Petersburg, der die Kisten im Auftrag des Zaren geöffnet und deren Inhalt überprüft hatte, am 5. Juli 1717 an Peter I.: »Ehrlich gesagt ist dies eine solche Seltenheit, wie ich sie ähnlich auf der Welt noch nicht sah.« Mehr Zeit zur Beschäftigung mit dem Kunstwerk blieb ihm allerdings nicht. Noch war das 1703 an der Mündung der Newa gegründete St. Petersburg nicht mehr als eine Anhäufung von Holz- und Lehmhütten, deren Bewohner gegen das widrige Klima, den sumpfigen Boden, das Hochwasser und die Mückenschwärme kämpften. Erst seit der Zar die Siedlung im Jahr 1712 anstelle von Moskau zum Sitz seiner Hauptresidenz erkoren hatte, begann der planmäßige Ausbau zu einer Stadt. Im Zeitraffertempo sollte der Ort jetzt zur Metropole des Russischen Reiches werden – ein »Fenster nach Europa«, Symbol für die von Peter I. forcierte Öffnung seines Landes nach Westen.

Für die Restaurierung des Bernsteinzimmers und seine Montage scheinen in dieser Phase des hektischen Aufbaus die Mittel und Möglichkeiten gefehlt zu haben. Nur so viel ist durch verschiedene Akten belegt: Die

Wandvertäfelungen wurden im »Großen Saal« des Sommerpalastes von Peter I. aufbewahrt. Ob sie ausgepackt und an die Wände gestellt oder sogar eingebaut wurden, ist nicht überliefert. Erst lange nach dem Tod Peters I., der 1725 überraschend an einer Grippe verstorben war, findet sich in den russischen Akten wieder eine Erwähnung des Bernsteinzimmers: Eine Delegation aus Danzig, die in St. Petersburg um Erleichterung für ihre von russischen Truppen besetzte Stadt nachsuchen wollte, wurde am 12. Mai 1735 in den Sommerpalast geführt. Der russische Oberhofmarschall persönlich »zeigte ihnen die dort befindliche große Anzahl seltenen japanischen und chinesischen Porzellans, ebenso das, einst in Berlin gewesene, wertvolle Bernstein-Kabinett, und noch viele andere kuriose Dinge«.

In den Mittelpunkt des Interesses rückte das Bernsteinzimmer erst wieder, nachdem die jüngste lebende Tochter Peters des Großen im Jahre 1741, also 16 Jahre nach dessen Tod, durch einen Staatsstreich an die Macht gelangte. Die politischen Anstrengungen Elisabeths, dem Beispiel ihres Vaters zu folgen und den Kurs der »petrinischen Verwestlichung« konsequent fortzusetzen, wurden überstrahlt von ihrem exzessiven Hang zum Luxus – allein über 15 000 kostbare Kleider soll die Zarin zu ihren Lebzeiten gesammelt haben, um sie in rasender Abfolge auf den von ihr geliebten höfischen Festen, Theateraufführungen, Konzerten und Jagden zur Schau zu tragen.

Kurz nach ihrem Amtsantritt begann Elisabeth damit, die Paläste und Schlösser in und um St. Petersburg ihrem Lebensstil und Repräsentationsbedürfnis gemäß ausbauen zu lassen. Am 29. Januar 1743 erging in diesem Zusammenhang die Anweisung, dass das Bernsteinzimmer, das mittlerweile wieder in Kisten verpackt in einem Seitenflügel des Sommerpalastes lagerte, »… für die Ausschmückung der Gemächer im Winterhaus, in denen Ihre Kaiserliche Hoheit ihren Wohnsitz zu haben geruht«, zu verwenden sei. Genauer gesagt sollten die Wandvertäfelungen in das Audienzzimmer direkt neben ihrem »Parade-Schlafzimmer« eingebaut werden. Die Zeremonialwohnung der Zarin war der prominenteste Platz, der dem Bernsteinzimmer in seiner Geschichte zugewiesen worden ist. Und ein deutliches Zeichen der großen Wertschätzung, die dieser Arbeit von Elisabeth entgegengebracht wurde.

Die Umgestaltung des Winterpalastes und damit auch der Einbau des Bernsteinzimmers unterstand dem Italiener Graf Bartolomeo Francesco Rastrelli. Da die Flächen des Raums, der das Bernsteinzimmer im Winterpalast aufnehmen sollte, offensichtlich größer waren als die Wandvertäfelungen, ergänzte der herausragende Architekt sie um 26 Pilaster aus 28 Zentimeter schmalen, von goldenem Schnitzwerk gefassten Spiegeln, die in der Mitte jeweils einen dreiarmigen feuervergoldeten Bronzeleuchter trugen. Außerdem sollten die Spiegel in den großen Bernsteinrahmen durch Ölbilder des Hofmalers Johann Friedrich Groth ersetzt werden; für einen späteren Zeitpunkt war dann geplant, die Motive der Ölbilder in Bernstein nachschnitzen zu lassen.

Für die Arbeiten an den Bernsteinpaneelen wurde ein Landsmann von Rastrelli, der Bildhauer, Stuckateur und Bronzegießer Alessandro Martelli, abgestellt. Er begann zunächst mit der Inventur der Kisten. Das Ergebnis war ernüchternd: Die zahlreichen Verlagerungen, die weite Reise, aber vor allem die vergangenen gut 30 Jahre seit Fertigstellung des Bernsteinzim-

An prominenter Stelle. Das Bernsteinzimmer als Audienzsaal der Zarin im Winterpalast von St. Petersburg

mers hatte den Wandvertäfelungen stark zugesetzt. Zum ersten Mal zeigten sich unübersehbar die Nachteile der Inkrustationstechnik – zahlreiche Bernsteinstücke waren abgeplatzt und zersplittert. Erschwerend kam hinzu, dass das ohnehin spröde Material von den Bernsteindrehern in Berlin eingefärbt worden war. Dafür wurde das bearbeitete Stück in einem speziellen Sud gekocht, dessen Zusammensetzung stets streng geheim gehalten wurde. Die Prozedur verlieh dem Bernstein Patina und eine wärmere Farbe um den Preis einer schnelleren Alterung: Der so bearbeitete Bernstein wurde mürbe und begann sich aufzulösen. Martelli blieb nichts anderes übrig, als zusätzlich zur Neuanfertigung kleinerer Bernsteintafeln für die Ausgestaltung des Audienzzimmers eine groß angelegte Restaurierung zu beginnen; sie sollte gut drei Jahre dauern und endete erst 1746.

Gegen Ende der Restaurierungsarbeiten erhielt Zarin Elisabeth ein überraschendes Geschenk aus Berlin: Friedrich II., »der Große«, sandte einen reich geschnitzten Bernsteinrahmen, der genau in das ursprüngliche Zimmer passte. Von Anfang an hatte einer der vier Rahmen in den großen Wandfeldern gefehlt, wahrscheinlich jener, den Gottfried Wolffram, der Schöpfer des Bernsteinzimmers, mit sich nach Kopenhagen genommen hatte. Der König von Preußen mag von seinem Botschafter in St. Petersburg im Frühjahr 1745 von dem fehlenden Rahmen erfahren haben; drei Bernsteinmeister in Königsberg bekamen den Auftrag, einen neuen, besonders kostbaren Rahmen anzufertigen. Seine figürliche Motivik war eine einzige Apologie auf Russland: Auf dem unteren Querrahmen in der Mitte lagen zwei Sklaven zu Füßen von Trophäen und Waffen als Symbol für die russische Macht zu Lande, rechts davon Neptun, »welcher einen Delphin aus dem Meer ziehet und erdrückt«, sowie »eine Sirene, die mit einem Delphin ringt«, für die russische Macht zur See. Auf beiden Seiten des Rahmens dann die Kriegsgöttin und »die Friedens-Göttin … nebst einigen Kriegs- und Siegeszeichen, mit welchen auf den letztern Krieg in Finnland und den von Ihre Russl: Kayserl. Mayt: gemachten glorieusen Frieden gezielt wird«. Schließlich, gleichsam über dem Rahmen schwebend, die »Russisch-Kayserl. Crone«.

Friedrich II. hatte allen Grund, die Zarin gnädig zu stimmen: Im Winter 1740 war der neue König von Preußen nach Schlesien aufgebrochen, das Werk seines Vaters und Großvaters zu vollenden und seinem Land die Geltung einer Großmacht in Europa zu verschaffen. Vier Jahre später erlitt er in Böhmen die erste empfindliche Niederlage; etwa 17 000 Soldaten, ein Viertel seiner Armee, waren desertiert; nicht wegen der feindlichen Österreicher, sondern vor Hunger und Kälte. Im März schrieb Friedrich II. an seinen Minister über die Lage: »Wir sind hier in einer großen Krise; entweder werden wir durch die Vermittlung Englands Frieden bekommen, oder alle Streitkräfte unserer Feinde werden von den verschiedensten Seiten auf mich eindringen.«

Damit spielte der preußische König nicht nur auf die Situation in Böhmen an; auch außenpolitisch hatte er sich isoliert – seine Verbündeten Bayern und Frankreich waren ausgefallen, dafür standen England, Sachsen-Polen und Russland mehr oder weniger offen auf der Seite Habsburgs. Jedes Mittel war jetzt recht, diese Mächte davon abzuhalten, aktiv in das Kampfgeschehen einzugreifen, auch ein diplomatisches Geschenk wie der Bernsteinrahmen. Zum Zeitpunkt seiner Fertigstellung hatte sich das Blatt wieder gewendet. Friedrich II. hatte die Österreicher im Juni 1745 in Hohenfriedberg und drei Monate später bei Soor siegreich geschlagen. Am 8. November des Jahres traf der Bernsteinrahmen mit zwei weiteren Präsenten – einer Prunkkarosse und einem Porträt Friedrichs II. – in St. Petersburg ein.

Die Reaktion der Zarin auf die Geschenke ist nicht überliefert; aber die österreichische Kaiserin Maria Theresia scheint von dem Werben ihres Erzfeindes erfahren zu haben. Bald nach dem Bernsteinrahmen trafen in St. Petersburg vier kostbare florentinische Steinmosaikbilder ein, die der österreichische Gesandte im Namen seiner Kaiserin an Elisabeth übergab. Offensichtlich wollte Maria Theresia dem preußischen König in nichts nachstehen.

Der Bernsteinrahmen von Friedrich II. war mittlerweile in die Wandvertäfelungen des Audienzzimmers im Winterpalast eingefügt worden. Von 1746 bis 1755 spielte sich hier zu wichtigen Teilen das öffentliche Leben der Zarin ab. Im Bernsteinzimmer empfing Elisabeth hohe Staatsgäste, ausländische Gesandte und Botschafter sowie die Minister, Gouverneure und Kammerherren ihres Reiches. Die Audienzen in der beeindruckenden Ku-

Friedrich II., der Große, König von Preußen

»Indem uns nun solche bekümmerte Umbstände
Nahrung und Muth entkräfften, ja den Untergang
immer näher stellen, so dringet uns diese armseelige
Beschaffenheit, E[hrwürdige] Königl[iche] Majest[ät]
in allerdehmüthigster Sehnsucht anzuflehen, ob
dieselben nicht Landes Väterlich geruhen wollten,
die von uns verfertigten Stücke …
zu dero Königl[icher] Magnificence und allerhöchst
gefälliger Beschenkung frembder Höfen anzuwenden …«
Eingabe der notleidenden Königsberger Bernsteinzunft an Friedrich II., 13. 3. 1742

lisse des Bernsteinzimmers werden ihre Wirkung auf die Besucher nicht
verfehlt haben, obwohl sich die Inkrustationstechnik längst als Schönheitsfehler erwiesen hatte. Schon 1746, im ersten Jahr nach der aufwendigen
Restaurierung, fingen die Wandvertäfelungen wieder an zu bröckeln. Allein
70 Stellen entdeckte der im Dezember des Jahres herbeigerufene Martelli,
die dringend einer Ausbesserung bedurften. Die Pflege des spröden Kunstwerkes wurde zur Daueraufgabe.

Es mag sein, dass die Zarin sich deshalb 1755 entschloss, das Bernsteinzimmer auf ihrem Sommersitz in Zarskoje Selo, dem Zarendorf vor den
Toren St. Petersburgs, einbauen zu lassen. Zu Anfang des Jahrhunderts hatte
ihr Vater, Peter der Große, seiner Frau Katharina hier einen kleineren Besitz
geschenkt, auf dem von 1717 bis 1723 ein Landhaus errichtet wurde. Im
Zuge der zahlreichen Aufträge zum repräsentativen Um- und Ausbau der Paläste und Schlösser von St. Petersburg nach der Machtübernahme Elisabeths
begannen 1743 auch in Zarskoje Selo die Bauarbeiten. Nach zahlreichen
Anläufen verschiedener zeitgenössischer Architekten schuf schließlich Bartolomeo Rastrelli, der Lieblingsbaumeister der Zarin, einen imposanten Palast, der nach Elisabeths Mutter »Katharinenpalast« genannt werden sollte.

Aus der Metropole in die Vorstadt. Das Bernsteinzimmer wird Teil der Enfilade im Katharinenpalast vor den Toren von St. Petersburg

1753 war die Außenfassade so weit fertig, dass Rastrelli mit der Innen-einrichtung des Palastes beginnen konnte. Die Beletage legte er als Enfilade an – eine beeindruckende Zimmerflucht entstand, deren Türen in einer Achse lagen, die den Blick von einem Ende zum anderen freigaben. Aus-gangspunkt der Enfilade war der so genannte Bildersaal, Höhepunkt und letzter Raum der »Große Saal«, der über die ganze Breite des Gebäudes verlief. Dazwischen lagen eine Reihe kleinerer Räume, die Rastrelli im Stil der Zeit mit chinesischem Porzellan oder himbeerfarbener Seide aus-stattete. Das erste Zimmer nach der Bildergalerie sollte auf ausdrücklichen Wunsch der Zarin sogar mit Achat ausgekleidet werden. Nach zwei Jahren wurde dieser Plan wieder aufgegeben. Rastrelli war es nicht gelungen, genügend Achat aufzutreiben, ebenso fehlte es in jenen Tagen in St. Pe-tersburg an geeigneten Handwerkern. Elisabeth, die zur Eile drängte, fand eine pragmatische Lösung. Die Wandvertäfelungen aus Bernstein, die sie offensichtlich nicht mehr in ihrem Audienzzimmer sehen wollte, kamen anstelle des gewünschten Achats nach Zarskoje Selo. Das war in zweierlei

Hinsicht ein Bedeutungsverlust – aus der Metropole in die Vorstadt und vom Audienzzimmer zu einem der weniger bedeutenden Räume einer Enfilade.

Der neue Saal im Katharinenpalast wird nicht sehr viel größer gewesen sein als das Audienzzimmer im Winterpalast von St. Petersburg. Rastrelli konnte in jedem Fall 24 der ursprünglichen 26 Spiegelpilaster übernehmen. Lediglich die Decke war deutlich höher als zuvor. Der italienische Architekt behalf sich mit einem Trompe l'œil: Zwischen dem oberen Ende der Wandvertäfelung und dem Deckenstuck wurde Leinwand gespannt und in der Art von inkrustiertem Bernstein täuschend echt bemalt. Im Zuge der Umbauarbeiten ließ Rastrelli auch die Ölbilder in den großen Rahmen ersetzen – durch die Steinmosaikbilder der österreichischen Kaiserin. Es ist eine feine Ironie der Geschichte, dass sich die diplomatischen Geschenke der beiden Erzfeinde Maria Theresia und Friedrich II., die sich im Jahr darauf erneut blutig bekriegen sollten, friedlich vereint im Bernsteinzimmer fanden.

Schon im Dezember 1755 waren die Arbeiten abgeschlossen. Nach einem halben Jahrhundert hatte das Bernsteinzimmer damit endlich seinen Platz gefunden, an den es bis heute gehört. Zum Auftakt gab es allerdings auch hier die üblichen Probleme; der Katharinenpalast wurde nur unregelmäßig und bevorzugt im Sommer bewohnt. Im Bernsteinzimmer stand nicht mal ein Ofen. Die hohe Luftfeuchtigkeit und das Klima waren Gift für die Inkrustationsarbeiten. Alessandro Martelli, der das Bernsteinzimmer bis dahin in Russland betreut hatte, scheint schließlich entnervt aufgegeben zu haben. Als Ersatz für den italienischen Bildhauer wurden 1758 deutsche Bernsteinmeister angefordert; Russland befand sich seit zwei Jahren an der Seite Österreichs mit Preußen im Krieg. Im Januar 1758 hatten die Truppen Elisabeths Ostpreußen besetzt, und es lag daher nahe, auf die Fachkräfte und den Rohstoff der Region zurückzugreifen.

Am 14. Juli 1760 trafen die ersten Handwerker aus Königsberg in Zarskoje Selo ein. Neben der zweiten Totalüberholung des Bernsteinzimmers wurde ihnen die Aufgabe übertragen, »alle leeren Stellen mit echtem Bernstein zu bedecken«. Noch im Jahr seiner Ankunft verewigte sich der Vorarbeiter der deutschen Bernsteinmeister in einem neu angefertigten Sockel:

Friedlich vereint im Bernsteinzimmer. Der Rahmen Friedrichs des Großen und ein Steinmosaikbild der Kaiserin Maria Theresia, Foto vor 1917

»Frederic Rogenbuck« steht sorgfältig in den Bernstein eingraviert, »maitre et inventeur, fecit anno 1760«. Elisabeth sollte die endgültige Fertigstellung des Bernsteinzimmers nicht mehr erleben. Sie starb am 5. Januar 1762; ein knappes halbes Jahr später folgte ihr eine deutsche Prinzessin auf den Thron der Zaren. Mit Sophie Auguste Friederike von Anhalt-Zerbst, die sich Katharina II. nannte, brach auch kulturell eine neue Epoche an. Diese Zarin liebte Porzellan statt Bernstein, bevorzugte die klaren Linien des Klassizismus statt der überladenen Formen des Barocks. Der alt gewordene Rastrelli musste gehen; junge Architekten übernahmen seinen Platz. Auch in den Palästen, die meist schlecht und immer spärlich möbliert waren, fühlte sich Katharina II. nicht recht wohl. Sie holte begabte Schreiner und Ebenisten aus Frankreich und Deutschland nach St. Petersburg und verschönerte ihre Häuser mit ausgewählten Bildern und Möbeln. Selbst in das Bernsteinzimmer ließ Katharina II. zwei Kommoden stellen – mit bronzenen Beschlägen und reichen Marketerien. Eine von ihnen tauchte gut 200 Jahre später in Berlin überraschend wieder auf.

Für offizielle Anlässe wurde der Saal mit den Wandvertäfelungen aus Bernstein von Katharina II. allerdings nur selten genutzt, meist hielt sich hier ihre Entourage auf, stets bereit, der Zarin Gesellschaft zu leisten, wenn sie dies wünschte. Je nach Laune »geruhte« Katharina II. auch, »aus ihren inneren Zimmern in das Bernsteinzimmer zu gehen, sich mit den Kavalieren und Damen mit Karten[spielen] zu vergnügen, wobei die Hofsänger Geigen spielten«.

Von 1770 an, mit dem Abschluss der Ausbauarbeiten an ihren öffentlichen und privaten Gemächern, die der schottische Architekt Charles Cameron im Nordflügel des Palastes für die Zarin entworfen hatte, hielt sich Katharina II. kaum mehr in der Enfilade Rastrellis auf. Zu den neuen Räumen gehörte übrigens ein besonders pikantes Zimmer – Wandmalerei und Schnitzwerk der Möbel spielten in seltener Eindeutigkeit auf Zweideutiges an. Wen die Zarin hierher bat, der wusste, was die Stunde geschlagen hatte. Dem Bernsteinzimmer wurde in den kommenden 25 Jahren keine besondere Rolle mehr zugewiesen. Nach dem Tode Katharinas II., »der Großen«, im Jahr 1796 verwaiste der Katharinenpalast. Damit geriet auch das Bernsteinzimmer in Vergessenheit. Sicher hatte dazu auch beigetragen, dass es in der zweiten Hälfte des 18. Jahrhunderts gleich mehreren Naturwissenschaftlern gelungen war, die pflanzliche Herkunft von Bernstein nachzuweisen. Die Entmystifizierung vom wundertätigen Edelstein sagenumwobener Herkunft zum versteinerten Baumharz gelang gründlich – einst Geschenk für Könige und Kaiser wurde Bernstein für lange Zeit zum beliebten Halsschmuck wohlhabender Bürgersfrauen und Bäuerinnen.

Das 19. Jahrhundert brachte auch dem Bernsteinzimmer neue Bewunderer; die aufstrebende bürgerliche Welt verlangte nach dem Reiz des Exotischen, nach untergegangenen Kulturen und fremden Welten. Die Schätze der Zaren passten ideal in diese romantische Zeitströmung. Als Erster brach der französische Schriftsteller Théophile Gautier 1858 gemeinsam mit seinem Landsmann, dem Fotografen Ambroise Rochebourg, zur Entdeckungsreise nach St. Petersburg auf. Nach seiner Rückkehr berichtete er seinen Lesern von den sagenhaften Schätzen des alten und neuen Russlands – so auch vom Bernsteinzimmer. Das Buch war mit Fotos reich bebildert; Rochebourg hatte auch im Katharinenpalast fotografiert. Sein Foto vom Bernsteinzimmer ist die erste bekannte Abbildung des Kunstwerks überhaupt.

»Wir werden über einen Bernsteinsaal sprechen«, schwärmte Gautier in seinem Buch, »das ist mit nichten so wie in ›Tausend und einer Nacht‹ oder anderen wundersamen Märchen, wo Zauberern, Geistern und Genien die Architektur der Paläste anvertraut ist; wie in jenen Palästen, in denen wir Säle aus Brillanten, Rubinen, Hyazinthen oder anderen wertvollen Steinen erblicken; was wir uns eben so unter Kunstschätzen vorstellen. Nein! Hier ist die Rede von einem echten ›Bernsteinsaal‹; das ist nicht etwa Ausdruck dichterischer Übertreibung, es ist reale Wirklichkeit. Kein enges Boudoir oder kleines Kabinett, sondern ein Zimmer von hinreichend großen Ausmaßen ... Das Auge, nicht gewohnt, Bernstein in einer solchen Menge zu erblicken, ist ergriffen und geblendet vom Reichtum und der Wärme der Farbtöne, die die ganze Skala des Gelbs durchlaufen, vom glühenden Topas bis zum Zitronengelben ... besonders dann, wenn die Sonne die Wände bescheint und mit ihren Strahlen in die durchsichtigen Adern des Bernsteins dringt.«

Katharina II., die Große, Zarin von Russland

»Am 21., am Donnerstag, das heißt am Tage des festlichen Feiertages Ihrer Majestät geburt, geschah in Zarskoje Selo das folgende: ... Aus der Kirche geruhte Ihre Majestät in das Bernsteinzimmer hinüberzugehen und erwies den oben beschriebenen Personen [Kavalieren und Hofdamen] ihre Gunst ... Und in eben jenes Bernsteinzimmer wurde ein bekannter riese hineingeführt, welchen die Zarin ... einige Zeit zu betrachten geruhte ...«

Aus dem Zeremonial-Journal Katharinas II., 21. 4. 1765

Im Gegensatz zur romantischen Schwärmerei Gautiers, der schon bald weitere Beschreibungen vor allem in Deutschland und Russland folgen sollten, löste sich das echte Bernsteinzimmer in Zarskoje Selo weiter auf. Schon Anfang des 19. Jahrhunderts hatte der letzte zuständige Handwerker der Hofverwaltung verzweifelt gemeldet, dass er die regelmäßig abfallenden Bernsteinteile bald nicht mehr ankleben könne, weil das Material so spröde und zerbrechlich geworden sei und der Kleber nicht mehr an ihnen hafte. Erst 1811 wurden endlich umfangreichere Ausbesserungsarbeiten genehmigt. 1830 folgte dann eine erneute große Restaurierung des kunstvollen Zimmers durch den Petersburger Bernsteinmeister Karl Esch, der sich wie seine Vorgänger mit seinem Namen auf den Bernsteintafeln verewigte.

Sechzig Jahre später wurde die letzte Generalüberholung an dem bröckelnden Bernsteinzimmer von Handwerkern der Kaiserlichen Peterhofer Gravurfabrik durchgeführt. Damit waren die Wandvertäfelungen aus Bernstein in den 200 Jahren seit ihrer Entstehung neben den kontinuierlichen Ausbesserungsarbeiten viermal von Grund auf restauriert worden. Bei den Mengen an Rohbernstein, die dabei jedes Mal verbraucht worden waren, ist es wahrscheinlich, dass sich um die Jahrhundertwende nur noch

Das erste Foto des Bernsteinzimmers. Aufgenommen von Ambroise Rochebourg, 1858

wenige originale Bernsteinteile in dem Saal befanden. Je nach Begabung des jeweiligen Bernsteinmeisters gelang die Ausbesserung in unterschiedlicher Qualität; auf der Fußleiste des Bernsteinrahmens Friedrichs des Großen etwa fehlte bereits in der zweiten Hälfte des 18. Jahrhunderts das geschnitzte Motiv der Waffen, Trophäen und beidseitig liegender Sklaven; ein neu gearbeiteter Doppeladler auf Waffen und Trophäen ersetzte das fehlende Stück. Ein Vergleich mit den originalen Delphinen zu beiden Seiten zeigt deutlich, dass auch die künstlerische Qualität unter den fortwährenden Ausbesserungen gelitten hatte.

1910 feierte Zarskoje Selo seinen 200. Geburtstag. Aus diesem Anlass wurde der Öffentlichkeit die Inneneinrichtung des Katharinenpalastes in einem kleinen Band vorgestellt – auch das Bernsteinzimmer. In dem Saal war inzwischen eine Kopie des Reiterstandbildes Friedrichs II. von Christian Daniel Rauch aufgestellt worden, und an den Fenstern standen gläserne Vitrinen mit ausgesuchten Stücken der Bernsteinsammlung. Drei Jahre später erstrahlte das russische Zarenhaus ein letztes Mal im Glanz der Feierlichkeiten zum 300-jährigen Thronjubiläum der Romanows. Wetterleuchten einer untergehenden Epoche: Nach der Verwüstung auf den Schlachtfeldern des Ersten Weltkrieges folgte der Zusammenbruch der alten Ordnung – am 8. März 1917 dankte Zar Nikolaus II. ab. Der Chef der neuen provisorischen Regierung, Alexander Kerenski, stellte den Exzaren und seine Familie im Alexanderpalast in Zarskoje Selo unter Hausarrest. Im August ordnete Kerenski eine Verlegung der Gefangenen nach Tobolsk im Ural an; angeblich konnte er so nahe des von Unruhen geschüttelten Petrograds, wie St. Petersburg seit Kriegsausbruch genannt wurde, nicht für die Sicherheit des Zaren und seiner Familie garantieren. Eine Ausreise ins Exil hatte er dem ehemaligen Herrscher gleichwohl versagt.

Am 7. Oktober 1917 putschte sich Lenin an die Macht; die provisorische Regierung wurde abgesetzt, auf den Straßen herrschten tumultartige Zustände. Die Revolution hatte begonnen. Noch in derselben Nacht stürmte der Mob den Winterpalast und begann zu randalieren. Fünf Tage später sichtete eine Untersuchungskommission die Spuren des Vandalismus: »Den in den Gängen des Palais hängenden ... großen Ölbildern (Porträts von Militärs, Höflingen usw.) waren die Augen ausgestochen. Von den in den Sälen befindlichen, mit Leder bezogenen Sesseln und Stühlen waren die Ledersitze mit dem Messer herausgeschnitten. In den Zimmern Alexanders II. und des letzten Zaren war die Verwüstung unbeschreiblich ... Unter unseren Füßen lagen wertvolle Miniaturen, Bilderrahmen, Heiligenbilder, Porzellan, Bücher, zertrümmerte Möbelstücke ...«

In ganz Russland wurden jetzt Paläste, Schlösser und Kirchen geplündert, verwüstet und angezündet. Die Revolution brachte Zerstörung und Tod. Die Zarenschlösser vor den Toren Petrograds blieben allerdings weitgehend unversehrt. In den kommenden Monaten konnte hier eine kunsthistorische Kommission sogar mit der Erfassung des Inventars fortfahren – eine Arbeit, die sie schon kurz nach der Abdankung des Zaren begonnen hatte. Ihr Präsident Georg K. Lukomski bekam 1919 schließlich doch Schwierigkeiten mit den neuen Machthabern und emigrierte nach Deutschland. In Berlin veröffentlichte er eine Beschreibung der Innen-

Die künstlerische Qualität hat gelitten. Delphin (Originalschnitzerei, r.), Adler (spätere Ergänzung, M. u.)

65

Das Bernsteinzimmer zur Zeit des letzten Zaren. Foto vor 1917

räume und Möbel des »ehemals kaiserlich russischen Residenzschlosses«. In Russland konnte sich die Öffentlichkeit jetzt selbst ein Bild vom Interieur der Schlösser, Paläste und Stadtvillen machen. Staunend warfen die »werktätigen Massen« einen Blick in die Wohnzimmer der Zaren, des Adels und des Großbürgertums. Auch der Katharinenpalast in Detskoje Selo, dem Kinderdorf, wie Zarskoje Selo seit der Revolution genannt wurde, öffnete seine Pforten für die Öffentlichkeit. Ein Sympathisant der neuen Ordnung aus Deutschland, der »rasende Reporter« Egon Erwin Kisch, beschrieb in seinem Bestseller *Zaren, Popen, Bolschewiken* einen Besuch im Winter 1925: »Wie in allen Königsschlössern so auch hier: Spanischer Saal, Paradesaal, Pompejanisches und Chinesisches und Elfenbeinzimmer; Spiegelgalerie und dergleichen, nur prunkvoller als im armen Bayern, im armen Frankreich, im armen Wien. Ein solches Bernsteinzimmer zum Beispiel gibt es nirgends, am allerwenigsten in Sanssouci, und doch ist der ganze

Raum ein Geschenk Friedrichs des Großen an den Zaren, ein Gegengeschenk sogar, überreicht zum Dank für hundert Grenadiere von je vier Ellen Größe.«

Bereits seit 1921 waren viele dieser populären Museen wieder geschlossen worden. Der Bildungsauftrag für das Volk hatte ökonomischen Erwägungen weichen müssen, die ausgestellten Kunstwerke und Antiquitäten wurden als Ware gebraucht. Schon bald nach der Oktoberrevolution hatte der Volkskommissar für Handel und Industrie, Leonid Krasin, damit begonnen, beschlagnahmte Kunstwerke gegen Devisen mit Wissen und Billigung Lenins ins Ausland zu verkaufen. Zunächst sollten singuläre Stücke und museale Objekte Russland nicht verlassen, aber spätestens 1928, mit der Umstellung von der Markt- zur Planwirtschaft, fielen alle Schranken, und die Handelsorganisationen verkauften einzigartige Meisterwerke der Malerei aus der Ermitage genauso wie kostbarste Pretiosen aus den Zarensammlungen. Der Ausverkauf der russischen Kultur erfolgte über Händler in aller Welt; besonders enge Handelsbeziehungen bestanden zu Auktionshäusern wie Lepke in Berlin oder Christie's in London. Außerdem verhandelte man mit entsprechend wohlhabenden Sammlern sogar direkt. Der damalige amerikanische Finanzminister Andrew Mellon beispielsweise oder die Gattin des amerikanischen Botschafters in Moskau, Majorie Post, legten in diesen Jahren den Grundstein zu ihren herausragenden Sammlungen russischer bildender und angewandter Kunst.

Auch aus den Zarenschlössern vor den Toren von Leningrad, wie das ehemalige St. Petersburg seit dem Tode Lenins im Jahr 1924 hieß, wurden zahlreiche Kunstwerke entfernt und verkauft. Die Mitarbeiter des Gosfonds, der Kommission zur Erfassung und Veräußerung staatlicher Bestände, oder von Antikvariat, dem Hauptkontor für den An- und Verkauf von Antiquitäten, gingen nicht eben mit Samthandschuhen vor. In kürzester Zeit trafen sie ihre Auswahl und beschlagnahmten dann oft die besten Stücke. Ein Museumsbeamter, Anatoli Michailowitsch Kutschumow, beschrieb später den Besuch eines solchen »Greifkommandos« 1933 im Katharinenpalast: »Als die Beschlagnahmen einsetzten, begann Antikvariat die Prunksäle des Palastes zu räumen. Im Katharinenschloss befand sich ein großes, repräsentatives Sortiment französischer Möbel, die

Blick in das Wohnzimmer des Zaren. Erstes Farbfoto um 1920

Anatoli Kutschumow, Kustos des Katharinenpalastes

»Jeden Morgen und jeden Abend machte ich einen Rundgang und fand jedes Mal viele Bernsteinstücke auf dem Boden. Die Bernsteinsplitter waren sogar in den Ritzen des Parketts zu sehen. Und immer musste man jedes Stückchen aufheben, seinen Platz an der Wand finden und mit Plastilin befestigen.«

Anatoli Kutschumow, Interview Februar 1990

offensichtlich noch unter Katharina hierher gebracht worden waren: Kommoden mit Marketerieeinlagen und prachtvoller Bronzeverzierung (mindestens zehn der in der Enfilade angeordneten Stücke wurden abgeholt); zwei fast einen Meter hohe Porzellankrüge mit einer Einfassung von Caffieri, die zunächst entfernt wurden, brachte man kurz darauf wieder zurück, weil einer davon einen Sprung aufwies. Wir stellten sie im Prunkspeisesaal auf, wo sie sich schon seit dem 18. Jahrhundert befanden. Genau eine Woche noch konnten wir uns daran erfreuen; dann wurden sie abermals abgeholt – diesmal für immer.«

Es ist möglich, dass sich die 1997 in Berlin wieder aufgetauchte Kommode unter diesen 20 Möbelstücken befand, auch wenn sie nach dem Krieg auf der offiziellen »Liste der Museumswerte, die von den deutschen faschistischen Besatzern aus dem Katharinenschloss entnommen wurden«, aufgeführt wurde. Die Kommode wäre nicht der einzige Kunstgegenstand, der versehentlich als Verlust aufgeführt wurde. Die bislang bekannten Fotos des Bernsteinzimmers aus den dreißiger Jahren zeigen jedenfalls überhaupt keine Möbel mehr – das Bernsteinzimmer war für die Aufnahmen leer geräumt worden.

In den späten dreißiger Jahren wurden die Ausfuhrbestimmungen für Kunstwerke aus Russland wieder verschärft, der beispiellose Handel mit der

Kultur des Landes hatte ein Ende. Der Umfang dieser »Kulturexporte« ist bis heute nicht abschließend erforscht. Sicher ist nur, dass er den deutschen Kunstraub in den besetzten Gebieten der Sowjetunion während des Zweiten Weltkrieges an Wert deutlich übersteigt. Auch die wiederholte Rechtfertigung der Sowjetregierung, der Verkauf von Kulturgütern habe nur dazu gedient, das darbende Land mit Lebensmitteln, Brennstoffen und dem Notwendigsten an Technik und Maschinen zu versorgen, ist nur die halbe Wahrheit. Tatsächlich ging es den roten Machthabern neben den ökonomischen Motiven immer auch um die Abrechnung mit dem »Klassenfeind«. Das Erbe der Zaren, des Adels, des Bürgertums und der russisch-orthodoxen Kirche sollte für immer aus der Geschichte getilgt werden. »Der jahrzehntelang gepflegte Mythos der um das nationale Kulturgut besorgten Sowjetregierung«, so das Fazit der Historikerin Waltraud Bayer, die sich intensiv mit diesem Kapitel der russischen Geschichte auseinander gesetzt hat, »entspricht nur bedingt der historischen Realität.«

Das zeigte sich auch im Umgang mit den im Land verbliebenen Kunstwerken. Im Auftrag des Volkskommissariates für Bildung erstellte die Kultur- und Bildungsabteilung der Stadtverwaltung von Leningrad 1936 eine Liste der bedeutendsten Kulturgüter der Stadt und des Umlands, die im Kriegsfall evakuiert werden sollten. Von den über 110 000 Kunstgegenständen aus dem Katharinenpalast fanden sich am Ende genau 276 auf der Evakuierungsliste wieder; das Bernsteinzimmer war nicht darunter. 1938 wurde noch einmal nachgebessert, man unterteilte die Kunstgegenstände in drei Kategorien: An erster Stelle standen absolut einzigartige Kunstwerke, an zweiter Stelle Arbeiten von historisch-zeitgenössischem Wert und an dritter Stelle kunstgewerbliche Kostbarkeiten. Insgesamt brachte es der Katharinenpalast jetzt auf über 10 000 zu evakuierende Kunstgegenstände; das Bernsteinzimmer allerdings befand sich wieder nicht auf der Evakuierungsliste.

Der Zustand der Wandvertäfelungen hatte sich seit der letzten Restaurierung ohnehin dramatisch verschlechtert. Der schon erwähnte Anatoli Michailowitsch Kutschumow, der seine Arbeit im Katharinenpalast 1932 als Zwanzigjähriger begonnen hatte, sammelte auf seinen täglichen Rundgängen jedes abgefallene Bernsteinstück vom Boden auf. An den Stellen, an

»**Mindestens zehn Stücke abgeholt**«. Kommode aus dem Bernsteinzimmer, 1997 in Berlin wiederentdeckt

die er heranreichte, befestigte er die Schnitzereien mit Plastilin wieder in den Vertäfelungen. Die Stücke aus den oberen Feldern des Bernsteinzimmers sammelte er in einer kleinen Kiste, die er im Magazin aufbewahrte. Als Kutschumow nach dem Krieg in den vollständig zerstörten Palast zurückkehrte, fand er die Kiste durch Zufall im Schutt – diese Hand voll Bernsteinfragmente sind die einzigen bekannten Überreste des Bernsteinzimmers.

Das Frühjahr 1941 in Leningrad war kalt und windig. Noch im Mai hatte es geschneit; erst am Donnerstag, dem 19. Juni, kündigte sich der lang ersehnte Wetterumschwung mit schweren Gewittern an. Zwei Tage später brach die Sonne endlich durch die Wolken, und ein strahlend blauer Himmel wölbte sich über der Stadt. Kutschumow, der mittlerweile zum Direktor des Alexanderpalastes avanciert war, rechnete für den Sonntag mit einem Besucheransturm für die Zarenschlösser von Puschkin, wie Detskoje Selo seit dem 100. Geburtstag des russischen Dichters genannt wurde. In sein Tagebuch schrieb er über diesen 22. Juni 1941: »Gerade begann der Sommer zu sich selbst zu stehen. Das frische Grün der Blätter in den alten Parks, Gärten und auf den Feldern um die Stadt und ihre außergewöhnlichen Paläste erfüllte die Luft mit seinem Duft. Am Morgen war es vor dem Alexanderpalast immer ruhig. Für uns begann der Ansturm nachmittags. Die Museumsführer, die auf ihre Gruppen warteten, saßen mit den Museumsangestellten zusammen und fachsimpelten. Jeder von ihnen hatte seine Räume besonders in Ordnung gebracht. Und weil es ein Ferienwochenende war, hatten viele von ihnen die Abdeckung von den Möbeln genommen, damit sich die Räume des Palastes in all ihrem Glanz zeigten. Über den Park wehten von Ferne die Klänge einer Musikkapelle. Es war fast Mittag. Die ersten Gruppen waren gerade angekommen und wurden von ihren Führern einzeln begrüßt.

Alles war wie immer, als plötzlich Klawa, die Aufseherin, atemlos mit der Neuigkeit in mein Arbeitszimmer platzte, dass Molotow mit einer Ankündigung von größter Dringlichkeit im Radio sprechen würde. Ich rannte durch den Raum zur großen Kolonnade des Palastes, wo sich ein Lautsprecher befand. Eine große Menge war schon versammelt und hörte die Stimme Molotows, der rau und voller Emotion einfache, schreckliche Worte von sich gab: ›Um 4.00 Uhr morgens haben deutsche Truppen ohne Kriegserklärung und ohne irgendwelche Forderungen an die Sowjetunion gestellt zu haben, unser Land angegriffen. Sie haben an vielen Stellen unsere Grenzen überschritten und unsere Städte bombardiert …‹ Seine Ankündigung endete mit den Worten: ›Wir werden unsere Pflicht tun. Der Feind wird vernichtet werden. Der Sieg wird unser sein.‹

Wir standen alle völlig regungslos herum. Das Lächeln war verschwunden. Krieg.«

Bernstein für das Winterhilfswerk. Über 60 Millionen Anstecknadeln und Abzeichen wurden von 1933–1944 bis Kriegsende verteilt

DER ORTSWECHSEL

»Deutscher Stein aus deutschem Boden,
Stolz gefasst von deiner Hand,
Dich zu tragen ist geboten
Dem, der liebt sein Vaterland.
Urgewalten, die dich schufen,
Deutscher schlichter Edelstein,
Strahlen aus von Dir und rufen:
Deutsch soll auch mein Träger sein.«

Diese Hymne auf den Bernstein von Christian Schwahn erschien 1933, dem Jahr von Hitlers Machtergreifung in Berlin, im Fachblatt *Die Goldschmiedekunst.* Mit den Nationalsozialisten erlebte der »deutsche Stein« eine unerwartete Renaissance. Das »preußische Silber« wurde griffig zum »Gold der Ostsee« proklamiert und jeder deutschen Frau ans Herz gelegt. »Der blonde Stein, der zugleich an deutsche Locke erinnert und an reife Garbe«, wurde aber nicht nur aus ideologischen Gründen beworben; das »urgermanische«, »urdeutsche« Gestein wurde an deutschen Fundorten gewonnen und im Lande verarbeitet; sein Verkauf kam damit der deutschen Wirtschaft zugute.

Besonders aktiv für die Verwendung von Bernstein setzte sich Erich Koch ein, der Gauleiter von Ostpreußen, das von hoher Arbeitslosigkeit betroffen war. Ein gewisser Prozentsatz der Siegerpreise bei sportlichen Wettkämpfen im Deutschen Reich sollte aus dem Material gefertigt werden; Juweliere wurden angewiesen, ihre schönsten Auslagen dem Bernsteinschmuck zu widmen, und zur alljährlichen Sammlung des Winterhilfswerks wurden den Spendern kleine, geschliffene Bernsteinsplitter angeheftet. Über 60 Millionen solcher Anhänger und Broschen sind im Rahmen der landesweiten Sammlungen verteilt worden.

In Königsberg feierte man die Wiedergeburt des goldgelb schimmernden Materials 1937 mit einer Ausstellung im alten Ordensschloss unter dem Titel: »Bernstein, ein deutscher Werkstoff«, und zufrieden konnte Dr. Alfred Rohde, Direktor der Städtischen Kunstsammlungen, aus diesem Anlass in seinem *Buch vom Bernstein* über die »Neubelebung« des Handwerks schreiben: »Diese Arbeit, die auf der Wiederentdeckung des Materials mit all seinen geheimnisvollen Kräften aufbaut, kann zum ersten Mal wieder einen Erfolg von nachhaltiger Bedeutung haben, weil diesem künstlerischen Streben der Wille der Führung, aber auch der Glaube des Volkes entgegenkommt, den die politische Entwicklung des nationalsozialistischen Deutschlands fördert: der Glaube an einen ostpreußischen und damit an einen deutschen Werkstoff.«

Wer wie die Kunsthistorikerin Susanne Netzer in ihrem 1993 veröffentlichten Aufsatz über »Bernsteingeschenke« glaubt, Rohde deswegen vorwerfen zu müssen, er habe mit diesen Worten »ein beschämendes Stück Wissenschaftsgeschichte« geschrieben, übersieht sowohl das Binnenklima in der östlichsten Provinz Deutschlands, die bis 1939 nur über den Danziger Korridor mit dem »Reich« verbunden war, als auch den Einfluss, den der berüchtigte Gauleiter Erich Koch auf diese Region ausübte. Koch, 1896 in Elberfeld im Ruhrgebiet geboren, kam aus einfachsten Verhältnissen. Vom Gleisarbeiter hatte er sich vor dem Ersten Weltkrieg bis zum Reichsbahnbeamten hochgearbeitet. 1922 trat er der zwei Jahre zuvor gegründeten NSDAP bei. Geprägt von seinen Förderern, den Gebrüdern Gregor und Otto Strasser, wurde Koch zu einem Vertreter des radikalen sozialistischen Flügels der Partei, dessen antikapitalistische Einstellung beinahe sowjetische Züge trug. Nach heftigen parteiinternen Kämpfen an der Ruhr wurde Koch 1928 von Hitler als Gauleiter nach Ostpreußen berufen. Mit

Erich Koch, Gauleiter von Ostpreußen

»Erich Koch war es, dank dessen Tatkraft seit 1933 das
Staatliche Bernsteinwerk Palmnicken wieder in vollem
Umfang den edlen Rohstoff fördern konnte, und allein die
Maßnahmen der neuen politischen Führung ermöglichen
es, den Bernstein als urheimischen Werkstoff dem ganzen
deutschen Volke beliebt und begehrt zu machen ...«
Alfred Rohde, *Das Buch vom Bernstein*, 1937

rücksichtsloser Energie und wachsendem Erfolg kämpfte Koch hier für die
Partei, bis er am 1. Juni 1933 das Amt des Oberpräsidenten der Provinz
übernehmen konnte und damit auch formal zum mächtigsten Mann Ostpreußens wurde. Mit strikter Planwirtschaft gelang es ihm, die Arbeitslosigkeit bis 1936 von 102 000 auf 18 200 zu reduzieren. Trotzdem blieb
die wirtschaftliche Lage in Ostpreußen angespannt. Erschwerend kam
hinzu, dass Koch, an dessen anfänglichem Bekenntnis zum Sozialismus
kein Zweifel bestehen kann, von seiner neuen Stellung korrumpiert,
begonnen hatte, sich hemmungslos zu bereichern. Der ehemalige Gleisarbeiter herrschte jetzt mit dem Habitus und der Machtfülle eines absolu-
tistischen Fürsten über das Land.

Unter diesem unberechenbaren Souverän mag es auch dem von Kollegen als etwas weltfremd und ängstlich beschriebenen Direktor des Schlossmuseums von Königsberg, Dr. Alfred Rohde, opportun erschienen sein,
seinem Buch über den Bernstein eine Ergebenheitsadresse an das Regime
anzufügen. Rohde selbst war kein Parteimitglied, wie aus einer Eingabe an
die Reichsschrifttumskammer aus dem Jahr 1942 eindeutig hervorgeht und
was in jenen Tagen durchaus als Zeichen seiner nur begrenzten Zustimmung für »die politische Entwicklung des nationalsozialistischen Deutschlands« zu werten ist.

Alfred Rohde, Direktor der Städtischen Kunstsammlungen Königsberg

»[Bernstein] kann zum erstenmal wieder einen Erfolg von nachhaltiger Bedeutung haben, weil diesem künstlerischen Streben ... der Glaube der Masse entgegenkommt, den die politische Entwicklung des Jungen Deutschlands fördert: der Glaube an einen deutschen Werkstoff.«
Alfred Rohde, *Bernstein*, 1937

Nachdem der 1892 in Hamburg geborene Rohde mit 37 Jahren zum Direktor der Städtischen Kunstsammlungen von Königsberg ernannt worden war, fielen auch die dort überlieferten Bernsteinarbeiten in seinen Wirkungsbereich – immerhin bildete Königsberg im 18. Jahrhundert eines der Zentren der Bernsteinverarbeitung. Mit den Jahren konnte Rohde die Bernsteinsammlung immer weiter ausbauen; diese Beschäftigung mit den Kunstwerken ließ ihn zu einem herausragenden Kenner der Bernsteinkunst werden; seine ebenfalls 1937 erschienene kunsthistorische Arbeit *Bernstein* gilt bis heute als Standardwerk. Rohde erwähnte hierin auch ausführlich das Bernsteinzimmer, das er allerdings nur von Fotos kannte. Wenigstens konnte er die anschauliche Beschreibung eines »russischen Gewährsmannes« zitieren: »Der Stil des Bernsteinzimmers von Zarskoje Selo ist ein Gemisch von Barock und Rokoko und ist ein wahres Wunder nicht nur durch den großen Wert des Materials, der kunstvollen Schnitzerei und der Leichtigkeit der Formen, sondern hauptsächlich durch den schönen bald dunklen, bald hellen Ton des Bernsteins, der dem ganzen Zimmer einen unaussprechlichen Reiz verleiht.«

Trotz seiner großen Kennerschaft war Rhode keineswegs fanatisch auf Bernstein oder das Bernsteinzimmer im Besonderen fixiert, wie ihm nach dem Krieg von verschiedenen sowjetischen Autoren angedichtet wurde.

Rohdes Vorliebe galt vielmehr dem ostpreußischen Maler Lovis Corinth, dem er im Königsberger Schloss einen eigenen Gedächtnissaal gewidmet hatte. Außerdem setzte er sich bearrlich für Kunstwerke ein, die vom NS-Regime als entartet deklariert worden waren.

Das Bernsteinzimmer weckte allerdings auch sonst keine Begehrlichkeiten: Im August 1940, nach dem Sieg über Frankreich, hatte Propagandaminister Joseph Goebbels den Generaldirektor der Berliner Museen, Dr. Otto Kümmel, damit beauftragt, eine Liste aller Kunstwerke anzufertigen, die Deutschland während der vergangenen Jahrhunderte von feindlichen Armeen geraubt worden waren. Gleichzeitig sollten auch die legalen Rechtsgeschäfte mit dem Ausland noch einmal überprüft werden, um zu klären, ob »alle Vorrausetzungen für einen rechtmäßigen Besitzwechsel vorhanden waren«. Dahinter steckte Goebbels' Plan, sämtliche geraubten, verschenkten oder verkauften Kunstwerke »heim ins Reich« zu holen. Besonders betroffen war naturgemäß Frankreich, das die in den Napoleonischen Feldzügen geplünderten deutschen Kulturgüter nur zögerlich

Lovis-Corinth-Gedächtnissaal. Städtische Kunstsammlung Königsberg im Schloss, Foto um 1935

und nicht vollständig zurückgegeben hatte. Auf der 300 Seiten starken Liste befanden sich aber unter anderem auch zwei Tafeln des Genter Altars, die – obwohl von der Berliner Gemäldegalerie ursprünglich rechtmäßig erworben – nach dem Versailler Vertrag an Brüssel ausgeliefert werden mussten.

Hitler selbst stoppte aus Rücksicht auf die Vichy-Regierung die groß angelegte Rückführung im August 1941 und verschob sie auf die Zeit nach dem Krieg. Letztendlich wurden in Frankreich so gut wie keine Kunstwerke aus staatlichen Sammlungen verschleppt; der oft beschriebene Kunstraub traf hier vor allem die Sammlungen und das Eigentum der verfolgten Juden. Ein schmutziges Geschäft, von dem auch die französische Seite ausgiebig profitierte.

Nutznießer dieses Raubzuges waren neben anderen hohe Funktionäre des »Dritten Reichs« wie etwa Reichsmarschall Hermann Göring und Hitler selbst. Der Diktator plante im österreichischen Linz, der Stadt seiner Jugend, ein »Führermuseum«, das in Umfang und Qualität sämtliche europäische Kunstsammlungen überragen sollte. Entgegen allen Legendenbildungen um den nationalsozialistischen Kunstraub kam eine amerikanische Untersuchung der Linzer Bestände kurz nach Kriegsende jedoch zu dem Schluss: »Die überwiegende Mehrheit der Erwerbungen für die Linzer Sammlung resultierte aus Ankäufen. Natürlich unterscheiden sich Zwangskäufe … grundsätzlich nicht von Beschlagnahmen. Die meisten Ankäufe wurden tatsächlich auf freiwilliger Basis eingeleitet. Kollaborateure suchten Linz-Agenten sogar mit großer Begeisterung auf.«

Von den annähernd 5000 im Rahmen des »Sonderauftrages Linz« erworbenen Gemälden waren etwa 200 Bilder, überwiegend aus den Sammlungen Schloss und Mannheimer, den jüdischen Besitzern unter Druck zu günstigen Preisen abgekauft worden. 377 stammten direkt aus beschlagnahmtem jüdischem Besitz in Österreich und Frankreich. Nur ein Bild in Hitlers geplanter Sammlung kam übrigens aus der Sowjetunion: »Der Sieg der Israeliten über die Amalekiter« des flämischen Malers Frans Francken II.

Auch die entsprechende Liste »heimzuholender« deutscher Kunstwerke in der Sowjetunion, die Kümmel schon im Januar 1941 vorsorglich angefertigt hatte, war deutlich kürzer ausgefallen als zuvor für Frankreich. Die

Aufstellung umfasste auf wenigen Seiten lediglich 300 Objekte – darunter 18 Gemälde aus Kassel, die unter Napoleon geraubt und der Gattin des Feldherrn, Joséphine Beauharnais, übergeben worden waren. 1814 hatte Zar Alexander I. diese Bilder aus dem Nachlass Joséphines erworben und der Eremitage in St. Petersburg geschenkt. Neben den Kasseler Gemälden sollten weitere 194 Meisterwerke aus dem Museum nach Deutschland verschleppt werden; außerdem aus Pawlowsk Bilder der Schweizer Malerin Angelika Kauffmann sowie aus Puschkin, dem ehemaligen Zarskoje Selo, mehrere Werke des Münchner Malerfürsten Friedrich August von Kaulbach. Das Bernsteinzimmer stand nicht auf der Liste. Offensichtlich wurden die einst in Preußen angefertigten Wandvertäfelungen als nicht bedeutend genug eingeschätzt, um sie zurück nach Berlin zu holen.

Für die Kunstwerke der in den Augen des NS-Regimes »minderwertigen« slawischen Rasse interessierten sich die offiziellen Stellen ohnehin nicht. Wenn überhaupt, dann richtete sich die Begehrlichkeit der Kunsträuber auf die westeuropäische Kunst, die über die Jahrhunderte nach Russland gekommen war. In erster Linie sollten in der Sowjetunion jedoch die Bestände der Bibliotheken und Archive beschlagnahmt werden. Es galt, den Bolschewismus, den ideologischen Antipoden des Nationalsozialismus, vermeintlich wissenschaftlich zu erforschen. Im Unterschied zum Vorgehen in den besetzten Gebieten im Westen war in der Sowjetunion jedes Mittel recht – auf staatlichen Besitz sollte keinerlei Rücksicht genommen werden. Es ist bezeichnend, dass der in den früheren Feldzügen eingerichtete »Kunstschutz« der Wehrmacht für den Überfall auf die Sowjetunion gar nicht erst aufgestellt wurde. Dafür standen gleich drei Organisationen bereit, um Bücher, Akten und Dokumente zu beschlagnahmen.

In den Reihen der Wehrmacht marschierten im Militärdienst stehende wissenschaftliche Beamte der Preußischen Staatsbibliothek, die sämtliche Archive und Bibliotheken in den neu besetzten Gebieten erkunden, auf ihren Zustand überprüfen und gegebenenfalls sicherstellen sollten. Außerdem gab es eigene Beauftragte der Heeresarchive, die insbesondere nach militärgeschichtlich bedeutsamem Material Ausschau zu halten, sowie Offiziere der Heeresmuseen, die historische und aktuelle Waffen des Gegners einzusammeln hatten.

Neben den Spezialisten der Wehrmacht befand sich das »Sonderkommando Künsberg« unter Leitung des Legationsrats Eberhard Baron von Künsberg im Auftrag des Auswärtigen Amtes auf der Jagd nach Karten, statistischen Unterlagen sowie Literatur zu Wirtschaft, Verkehr, Kultur und Geschichte der Sowjetunion. Die wohl bekannteste nationalsozialistische »Kunstrauborganisation« schließlich war der so genannte Einsatzstab Reichsleiter Rosenberg. Der Baltendeutsche Alfred Rosenberg, früher Anhänger Hitlers und Autor der »Nazibibel« *Der Mythus des 20. Jahrhunderts* war nach 1933 zu einer Art Chefideologe der Partei geworden. Der »Beauftragte des Führers für die Überwachung der gesamten geistigen und weltanschaulichen Schulung und Erziehung der NSDAP« war unter anderem zuständig für die Plünderung jüdischer Bibliotheken und Archive, die im Rahmen eines pseudowissenschaftlichen Forschungsvorhabens ausgewertet werden sollten. Nach dem Sieg über Frankreich suchte sein eigens zu diesem Zweck gegründeter Einsatzstab mit Unterstützung der Gestapo auch die besetzten Gebiete heim. Die Polizei beschlagnahmte, Rosenbergs Leute sichteten die Beute. Und ganz von selbst weitete sich der Auftrag, vor allem in Frankreich, vom Plündern von Büchern, Akten und Dokumenten auch auf den Raub von Kunstwerken jüdischer Besitzer aus.

Am 17. Juli 1941 wurde Rosenberg zum Reichsminister für die besetzten Ostgebiete ernannt; gleichzeitig nahm sein Einsatzstab nach »bewährtem« Muster die Arbeit auch auf dem eroberten sowjetischen Territorium auf. Unter der Maßgabe, »Kulturgüter sicherzustellen, die zur Erforschung der Tätigkeit der Gegner des Nationalsozialismus und für die nationalsozialistische Forschung geeignet sind«, wurde vor allem so genanntes jüdisch-freimaurerisches und bolschewistisches Schrifttum beschlagnahmt; und wo möglich, auch religiöse Objekte, Kunstwerke und wissenschaftliche Einrichtungen.

Die reichste Beute stand in den Metropolen zu erwarten; nach dem Überfall auf die Sowjetunion am 22. Juni 1941 hatte es tatsächlich einige Wochen lang so ausgesehen, als läge der Sieg und damit der Einmarsch in Leningrad und Moskau zum Greifen nahe. Mitte Juli begann der Vormarsch allerdings zu stocken. Die Nachschublinien der in drei Keilen tief auf sowjetisches Gebiet vorgestoßenen Wehrmacht waren überdehnt, der anfänglich grob unterschätzte Widerstand der Roten Armee erwies sich als ernst zu nehmendes Hindernis für den erhofften Blitzsieg.

Dabei war die sowjetische Führung unter Stalin von dem deutschen Überfall überrascht worden. Das betraf die Landesverteidigung ebenso wie den Schutz der Zivilbevölkerung und der Kulturgüter. Erst zwei Tage nach dem Einmarsch wurde eilig ein Evakuierungsrat ins Leben gerufen, der vor allem Industrieanlagen in Sicherheit bringen sollte. Erst nachdem den deutschen Truppen am 26. Juni in Minsk die Museen und Bibliotheken nahezu unversehrt in die Hände gefallen waren, wurde der Evakuierungsbefehl auch auf die Kulturgüter ausgedehnt. In Leningrad hatten die Mitarbeiter der Museen bereits ohne offizielle Aufforderung sofort reagiert – so hatte Wladimir Ladukin, Direktor der Zarenschlösser in Puschkin, seine Mitarbeiter schon am 23. Juni vor dem Katharinenpalast versammelt. Nach den in den Jahren 1936 und 1938 angefertigten Listen sollte unverzüglich mit dem Verpacken der Kunstgegenstände begonnen werden. Dem jungen Direktor des Alexanderpalastes, Anatoli Kutschumow, wurde an diesem Tag die Leitung über den ersten Transport von Kunstwerken aus Puschkin und Pawlowsk übertragen, der innerhalb von einer Woche in Richtung Osten aufbrechen sollte. Im Katharinenpalast wurde als Erstes die Bernsteinsammlung verpackt; im Alexanderpalast ein Gobelin, der Marie Antoinette zeigte; in Pawlowsk kostbares Sèvresporzellan des 18. Jahrhunderts. In kurzer Zeit waren die wertvollsten Stücke in Kisten und Koffern verstaut. Jetzt zeigte sich, dass die offiziellen Listen eine nur unvollkommene Grundlage für die Auswahl der Kunstwerke darstellten. Kutschumow bat um Erlaubnis, mehr einpacken zu dürfen, und erhielt »carte blanche«: »Bringen Sie alles weg«, so Ladukin zu Kutschumow, »was Sie als wertvoll einschätzen.«

In weniger als einer Woche gelang es Kutschumow mit seinen Kollegen, einen Großteil der Kunstschätze aus den Palästen in Puschkin für den Abtransport vorzubereiten. Ausgerechnet das Bernsteinzimmer aber musste zurückgelassen werden. Schon als die erste schmale Wandtafel abgenommen wurde, lösten sich größere Brocken Bernstein und fielen zu Boden. Es schien unmöglich, das Zimmer ohne größeren Schaden abzubauen. »Deshalb wurde beschlossen«, so Kutschumow nach dem Krieg, »es vor Ort zu konservieren. Das ganze Bernsteinzimmer haben wir mit Pappe beklebt …

Letzte Aufnahme vor dem Krieg. Die Kamera des Fotografen spiegelt sich im Pilaster,
Foto vor 1941

Die Fenster ... wurden mit Brettern vernagelt und mit Sand zugeschüttet. Der Parkettboden ... mit Teppich abgedeckt und ebenfalls mit Sand bedeckt. Zum Schutz gegen Brand wurden ein Wassertank und Feuerlöscher angebracht.«

Zieht man in Erwägung, dass für den Ausbau des Zimmers noch zwei weitere Monate Zeit gewesen wären und es den deutschen Kunstschutzoffizieren später gelungen ist, die Wandvertäfelungen innerhalb von 36 Stunden weitgehend unzerstört zu demontieren, bleibt die Frage offen, ob tatsächlich alles zur Rettung des Bernsteinzimmers unternommen wurde. Immerhin war es gelungen, alle anderen Kunstwerke der ersten Kategorie aus den Zarenschlössern in Puschkin zu evakuieren. Sollte das Bernsteinzimmer 1941 selbst für Kutschumow einfach noch nicht die Bedeutung gehabt haben, die ihm nach dem Kriege zugeschrieben wurde? Der ehemalige Kurator des Alexanderpalastes blieb bis an sein Lebensende dabei: »Wir haben alles unternommen, um das Bernsteinzimmer an seinem Ort zu schützen ...«

In den frühen Morgenstunden des 30. Juni 1941 setzte sich am Bahnhof von Puschkin der erste Zug mit Kunstschätzen in Bewegung. Das Ziel der kostbaren Fracht war Gorki; später brachte Kutschumow Teile der Sammlungen vor den deutschen Luftangriffen bis ins sibirische Tomsk in Sicherheit. Bis Ende August folgten etliche weitere Transporte aus den Zarenschlössern nach Gorki, Sarapul, Nowosibirsk und direkt nach Leningrad. Was zurückgelassen werden musste, sicherte man ähnlich sorgfältig wie das Bernsteinzimmer; Kristall, Porzellan und Keramik wurden in den Kellern auf Stroh gebettet, Skulpturen im Park vergraben und die Fußböden mit Sand und Matten abgedeckt.

Am 8. September besetzte die Wehrmacht Schlüsselburg an der Südwestspitze des Ladogasees. Damit war Leningrad von der Außenwelt abgeschnitten. Hitlers Pläne für die ehemalige Residenzstadt waren barbarisch. »Feststehender Entschluss des Führers ist es«, so vertraute Generalstabschef Halder schon am 8. Juli seinem Tagebuch an, »Moskau und Leningrad dem Erdboden gleichzumachen, um zu verhindern, dass Menschen darin bleiben, die wir dann im Winter ernähren müssten. Die Städte sollen durch die Luftwaffe vernichtet werden. Panzer dürfen dafür nicht eingesetzt werden.«

Und eine Woche später wiederholte der Diktator gegenüber Joseph Goebbels noch einmal seinen Plan, Leningrad »dem Erdboden gleichmachen [zu] lassen«.

Für die etwa zwei Millionen in der Stadt verbliebenen Zivilisten gab es keine Hoffnung. Hitler kalkulierte wissentlich den Hungertod Hunderttausender ein und befahl, aus der Luft überlebensnotwendige Einrichtungen wie etwa die Wasserwerke der Stadt zu bombardieren, um die Zivilbevölkerung zu treffen. Stalin seinerseits dachte überhaupt nicht daran, die Stadt um der Zivilisten willen aufzugeben. 900 Tage sollte die Belagerung Leningrads dauern – 900 Tage, in denen über die Hälfte der Bevölkerung an den Folgen der Bombardierung, an Hunger, Kälte oder Entkräftung starb.

Eine Woche, nachdem sich der tödliche Ring um Leningrad geschlossen hatte, am 15. September 1941, erreichten die ersten deutschen Truppen auch den Ortsrand von Puschkin. Nach zweitägigen heftigen Gefechten war die Stadt in deutscher Hand – die Front lag jetzt am östlichen Stadtrand Richtung Leningrad. Soldaten der Polizeidivision, die im Verband der 4. Panzergruppe auf dem linken Flügel der Heeresgruppe Nord vorgerückt waren, besetzten an diesem 17. September auch den Park und die Paläste von Puschkin. Auf den ersten Eindruck wirkte der Katharinenpalast unversehrt – allerdings hatte eine sowjetische Fliegerbombe das Dach durchschlagen und den »Großen Saal« in der Enfilade von Rastrelli verwüstet. Auch waren nahezu alle Fensterscheiben bei den Gefechten geborsten.

Hauptmann Hans Hundsdörfer, Chef einer schweren Flakbatterie der 4. Panzergruppe, unternahm am Tag der Einnahme einen Streifzug durch den Katharinenpalast. Überall schliefen übermüdete Landser auf den seidenbezogenen Möbeln des Schlosses. An die reich geschnitzten Türen waren Wegweiser und taktische Zeichen genagelt worden. Auf dem Boden des Großen Saals entdeckte der deutsche Hauptmann zwei Bücher im Schutt, die er an sich nahm, um sie am Abend näher zu betrachten.

Eines davon war ebenjener Führer durch den Katharinenpalast, der 1912 anlässlich des 200-jährigen Jubiläums von Zarskoje Selo herausgegeben worden war. Hundsdörfer stieß beim Durchblättern auch auf die

Dem Untergang geweiht. Erster Treffer auf den Großen Saal im Katharinenpalast, Foto von 1941

Beschreibung des Bernsteinzimmers; bei seinem Gang durch die Säle waren ihm die mit Pappe überklebten Wandvertäfelungen nicht näher aufgefallen; jetzt beschloss er, noch einmal zurückzukehren, um sich diesen Raum genauer anzusehen. Als Hundsdörfer am folgenden Tag den Saal wieder betrat, überraschte er zwei Unteroffiziere, die mit ihren Seitengewehren versuchten, für sich »Erinnerungsstücke« aus den Vertäfelungen zu brechen. An vielen Stellen hatte man die Pappe abgerissen, unübersehbar fehlten ganze Stücke der geschnitzten plastischen Verzierungen, und der Boden war bedeckt mit Bernsteinspänen. Hundsdörfer verjagte die beiden Plünderer und kehrte dann zu seiner Batterie zurück – mehr konnte er in diesem Augenblick nicht tun.

Mit der 4. Panzergruppe war auch die 269. Infanteriedivision im August an den Stadtrand von Leningrad vorgerückt, zu den Soldaten dieser Division gehörte Wilhelm Achtermann. Auch er hatte den Katharinen-

Florentinisches Steinmosaik. Allegorische Darstellung des Riech- und Tastsinns, 1997 in Bremen zum Verkauf angeboten

palast besucht. Fotos aus seinem Nachlass zeigen den zerstörten »Großen Saal« und deutsche Soldaten vor der barocken Fassade des Schlosses. Achtermann besorgte sich ein besonders imposantes Andenken an seinen Aufenthalt im Katharinenpalast – ob er es selbst gestohlen hat oder von einem anderen Soldaten erwarb, ist nicht mehr zu klären. Jedenfalls brachte er bei Kriegsende eines der vier florentinischen Steinmosaikbilder aus dem Bernsteinzimmer mit zu sich nach Bremen. Erst 1998 sollte es wieder auftauchen.

Es war nur eine Frage der Zeit, bis der kunstvolle Saal ganz zerstört werden würde – entweder durch die »Souvenirjäger« der Wehrmacht, die es sich vom einfachen Soldaten bis hin zu den hohen Offizieren nicht nehmen

Mittelteil ausgebrannt. Der Katharinenpalast nach den Bombentreffern
vom 15. Mai 1942

ließen, die geschnitzten Verzierungen aus den Wandvertäfelungen zu
brechen, oder aber durch die sowjetische Artillerie, in deren Reichweite auch
der Ort Puschkin lag. Zu Beginn der Blockade von Leningrad hatte es noch
so ausgesehen, als ob gerade der Katharinenpalast von sowjetischer Seite
geschont würde. »Die noch in der Stadt verbliebenen Zivilisten«, so
erinnerte sich ein in Puschkin stationierter deutscher Soldat, »suchten bei
stärkerem Beschuss immer die Nähe des Schlosses auf und erklärten, ›dass
sie hier am sichersten seien, weil das Schloss nicht beschossen würde‹. Auch
wir selbst merkten, dass es auf einige hundert Meter im Umkreis relativ
ruhig war, obwohl auf der Stadt heftiges Artillerie- und Granatwerferfeuer
lag.« In der Nacht des 15. Mai 1942 wurde das Schloss schließlich doch von

Georg von Küchler, Generalfeldmarschall

»In gleicher Weise wird wohl auch im Privatleben jeder anständige Mensch aus einem brennenden Haus wertvolle Gegenstände zu retten suchen, ohne den Hintergedanken zu haben, sich die geretteten Sachen anzueignen.«
Georg von Küchler,
Eidesstattliche Erklärung, Nürnberg, 5. 7. 1946

vier sowjetischen Brandbomben getroffen; die gesamte Enfilade Rastrellis wurde ein Raub der Flammen, bis es deutschen Feuerwehrleuten gelang, den Brand zu löschen. Eine Woche nach der Befreiung des Ortes Puschkin am 3. Februar 1944 brach erneut ein verheerendes Feuer aus, das weite Teile des Katharinenpalastes endgültig bis auf die Grundmauern zerstörte. Soldaten der Roten Armee hatten den Brand beim Feuern der Kamine ausgelöst.

Zwei Wochen nach der Einnahme von Puschkin, am 29. September 1941, meldete sich ein Offizier beim Stab der 18. Armee in Gatschina unweit von Puschkin. Sein Anliegen ist im Kriegstagebuch des Armeeoberkommandos festgehalten: »Rittmeister Graf Solms, vom O[ber] K[ommando der] W[ehrmacht] mit Erfassung der Kunstgegenstände in den Zarenschlössern beauftragt, bittet um Schutz für das Zarenschloss Puschkin, das durch Bombentreffer leicht zerstört und zur Zeit in vorderster Linie durch unachtsames Verhalten der Truppe gefährdet ist.«

Dr. Ernstotto Graf zu Solms-Laubach gehörte zu den Sammeloffizieren der Heeresmuseen, die den Auftrag hatten, Waffen und Gerät des Gegners sicherzustellen. Der 51 Jahre alte Kunsthistoriker, im Zivilberuf Direktor des Liebighauses und des Stadtgeschichtlichen Museums in Frankfurt am Main, hatte schon bald nach dem Überfall auf die Sowjetunion auf eigene

Faust den Kunstschutz wieder ins Leben gerufen. Es war ihm gelungen, den Oberbefehlshaber der 18. Armee, Generaloberst Georg von Küchler, für seinen Plan zu gewinnen, gefährdete Kunstwerke aus der Kampfzone zu bergen und in Sicherheit zu bringen. Küchler sagte nach Kriegsende dazu in einer Vernehmung in Nürnberg aus, »dass die Bergung wertvoller Kunstgegenstände zu den Kulturaufgaben des zivilisierten Menschen gehört und dass man nicht teilnahmslos zusehen darf, wie einmalige Kunstschätze der Vernichtung anheimfallen. In gleicher Weise wird wohl auch im Privatleben jeder anständige Mensch aus einem brennenden Haus wertvolle Gegenstände zu retten suchen, ohne den Hintergedanken zu haben, sich die geretteten Sachen anzueignen.«

Zusätzlich, so schrieb Solms in seinen Erinnerungen, ermutigte Küchler ihn, »die Tätigkeit des Stabes Rosenberg im Bereich der Heeresgruppe und im rückwärtigen Heeresgebiet, die er nicht völlig verbieten konnte, betreffend Kunstraub zu überwachen und möglichst unschädlich zu machen«. Der im Jahr darauf zum Feldmarschall beförderte Küchler handelte in Russland allerdings nicht nur nach solchen Grundsätzen. 1948 wurde er vor dem Nürnberger Gerichtshof für Verbrechen an der Zivilbevölkerung, die unter seinem Oberkommando in der Sowjetunion begangen worden waren, zu 20 Jahren Haft verurteilt.

Rittmeister Graf Solms richtete sich, nachdem er Küchler überzeugt hatte, im Pagankinpalast in Pleskau einen Lagerraum zur Unterbringung der geborgenen Kunstwerke ein; jedes einzelne Stück wurde sorgfältig mit seinem Herkunftsort beschriftet und inventarisiert. Später sollte Solms hier eine kleine Auswahl zur Besichtigung für Wehrmachtsoldaten und die einheimische Bevölkerung ausstellen. Ende September 1941 brach er dann zu den mittlerweile eingenommenen Zarenschlössern an der Leningradfront auf. Die Paläste in Puschkin und Peterhof lagen kurz hinter den vordersten deutschen Linien, die von Pawlowsk und Gatschina noch in Reichweite der sowjetischen Artillerie. Einzig Peterhof war bereits vor dem deutschen Einmarsch im Zuge der Kampfhandlungen bis auf die Grundmauern niedergebrannt. In den anderen Schlössern hatten die andauernden Gefechte, aber auch Vandalismus und Plünderungen einzelner Soldaten sowie die Witterung bereits unübersehbare Spuren hinterlassen.

Fotos unter der Hand weitergereicht. Die sichergestellten Möbel des erotischen Kabinetts von Katharina der Großen, Aufnahme eines Bildberichterstatters von 1941

Schon der erste Eindruck reichte Solms, um sofort zu handeln – im Katharinenpalast etwa ließ er Posten unter Gewehr an den gefährdeten Stellen aufziehen und Wachen im gesamten Schloss patrouillieren. Dann begann Solms, die zurückgebliebenen Kunstwerke und Möbel zu bergen. Aus Gatschina konnte er 400 Gemälde retten, in Pawlowsk wertvolle Ikonen und im Katharinenpalast einen Teil der Möbel aus dem nahezu unversehrten Nordtrakt. Darunter befand sich auch die Einrichtung des erotischen Kabinetts Katharinas der Großen. Ein Fotograf der Propagandakompanie nutzte die Gelegenheit, die Möbel zuvor in allen Einzelheiten abzulichten. Obwohl nicht zur Veröffentlichung freigegeben, muss ein Mitarbeiter des Entwicklungslabors den Marktwert der Fotos erkannt haben; schon bald gingen die Aufnahmen unter den deutschen Soldaten an der Ostfront von Hand zu Hand.

Wo er konnte, sicherte Solms auch Kunstwerke vor Ort. In Peterhof etwa ließ er eine Grotte im Park, in der die russischen Museumsangestellten eine umfangreiche Porzellansammlung verborgen hatten, verschließen. Und im Katharinenpalast hatte ihm der zurückgebliebene russische Schlossarchitekt Iwan Dimitrijewitsch Jermoschin den Plan gezeigt, an dem Marmorstatuen im Park vergraben worden waren. Die Statuen blieben in der Erde, weil ihnen dort keine Gefahr drohte. Der Abtransport des Bernsteinzimmers schien Solms allerdings wegen der bereits eingetretenen Schäden besonders vordringlich. Für den Ausbau hatte er eigens eine Gruppe Pioniere angefordert. »Die einzelnen hohen Wandfelder«, so Solms in seinen Nachkriegserinnerungen, »wurden aus ihrem Verbande gelöst, flach hingelegt, beklebt und mit dicken Teppichstücken bedeckt, die sie gegen jeden Stoß schützen sollten. Dann wurden die Teile in Gardinenstoffe gewickelt, verschnürt und in Lattengestelle verpackt.« Das geschah innerhalb von nur 36 Stunden. Zurück blieb der leere Saal. »Auf dem Fußboden«, so eine Russin, der es kurz darauf gelang, in den Palast zu kommen, »lag nichts als Bernsteinstaub.«

Anfang Oktober war ein zweiter Offizier der Heeresmuseen nach Puschkin gekommen, Hauptmann Dr. Georg Poensgen. Vor Kriegsausbruch hatte Poensgen als Kurator bei den Staatlichen Schlössern und Gärten Preußen in Berlin gearbeitet. Jetzt war der Kunsthistoriker ähnlich

Dr. Ernstotto Graf zu Solms-Laubach, Rittmeister und Kunsthistoriker
Dr. Georg Poensgen, Hauptmann und Kunsthistoriker

»[Das Bernsteinzimmer] war Ziel der Neugier vieler Offiziere, wobei höhere Offiziere, besonders Generale mit ihrem spitzen Dolch sich gern Bernsteinstücke aus der … Vertäfelung als Erinnerungsstücke absprengten.«
Ernstotto Solms, Augenzeugenbericht, undatiert

»Untätig zuzusehen, wie ein historisches Dokument ersten Ranges sicherer Vernichtung entgegenging … sah ich mich damals umso weniger im Stande, als der Seltenheitswert jenes eigentümlichen Repräsentationsstückes ja allgemein bekannt war.«
Georg Poensgen, private Aufzeichnungen, undatiert

wie Graf Solms entsetzt von den Schäden in den Zarenschlössern. Vieles spricht dafür, dass Poensgen seine ehemaligen Kontakte nach Berlin nutzte, um für einen sicheren Aufbewahrungsort zu sorgen. Solms war von Anfang an klar gewesen, dass der Umfang der sichergestellten Kunstwerke die Aufnahmekapazität seiner Dienststelle in Pleskau sprengen würde, und hatte zunächst Räumlichkeiten in Riga für die Lagerung vorgesehen. Letztendlich fiel die Entscheidung wohl auf Vermittlung von Poensgen auf Königsberg in Ostpreußen. Am 14. Oktober 1941 brachten 18 Lastkraftwagen die sichergestellten Stücke von Puschkin ins 60 Kilometer südlich von Leningrad gelegene Siwerskaja. Hier wurden die Kunstschätze, wo notwendig, neu verpackt und per Bahn in fünf Eisenbahnwaggons nach Königsberg verschickt. Die kostbare Fracht sollte im alten Ordensschloss der ostpreußischen Hauptstadt eingelagert werden. 1701 hatte sich hier

»Wände aus Bernstein im Schloss«. Das Bernsteinzimmer im alten Ordensschloss von Königsberg in Sicherheit?, Foto um 1935

Friedrich I. in der Schlosskirche zum König gekrönt; jetzt waren in dem mächtigen Geviert mit seinem imposanten Innenhof das Oberlandesgericht, das Prussia-Museum der Provinz Ostpreußen, die Kunstsammlungen der Stadt Königsberg sowie die Schausammlung der Staats- und Universitätsbibliothek untergebracht. Das Schloss selbst mit seiner kostbaren Einrichtung hatte bis 1918 zum Thronvermögen der Hohenzollern gehört und war dann in die Verwaltung der Staatlichen Schlösser und Gärten übergegangen. Der Direktor des Schlossmuseums sowie der Städtischen Kunstsammlungen, Dr. Alfred Rohde, unterstand zugleich dem Oberbürgermeister der Stadt Königsberg wie dem Direktor der Staatlichen Schlösser und Gärten in Berlin, Dr. Lothar Gall. Gall war vor dem Krieg direkter Vorgesetzter von Georg Poensgen und galt dem Regime gegenüber als kritisch eingestellt. 1934 war er deswegen sogar für ein ganzes Jahr von seinem Posten suspendiert worden.

Schon am 15. November 1941, vier Wochen nach der Demontage in Puschkin, berichtete die *Königsberger Allgemeine Zeitung* unter der Schlagzeile »Wände aus Bernstein im Schloss« über das »Bernsteinzimmer von Zarskoje Selo«. »Die Stücke«, so das Blatt weiter, »wurden von deutschen Soldaten aus dem in der Kampfzone vor Leningrad liegenden Schloss … gerettet und durch den Direktor der Staatlichen Schlösser und Gärten, Dr. Gall, nach Königsberg überführt.« Entgegen allen bisherigen Vermutungen erscheint es somit als unwahrscheinlich, dass Erich Koch, der im Juli 1941 zum Reichskommissar für die besetzte Ukraine ernannt worden war und hier mit blutiger Hand regierte, für die Verlagerung des Bernsteinzimmers nach Königsberg verantwortlich war. Rohde hätte sonst wohl kaum darauf verzichten können, neben Gall auch den mächtigen Gauleiter in Zusammenhang mit dem Bernsteinzimmer der Presse gegenüber zu erwähnen.

Georg Poensgen konnte also zunächst mit seiner Wahl zufrieden sein – die Kunstschätze aus den Zarenschlössern schienen in Sicherheit. Persönlich hatte er den Transport von Leningrad bis nach Königsberg begleitet. Auf Lastwagen wurden die Kisten und unverpackten Kunstwerke vom Bahnhof zum Schloss gebracht. Mit Alfred Rohde und dem Verwalter des Schlosses, Friedrich Henkensiefken, konnte er zwei ihm seit langem vertraute Kollegen begrüßen. Allerdings wurde das Wiedersehen von leid-vollen Umständen überschattet: Ausgezehrte russische Kriegsgefangene mussten unter brutaler Aufsicht von Wachmännern des Sicherheitsdienstes Möbel, Gemälde, Skulpturen, Kronleuchter und auch die in circa 25 Kisten verpackten Wandvertäfelungen aus Bernstein entladen. Rohde, so erinnerte sich Schlossverwalter Henkensiefken nach dem Krieg, versuchte einzugreifen und bat einen der SD-Männer beim Anblick eines russischen Kriegsgefangenen, der unter der Last zusammenzubrechen drohte, schwere Möbel und Kisten zu zweit tragen zu lassen; ohne Erfolg – der SD-Mann herrschte den Direktor der Städtischen Kunstsammlungen einsilbig an: »Der kann tragen …«, und fuhr fort, die wehrlosen Russen mit Schlägen zur Eile anzutreiben.

Nicht nur dieser Vorfall dürfte Rohdes rein berufliches Interesse an den eingetroffenen Kunstwerken stark gedämpft haben. Schon nach dem Überfall auf Polen 1939 hatte er im Familienkreis prophezeit, dass der Krieg für Deutschland nicht zu gewinnen sei. Trotz des Sieges über Frankreich und

Im Hof des Ordensschlosses. Hier wurden russische Kriegsgefangene beim Entladen des Bernsteinzimmers misshandelt, Foto um 1938

Dr. Lothar Gall, Direktor der Schlösser und Gärten, Berlin

»Ich kann mich daran erinnern, dass beim Mittagessen über solche Probleme geredet wurde; meine Mutter und ich nahmen immer regen Anteil an den Problemen meines Vaters ... Und er hat also gesagt: ›Ich muss dieses Zimmer so retten, dass es eines Tages wieder nach Zarskoje Selo zurückgehen kann.‹«
Günther Gall über seinen Vater, Interview, Mai 1990

der anfänglichen deutschen Erfolge in der Sowjetunion blieb der Museumsdirektor bei seiner pessimistischen Einschätzung – er muss also die Einlagerung der Kunstschätze aus den Zarenschlössern für eine befristete Maßnahme gehalten haben. Dementsprechend wurden die Kisten und einzelnen Kunstwerke zunächst nur provisorisch in den Magazinen untergebracht. Lediglich das Bernsteinzimmer beschloss Rohde auszustellen; hierbei mögen konservatorische Gründe ebenso eine Rolle gespielt haben wie das Interesse des Kunsthistorikers an der unikalen Arbeit, mit der er sich ja bereits in früheren Jahren wissenschaftlich befasst hatte.

Wenige Tage nach der Ankunft wurden die Paneele ausgepackt, gereinigt und in einem Raum im dritten Stock des so genannten Unfriedbaues im Schloss gleich neben dem Lovis-Corinth-Gedächtnissaal eingebaut, in dem zuvor deutsche Impressionisten wie Max Slevogt ausgestellt worden waren. Die Maße fielen in der Tiefe deutlich geringer aus als jene des Bernsteinzimmers im Katharinenpalast; zwei der schmaleren Wandfelder und mindestens vier der Spiegelpilaster, die dazugehörigen Sockelstücke und auch die feuervergoldeten Bronzeleuchter musste Rohde gesondert einlagern. Über die Decke ließ er Segeltuch spannen, das fehlende Mosaikbild wurde durch einen Spiegel ersetzt. Bereits auf dem Transport abgefallene Stücke verwahrte der Museumsdirektor in einem Pappkarton in seinem

99

»Zurückgekehrt in des Wortes tiefster Bedeutung«. Das Bernsteinzimmer, aufgebaut im Königsberger Schloss, Foto 1942

Büro. Im Januar forderte Rohde schließlich noch zwei der drei Türen aus dem Bernsteinzimmer an, die Solms im Katharinenpalast zurückgelassen hatte. Sie wurden ihm binnen zwei Wochen zugestellt. Dennoch blieb der Einbau des Bernsteinzimmers im Schloss von Königsberg ein Provisorium. Auch das spricht eher dafür, dass Rohde den Aufenthalt des Kunstwerkes an diesem Ort nur als vorübergehend betrachtete.

Das ausgestellte Bernsteinzimmer entwickelte sich schnell zum Publikumsmagneten der Kunstsammlungen. »Der Andrang war ungeheuer«, so Schlossverwalter Henkensiefken, »so was hatten wir im Königsberger Schloss noch nicht erlebt.« Nicht alle Besucher waren allerdings begeistert: »Es hat keinen großen Eindruck bei mir hinterlassen«, erinnerte sich die damals 27 Jahre alte Edith Nachtigall aus Königsberg, »ich war sehr enttäuscht, weil ich ein achtes Weltwunder erwartet hatte.« Ähnlich fühlte auch Hauptmann Hans Hundsdörfer, der die Wandvertäfelungen auf Fronturlaub 1942 im Schloss besichtigte. »Leider«, so Hundsdörfer, »sah ich nur noch eine Ruine – keines der Bilder [nur eines der ursprünglich vier Steinmosaikbilder fehlte, Anm. d. A.] und statt mancher Schnitzereien nur noch blanke Bernsteinplatten, auf denen die Schnitzarbeiten befestigt waren. Sehr traurig verließ ich das Museum.«

Für die Zeitungen war das Bernsteinzimmer allemal eine Meldung wert. So erschien im April 1942 im Berliner *Lokal-Anzeiger* eine ganze Seite über die Wandvertäfelungen aus dem russischen Zarenschloss. »Das Zimmer«, so zitierte der Schriftleiter des *Lokal-Anzeigers*, Paul Kersten, den Museumsdirektor Alfred Rohde, »erzählt beinahe selbst seine Geschichte. Hier sehen Sie nicht nur die Zahl 1760, in welchem Jahre es in der neuen Form fertiggestellt war, dort können Sie auch die Zutaten russischer Herkunft deutlich erkennen. Wenn Sie genau hinsehen, werden Sie ein seltsames Gebilde wahrnehmen.« Rohde meinte den Doppeladler mit Waffen und Trophäen, der als Ersatz für eine abgefallene Schnitzerei in den Rahmen Friedrichs des Großen eingefügt worden war. Schriftleiter Kersten kommentierte die »echt russische ›Verzierung‹« mit unappetitlicher Überheblichkeit: »Mit einiger Mühe enträtselt man denn einen russischen Adler, der in kunstlosester Form eingelegt ist und mehr einer missgestalteten Schildkröte gleicht.«

»Nur noch eine Ruine«. Nicht zu übersehen die Spuren deutscher »Souvenirjäger«,
Foto von 1942

Wenn der Journalist und Bernsteinzimmerexperte Günther Wermusch allerdings in seinem Buch *Bernsteinzimmer-Saga* in diesem Zusammenhang von einer »ganz schlimmen Entgleisung des Dr. Rohde« spricht, so übersieht er, dass es sich hierbei um kein Zitat des Museumsdirektors, sondern um den Originaltext des Schriftleiters des *Lokal-Anzeigers* handelt. Wie Rohde wirklich über die russische Kultur dachte, zeigt sich deutlich an einem im selben Jahr erschienenen Text des Kunsthistorikers, in dem er unter anderem über den Schöpfer des Katharinenpalastes Bartolomeo Rastrelli schrieb, er sei »einer der ganz großen Architekten in Russland, der, obwohl Bahnbrecher west- und südeuropäischer Kunst, in Russland stets ein lebendiger Fürsprecher des nationalen Charakters blieb …«.

Rohde, der an einem Buch über das Bernsteinzimmer arbeitete, das wegen des Kriegsverlaufs dann nie erschienen ist, veröffentlichte seine kunsthistorischen Erkenntnisse im August 1942 vorab in der Fachzeitschrift *Pantheon* unter dem Titel: »Das Bernsteinzimmer Friedrichs I. im Königsberger Schloss«. Neben einer ausführlichen Beschreibung und Würdigung der Wandtafeln erwähnt Rohde hierin auch die Rettung des Kunstwerkes durch die Wehrmacht. Das Bernsteinzimmer sei »zurückgekehrt in des Wortes bester und tiefster Bedeutung in seine Heimat, der eigentlichen und einzigen Fundstelle des Bernsteins …« Rohde spielte fraglos auf die Tatsache an, dass 90 Prozent aller Bernsteinfunde an den Küsten Ostpreußens zu Tage gefördert werden. Auch das Rohmaterial für das Bernsteinzimmer war hier einst aus dem Wasser gefischt worden. Dennoch hinterlassen einst Rohdes Worte, aus heutiger Sicht betrachtet, einen bitteren Nachgeschmack. Zieht man allerdings seine Einstellung und die Umstände des provisorischen Einbaus der Wandvertäfelungen in Betracht, wäre es ebenso möglich, dass sich Rohde mit der verklausulierten Formulierung »zurückgekehrt in des Wortes bester und tiefster Bedeutung« gerade von dem Sinn distanzieren wollte, den »zurückkehren« unter dem NS-Regime bekommen hatte.

Richtig wohl scheint den Hauptverantwortlichen bei der Ausstellung des Bernsteinzimmers dennoch nicht gewesen zu sein. Generaloberst von Küchler, dem am 13. Dezember 1941 laut Kriegstagebuch des Armeeoberkommandos eine »Stellungnahme des Konservators über die Sicherstellung des Bernsteinkabinetts aus dem Schloss Zarskoje Selo vorgelegt« wurde, soll nach den Erinnerungen von Solms über diese Eigenmächtigkeit verärgert gewesen sein. Trotzdem betonte Küchler später in Nürnberg, er habe »in der Tatsache, dass einige der Kulturgüter nach rückwärts und sogar ins Reich verbracht worden sind, nicht eine rechtswidrige Anordnung erblickt. In dieser Auffassung bestärkte mich auch die Tatsache, dass dies nicht heimlich geschah, sondern dass die Gegenstände, z. B. das Bernsteinzimmer, öffentlich ausgestellt wurden.« Direktor Dr. Gall von den Staatlichen Schlössern und Gärten äußerte sich bei einem Besuch in Königsberg in Bezug auf das ausgestellte Bernsteinzimmer eindeutiger: »Ich will«, so Gall zu Schlossverwalter Henkensiefken, »damit nichts zu tun haben!«

Am meisten bereute wohl Georg Poensgen nach dem Krieg, sich für die Verlagerung des Bernsteinzimmers nach Königsberg eingesetzt zu haben. Bitter musste er in seinen privaten Erinnerungen erkennen, dass er, der das Kunstwerk vor der Vernichtung hatte bewahren wollen, nun »von den Russen ganz persönlich als Schuldiger« für dessen Verlust angesehen wurde. Dabei war die Sicherstellung des Bernsteinzimmers offensichtlich im Einklang mit Artikel 56 der so genannten Haager Landkriegsordnung geschehen. »Jede Beschlagnahmung«, so heißt es in dem 1907 auf Initiative von Zar Nikolaus II. in Den Haag ratifizierten und bis heute gültigen Abkommen, »jede absichtliche Zerstörung oder Beschädigung von derartigen Anlagen, von geschichtlichen Denkmälern oder von Werken der Kunst und Wissenschaft ist untersagt und soll geahndet werden.« Die Zarenschlösser lagen von Anfang bis zum Ende der Blockade direkt an oder nahe hinter der Front um Leningrad; ein Belassen vor Ort wäre einer absichtlichen Zerstörung gleichgekommen. Die von Solms und Poensgen durchgeführte Sicherstellung diente ausschließlich der Rettung der Kunstwerke. Ob der Aufbewahrungsort sich noch auf besetztem Territorium oder auf Reichsgebiet befand, ja sogar ob Kunstwerke wie von Solms im Pagankinpalast oder von Rohde im Königsberger Schloss öffentlich ausgestellt wurden, war so lange unerheblich, wie die Absicht bestand, sie nach Kriegsende ihren rechtmäßigen Besitzern zurückzugeben.

Was die Hauptakteure Küchler, Solms, Poensgen und Gall betrifft, so gibt es keinerlei Anlass zu einer gegenteiligen Vermutung. Vieles spricht

Heimlich aufgenommen. Amateurfoto eines deutschen Soldaten von 1943

sogar dafür, dass ihr Motiv neben der Sicherstellung vor Kriegseinwirkung, Vandalismus und Witterung auch der Versuch war, die Kunstwerke dem Zugriff des Einsatzstabes Reichsleiter Rosenberg zu entziehen. Ohnehin interessierte sich keine der Größen des »Dritten Reiches« für das Bernsteinzimmer. Entgegen der bislang vertretenen Meinung ist bis heute kein zeitgenössisches Dokument bekannt, das etwa Göring oder Bormann oder gar Hitler in Verbindung mit den Wandvertäfelungen aus Bernstein bringt. Das bedeutet allerdings nicht, dass der Diktator und sein Reichsmarschall die Kunstschätze aus der Sowjetunion unangetastet lassen wollten. Sowohl für Hitler als auch für Göring standen Sonderbeauftragte bereit, die für den Fall von Leningrad im Auftrag ihrer Herren plündern sollten. Aufgrund der nahezu lückenlosen Überlieferung des »Sonderauftrages Linz« und der Göring'schen Kunstsammlung kann allerdings mit Sicherheit ausgeschlossen werden, dass das Bernsteinzimmer hierfür in Betracht gekommen wäre. Selbst die Abgesandten des Einsatzstabes Reichsleiter Rosenberg scheinen

sich für das Bernsteinzimmer nicht besonders interessiert zu haben. Oberst-
einsatzführer Dr. Gerhard Wunder, der sich Anfang Dezember 1941 mit
einer Arbeitsgruppe des Einsatzstabes in Puschkin aufhielt, schrieb in seinem anschließenden »Bericht über den derzeitigen Zustand der Zarenschlösser: … Das Bernsteinkabinett … wurde abmontiert; es dürfte sich dabei wohl weniger um ein Kunstwerk als um eine historische Merkwür-
digkeit handeln, die durch das Auseinandernehmen an Wert stark verloren
hat.« Sechs Jahre später, bei einem Verhör durch US-Vernehmer in Nürnberg, konnte Wunder sich noch gut an seine Einschätzung erinnern: »Ich
habe in meinem Bericht gesagt, es sei nur ein Haufen Bernstein. Der Wert
lag sozusagen in der Montage.« Trotzdem herrschte beim Einsatzstab eine
gewisse Verärgerung darüber, dass ihnen Offiziere der Wehrmacht die
Beute vor der Nase weggeschnappt hatten. 1942 wurde der Versuch unternommen, das Bernsteinzimmer in die »Ostverwaltung« Rosenbergs »zu
übernehmen«, wie der Chef des Einsatzstabes Gerhard Utikal 1947 bei
einer Vernehmung in Nürnberg aussagte. Allerdings ohne Erfolg! »Es wurde an das Oberpräsidium geschrieben und darauf aufmerksam gemacht,
dass das Bernsteinkabinett zu Unrecht nach Königsberg gekommen wäre.
Das Oberpräsidium unter Leitung von Erich Koch lehnte die Rückgabe an
die Ostverwaltung ab, und es bestand keine Möglichkeit, eine Klärung in
den Fall hineinzubringen.«

Dafür konnte sich Dr. Wunder bei seiner Inspektionstour im Dezember 1941 für ein anderes Kunstwerk aus den Zarenschlössern »erfolgreich«
einsetzen. Im Park von Schloss Peterhof hatte er den Neptunbrunnen der
Nürnberger Künstler Georg Schweiger und Christoph Ritter entdeckt, den
die Stadt Nürnberg aus akutem Geldmangel 1797 an Zar Paul I. verkauft
hatte. Tatsächlich drohte dem ungeschützten Brunnen durch den andauernden sowjetischen Artilleriebeschuss über kurz oder lang die vollständige
Zerstörung. Für Wunder war klar: »Der Brunnen steht im Park an ungünstiger Stelle und gehört natürlicherweise in die Stadt der Reichsparteitage.«

Das war Wasser auf die Mühlen von Nürnbergs Bürgermeister Willy
Liebel. Schon beim Anschluss Österreichs an das »Reich« hatte Liebel die
Insignien des Heiligen Römischen Reiches Deutscher Nationen aus Wien
abtransportieren lassen, und nach dem Überfall auf Polen 1939 brach er

persönlich nach Krakau auf, um hier den berühmten Altar des Veit Stoß für seine Stadt zu plündern.

Selbst Hitler war die Gier des Nürnberger Bürgermeisters aufgefallen. Im Januar 1942 bemerkte er bei einem seiner endlosen Tischgespräche im Führerhauptquartier, Liebel »sei, als man Frankreich besetzt habe, ebenso prompt wie später nach der Besetzung Serbiens und der russischen Gebiete bei ihm vorstellig geworden, um alle in diesen Räumen befindlichen Kunstwerke Nürnberger Ursprungs für Nürnberg zu erhalten«. Es ist wahrscheinlich, dass Liebel bei Hitler auch um den Neptunbrunnen nachgesucht hatte; jedenfalls kam mit dem Bericht Wunders Bewegung in die Sache. Schließlich blieb Generalfeldmarschall Küchler, der mittlerweile zum Oberbefehlshaber der Heeresgruppe Nord avanciert war, nichts anderes übrig, als den Brunnen nach Nürnberg zu verschicken. Nicht ohne allerdings Liebel schriftlich darauf hinzuweisen, dass Küchler nicht berechtigt sei, »über dieses Kunstwerk endgültig zu verfügen …«. Er bat Liebel, »sich bis zur Entscheidung durch den Führer als Treuhänder dieses in ihrer Stadt entstandenen Brunnens zu betrachten«. Die Entscheidung des Diktators ließ nicht lange auf sich warten – am 30. Juli 1942, gut einen Monat, nachdem er in Nürnberg eingetroffen war, »ergab eine Besprechung bei der Gauleitung, dass Hitler den Neptunbrunnen der Stadt … zur Aufstellung im Neubau des Germanischen Nationalmuseums übereignet hatte«. Da allerdings 1902 bereits ein Abguss des Brunnens auf dem Hauptmarkt in Nürnberg aufgestellt worden war, blieb die Beute aus Peterhof in Kisten verpackt und konnte nach dem Krieg an ihren Ausgangspunkt zurückgebracht werden.

Im Gegensatz zum Bernsteinzimmer war der Neptunbrunnen spätestens seit der Entscheidung Hitlers ein klarer Fall von Kunstraub. Dabei darf nicht übersehen werden, dass der Diktator auch für Königsberg ähnliche Pläne hatte. Am 15. Januar 1942 schwärmte er in einem seiner nächtlichen Monologe im Führerhauptquartier wieder einmal von seinem geplanten Museum in Linz: »Es gibt nichts Schöneres, als Kulturdenkmäler der Nation hinzustellen.« In diesem Zusammenhang kam Hitler auch auf die ostpreußische Hauptstadt zu sprechen: »Königsberg kann ich mit Geldern aufbauen, die mir [Reichswirtschaftsminister Walther] Funk gegeben hat.

Erstens eine Galerie, in die alles kommt, was wir im Osten gefunden haben, zweitens eine großartige Oper und drittens eine Bibliothek.« Hitlers Plan für eine Galerie in Königsberg voll geplünderter Kunst aus der Sowjetunion wurde jedoch wegen des Kriegsverlaufes nie umgesetzt.

Trotz solcher verbrecherischen Pläne des Diktators zeigt die Bilanz der sowjetischen Verluste, worauf es den deutschen Besatzern wirklich angekommen war; bis zu 76 Millionen Bücher und circa 87 Millionen Akteneinheiten wurden nach dem Rückzug der deutschen Truppen vermisst. Auch wenn diese Zahlen möglicherweise deutlich zu hoch angesetzt worden sind, so ist das Verhältnis zu den von sowjetischer Seite offiziell als verschleppt oder verloren gemeldeten Kunstwerken augenfällig. 564 723 kulturelle Objekte aus 427 Museen zählte eine Verlustliste der »Außerordentlichen Staatlichen Kommission zur Erfassung und Verfolgung von Untaten der deutschen faschistischen Eroberer« aus dem Jahr 1946. Allerdings scheint auch diese Zahl, die bis heute Grundlage der deutsch-sowjetischen Verhandlungen ist, zu hoch gegriffen.

Der Historiker und Direktor der Forschungsstelle Osteuropa an der Universität Bremen, Wolfgang Eichwede, weist zu Recht auf die Unvereinbarkeit der im Umfang deutlich geringeren deutschen Beschlagnahme- mit den sowjetischen Verlustlisten hin. Während sich aber kaum ein Grund finden lässt, warum in den Akten des Einsatzstabes Reichsleiter Rosenberg, in denen die Beute aus der Sowjetunion triumphierend bilanziert wurde, die Zahlen untertrieben worden sein sollen, nennt Eichwede eine Reihe von Gründen, die zu Fehlern bei der Erfassung der sowjetischen Verluste geführt haben konnten: Unter anderem lagen in der Sowjetunion weder über die Zerstörungen in und als Folge der Oktoberrevolution noch über die Verkäufe von Kunstwerken ins Ausland vollständige Unterlagen vor. Während des Krieges wurden zudem zahlreiche Inventare von Museen, Archiven und Bibliotheken zerstört. Selbst über die Verlagerung von Kunstwerken in den Ural oder nach Sibirien waren aufgrund der großen Eile nur unvollständige Aufzeichnungen vorhanden. Erschwerend kam hinzu, dass die Rückführung von 534 120 geraubten kulturellen Objekten aus der amerikanischen Besatzungszone nach Kriegsende von russischer Seite jahrzehntelang bestritten wurde; über die in den von der Roten Armee besetzten deutschen Gebieten nachweislich in großem Umfang wieder aufgefundenen Kunstwerke aus der Sowjetunion existieren bis heute keine gültigen Listen. Somit konnte die Aufstellung der Verluste selbst bei bestem Willen der sowjetischen Kommissionsmitglieder nur provisorische Züge tragen.

Allerdings spielten auch andere Gründe eine Rolle, die eigenen Verluste über das ohnehin erschreckende Maß des deutschen Kunstraubes und der Plünderungen durch einzelne deutsche Soldaten hinaus anzugeben. Schon am 7. November 1941, dem 24. Jahrestag der Oktoberrevolution, vollzog Stalin im Angesicht der deutschen Truppen, die schon in den Vororten Moskaus kämpften, eine überraschende Kehrtwende. In seiner Rede anlässlich der berühmten Militärparade auf dem Roten Platz beschwor er plötzlich »die glorreiche Vergangenheit« Russlands und erinnerte an die glänzenden Siege Newskis, Suworows und Kutusows – allesamt Feldherren der Zarenzeit. Der wohl kalkulierte Appell an den Patriotismus verfehlte seine Wirkung nicht.

Zum Programm der Wende gehörte neben dem Wiederaufleben militärischer Traditionen aus dem Zarenreich auch die Annäherung an die zuvor verfolgte russisch-orthodoxe Kirche und die Beschwörung der russischen Kultur, die in der Vergangenheit für Stalin so gut wie nicht existiert hatte. Als sowjetische Truppen im Dezember 1941 einen Teil der Moskauer Umgebung erfolgreich zurückeroberten, berichtete die *Prawda* ausführlich auch über das Schicksal von Jasnaja Poljana, dem Gut des berühmten russischen Dichters Leo Tolstoi: »Was wir jahrzehntelang wie etwas Heiliges hüteten und bewahrten«, so stand zu lesen, »wurde vernichtet, verbrannt und ausgeraubt …« Anfang Januar folgten in allen großen Zeitungen weitere Berichte etwa über den Wohnsitz des Komponisten Peter Tschaikowsky in Klin oder das Museum des Schriftstellers Iwan Turgenjew in Spasskoje-Lutowinowo, die von den deutschen Soldaten verwüstet worden sein sollten. »Das Thema der Vernichtung von Kulturdenkmälern«, so der russische Kunsthistoriker Grigori Koslow in einem Aufsatz über Stalin und die Kulturverluste, »entwickelte sich neben der Darstellung der Siege der Roten Armee zu einem Hauptthema in der sowjetischen Presse.«

»Gehört natürlicherweise nach Nürnberg«. Neptunbrunnen, seit 1797 im Schlosspark von Peterhof

Was im Innern den Widerstandswillen der Bevölkerung schüren sollte, ließ sich auch für das Ausland nutzen. Am 6. Januar 1942 sandte der Volkskommissar für Auswärtige Angelegenheiten der UdSSR, Wjatscheslaw Molotow, eine Note über das Schicksal von Jasnaja Poljana. »Anderthalb Monate lang«, so Molotow, »haben die Deutschen den weltbekannten Ort … besetzt gehalten … Dieses berühmte Denkmal russischer Kultur haben die nazi-faschistischen Vandalen zertrümmert, geschändet und schließlich in Brand gesetzt. Das Grab des großen Schriftstellers wurde von den Eindringlingen entweiht. Unersetzliche Heiligtümer, die mit dem Leben und Schaffen Tolstois in Verbindung standen, die seltensten Manuskripte, Bücher und Bilder wurden von der deutschen Soldateska entweder gestohlen oder auf die Straße geworfen und vernichtet. Der deutsche Offizier Schwarz, der von den Mitarbeitern des Museums gebeten wurde, den Ofen nicht mehr mit den persönlichen Möbeln und Büchern des großen Schriftstellers zu heizen, sondern das vorhandene Brennholz dafür zu nehmen, gab darauf zur Antwort: ›Brennholz brauchen wir nicht, wir werden alles verbrennen, was mit dem Namen eures Tolstoi zusammenhängt.‹«

Die Weltpresse war entsetzt über Molotows Bericht. Ausländische Korrespondenten wurden eingeladen, um auf Tolstois Gut und an den anderen Orten die »Beweise des deutschen Vandalentums« mit eigenen Augen zu besichtigen. Die Sache hatte nur einen Schönheitsfehler – Generaloberst Heinz Guderian, der Oberbefehlshaber der 2. Panzerarmee, der bis zum Rückzug in Jasnaja Poljana einen vorgeschobenen Gefechtsstand eingerichtet hatte, erinnerte sich an eine ganz andere Geschichte: »Ich bestimmte das ›Schloss‹«, so Guderian in seinen Erinnerungen, »zum ausschließlichen Gebrauch der Familie Tolstoi. Im ›Museum‹ wurde unsere Unterkunft eingerichtet. Soweit noch Möbel und Bücher aus Tolstoi'schem Besitz vorhanden waren, wurden sie in zwei Zimmern zusammengetragen und die Türen versiegelt. Wir begnügten uns mit einfachen, selbstgezimmerten Möbeln aus rohen Brettern. Die Heizung erfolgte mit Holz aus dem nahen Walde. Kein Möbelstück wurde verheizt, kein Buch oder Schriftstück berührt. Alle gegenteiligen russischen Behauptungen … gehören ins Reich der Fabel.«

1942 erschien ein offener Brief gegen »diese abscheulichen Untaten der deutschen Faschisten«; unterzeichnet war das Papier von hoch angesehenen sowjetischen Wissenschaftlern, Literaten und Künstlern. »Der vorsätzliche verbrecherische Vandalismus der deutschen faschistischen Horden«, so der landesweit in allen wichtigen Zeitungen veröffentlichte Aufruf, »tritt mit äußerster Deutlichkeit in der schändlichen Verunglimpfung von heiligen Gütern der russischen wie der Weltkultur zutage … Diese Untaten sind nichts Zufälliges. In ihnen nimmt der ganze faschistische Menschenhass programmatische Gestalt an, wird das ganze Ausmaß an Ignoranz, Niedertracht und Verwilderung deutlich, zu denen der Oberbandit Hitler den deutschen Durchschnittsbürger viele Jahre erzogen hat.« Zu Recht weist der russische Kunsthistoriker Koslow darauf hin, dass in diesem Text bereits alle Stereotype enthalten sind, die fortan die russische Propaganda beherrschen würden: »Die deutschen Faschisten und der deutsche Kleinbürger als die Schuldigen, [die] Verunglimpfung heiliger Güter der russischen wie der Weltkultur als ihre Ziele, [und das] bewusst eingesetzte

Bis auf die Grundmauern niedergebrannt. Der Katharinenpalast nach 1944

Vandalentum als ihre Methode …« Hinter der Formulierung allerdings steckten keinesfalls die Unterzeichner selbst, wie Koslow nachweist. Der »offene Brief« war vielmehr eine Arbeit der Abteilung für Agitation und Propaganda des ZK der KPdSU.

Ganz offensichtlich wurde Dichtung mit Wahrheit zu Propagandazwecken vermischt; so auch bei der Wiedereroberung von Puschkin im Januar 1944. Auf der Basis einer für diesen Zweck gefälschten Zeugenaussage hieß es, der Katharinenpalast und der Alexanderpalast seien bis kurz vor dem Abzug der deutschen Soldaten »unbeschädigt, aber völlig ausgeplündert und leer gewesen«. Vergessen war die sowjetische Fliegerbombe, die im September 1941 in den Großen Spiegelsaal eingeschlagen hatte, vergessen die vier sowjetischen Brandbomben, die die Enfilade Rastrellis am 15. Mai 1942 vernichtet hatten. Dafür wurde der Brand, den die Soldaten der Roten Armee beim Befeuern der Kamine aus Versehen entfacht hatten, umgemünzt in Brandstiftung: »In der Nacht vom 22. zum 23. Januar 1944«, so die Zeugenaussage, »wurde das Zarenschloss von spanischen, lettischen und deutschen SS-Angehörigen systematisch in Brand gesteckt, der Mittelbau systematisch mit Hilfe von Bomben und Minen gesprengt.« In den Nürnberger Prozessen wiederholte der Assistent des Hauptanklägers der Sowjetunion, Walentin Raginski, die Vorwürfe und behauptete, »die Deutschen … [hätten] elf enorme Zeitbomben im Gewicht von je 1 bis 3 Tonnen im Erdgeschoss des noch stehenden Teiles des Palastes wie auch unter der Cameron-Galerie zurück[gelassen]«. Bis heute finden sich diese Stereotype stalinistischer Propaganda unhinterfragt in der entsprechenden Literatur. So kommt der Autor Heinz Schön in seinem Buch *Das Geheimnis des Bernsteinzimmers* noch 2002 zu dem Schluss, »die totale Plünderung des Schlosses und die systematische Zerstörung der Schlossgebäude … [seien] zweifelsfrei eine unentschuldbare sinnlose Barbarei gegen russisches Kunst- und Kulturgut«.

Letztendlich ist all das angesichts der Schrecken des Hitler'schen Vernichtungskriegs im Osten nur eine Marginalie; dem Bernsteinzimmer allerdings wurde mit den Propagandalügen das Fundament für seinen Mythos gelegt. Vor dem Überfall auf die Sowjetunion hatte dieses Kunstwerk wie so viele andere auch für das stalinistische Regime keinerlei Bedeutung, und sein Wert wurde nicht einmal so hoch geschätzt, dass es im Falle eines Angriffs für eine Evakuierung vorgesehen war. Erst nach dem Überfall auf die Sowjetunion wurde die Kultur Russlands zum identitätsstiftenden Moment. Instrumentalisiert und ins Grenzenlose überhöht sollte sich das ganze Volk zu ihrer Verteidigung erheben.

Wie in der Sowjetunion, so auch im nationalsozialistischen Deutschland: Mit der Kultur ließ sich Propaganda treiben; wenn auch mit anderen Vorzeichen. Als im Ordensschloss von Königsberg 1943 eine der damals typischen Wehrmachtsausstellungen gezeigt wurde, konnte das Bernsteinzimmer mühelos in die Schau vom Kriegs-Alltag und Wirken einer Heeresgruppe integriert werden. Man präsentierte alles, was sich anbot, »von der Kampfhandlung über Versorgung, Freizeitbeschäftigung, russische Waffen … bis zur Ausrüstung der deutschen Soldaten … [und] einheimischer Kunst, Anthropologie und Geologie«. Einer der Höhepunkte der Ausstellung war das Bernsteinzimmer, das sich ohnehin im Schloss befand. »Deutsche Soldaten«, stand auf einer kleinen Informationstafel geschrieben, »retteten im Herbst 1941 das Zimmer aus dem stark gefährdeten Schloss [in Zarskoje Selo].«

Am 28. Oktober 1943 wurde Alfred Rohde nachts von einem Telefonanruf geweckt. In der Wehrmachtsausstellung war Feuer ausgebrochen. Möglicherweise, so erinnerte sich der Schlossverwalter Henkensiefken später, hatte ein Kurzschluss eine der aufwendigen Installationen in Brand gesetzt. Genau geklärt wurde die Ursache jedoch nie. Der Direktor der Kunstsammlungen kam noch rechtzeitig ins Schloss, um eine stählerne Brandtür vor dem Bernsteinzimmer zu schließen und damit Schlimmeres zu verhindern. Lediglich ein weißer Belag hatte sich auf den Wandvertäfelungen abgesetzt, der aber in den folgenden Wochen von einem Restaurator problemlos entfernt werden konnte, ohne dass weitere Schäden aufgetreten wären.

Obwohl im »Reich« bereits seit den englischen Luftangriffen auf Lübeck und Rostock im Frühjahr 1942 damit begonnen worden war, Luftschutzmaßnahmen für Bauwerke und bewegliche Kulturgüter zu treffen, lief das Leben in Ostpreußen noch über das gesamte Jahr 1943 beinahe so weiter wie zu Friedenszeiten. Nur vereinzelt warfen sowjetische

Flieger ihre Bomben auf ostpreußische Städte. Im Vergleich zum Westen Deutschlands, wo sich die Luftangriffe pausenlos verstärkten, galt die Provinz als so sicher, dass zahlreiche Familien aus der Reichshauptstadt nach Ostpreußen evakuiert wurden. Lediglich die seit Stalingrad kontinuierlich zurückweichende deutsche Ostfront wurde in der östlichsten Provinz Deutschlands mit wachsender Beunruhigung beobachtet.

Ende 1943 musste der Reichskommissar der Ukraine, Erich Koch, seine Residenz in Rowno vor der anrückenden Roten Armee räumen. Koch, der in der Ukraine durch rücksichtslose Ausbeutung der Zivilbevölkerung und brutalen Polizeiterror »ein besatzungspolitisches Desaster« angerichtet hatte, fand jetzt ein neues Betätigungsfeld, mit dem er sich Hitler gegenüber profilieren konnte. Zum Amt des Gauleiters und Oberpräsidenten war ab Kriegsausbruch 1939 das des Reichsverteidigungskommissars des Wehrkreises I hinzugekommen, der geographisch der Provinz Ostpreußen entsprach. Angesichts der näherrückenden Front war Koch nun wild entschlossen, seinen Beitrag zur Reichsverteidigung zu leisten. Aber anstatt dringend notwendige Maßnahmen wie die Evakuierung der Bevölkerung einzuleiten, brandmarkte er solche Überlegungen als defätistisch und verlor kostbare Zeit bei einer Reihe von übereilten und militärisch nutzlosen Aktivitäten. Damit stärkte er zwar seine Position bei Hitler, doch sollte das im weiteren Verlauf des Krieges hunderttausende deutsche Zivilisten das Leben kosten. Nach den unbeschreiblichen Verbrechen an Polen und Ukrainern richtete Koch sich nun gegen das eigene Volk.

Am 22. Juni 1944, auf den Tag genau drei Jahre nach dem deutschen Überfall auf die Sowjetunion, begann eine sowjetische Großoffensive, deren Auswirkungen die Katastrophe von Stalingrad weit in den Schatten stellen sollte. Nahezu die gesamte Heeresgruppe Mitte brach zusammen, 25 erfahrene Ostdivisionen wurden fast vollständig aufgerieben, und die Rote Armee rückte über 400 Kilometer weit nach Westen vor. Erst um den 20. Juli gelang es, den sowjetischen Vorstoß auf einer Linie von Grodno entlang des Njemen bis nach Kowno vorläufig aufzuhalten. Die Front hatte sich damit der ostpreußischen Grenze bedenklich genähert. Die sowjetische Offensive scheint zur Folge gehabt zu haben, dass Alfred Rohde die Ge-

116

Friedrich Henkensiefken, Schlossverwalter

»Ich erinnere mich sehr gut, dass Dr. Rohde am Tage
nach dem Angriff in einem Gespräch mit mir erleichternd
aufatmend feststellte, dass das eigentliche Bernsteinzimmer wenigstens erhalten sei; nur die Spiegel, die
wegen ihrer Größe nicht eingepackt waren, sind bei
dem zweiten Angriff verbrannt.«
F. Henkensiefken, Brief an Hans Gerlach, 9.10.1960

nehmigung erhielt, Schutzmaßnahmen für die Kunstschätze der
Königsberger Sammlungen einzuleiten. Wie sich Esther Gräfin Schwerin
später erinnerte, sind zwischen dem 12. und dem 14. Juli »verschiedene
Museumsbestände« in ihr abgelegenes Schloss Wildenhoff im Kreis
Preußisch Eylau gebracht worden. Im Einzelnen handelte es sich hierbei
neben Möbeln um Gemälde, unter anderem von Lovis Corinth, Camille
Pissarro und bemerkenswerter Weise auch von dem als »entartet« geltenden
Otto Dix. Der Großteil der Bilder wurde auf Gestellen im Esssaal von
Schloss Wildenhoff eingelagert, einige ausgesuchte Stücke durfte die Gräfin
an die Wand hängen.

In Wildenhoff hatte Rohde Möbel und die kleinformatigen Bilder
seiner Sammlung untergebracht. Für besonders kostbare Stücke war ihm
zusätzlich ein Raum in dem neu erbauten bombensicheren Hochbunker
am Haberberg eingeräumt worden. Im Schloss eigneten sich nur das
Erdgeschoss, die so genannte Laterne, und der erste Stock im Turm zur
sicheren Aufbewahrung von Kunstschätzen, darüber hinaus allenfalls der
Luftschutzkeller im Ostflügel und drei Arbeits- und Packräume im tiefer
gelegenen Erdgeschoss des Südflügels, gleich neben den Büros der Kunstsammlungen. Dort, so jedenfalls erinnerte sich Schlossverwalter Friedrich
Henkensiefken, wurde das Bernsteinzimmer, nachdem es wieder abgebaut

und verpackt worden war, untergebracht. Lediglich die Spiegel sowie die langen schmalen Füllstücke seien auf Grund ihrer Länge unverpackt geblieben.

Rohdes Vorgesetzter bei den Staatlichen Schlössern und Gärten in Berlin, Lothar Gall, hatte wegen der Lage an der Ostfront die Evakuierung des historischen Inventars des Schlosses nach Kassel angeordnet. Am 28. Juli ging man daran, die kostbare Einrichtung in drei Möbelwagen der Königsberger Speditionsfirma Joseph Radtke zu verladen. Der Generalstaatsanwalt beim Oberlandesgericht, Fritz Szelinski, muss den Umzug im Schlosshof von seinen Diensträumen aus bemerkt haben; er verständigte umgehend und diensteifrig das Oberpräsidium. Kurz darauf stoppte Kochs Stellvertreter im Oberpräsidium, Paul Hoffmann, die Arbeit »wegen Beunruhigung der Öffentlichkeit« und befahl, die Möbelwagen sofort wieder zu entladen. Resignierend schrieb Rohde zehn Tage später in einem Brief an Geheimrat Heinrich Zimmermann vom Kaiser-Friedrich-Museum in Berlin: »... die Frage der etwaigen Räumung ... steht für uns aber noch nicht zur Diskussion und darf noch nicht erörtert werden.« Trotzdem konnte der Königsberger Museumsdirektor seinen Berliner Kollegen, von dem er mehrere Leihgaben in seiner Sammlung hatte, beruhigen: »[Die] Luftsicherheit ...[ist] sicher besser ... als im Westen, zumal wir Terrorangriffe kaum zu erwarten haben und die russischen Luftangriffe sehr milde sind.« Rohde sollte sich mit seiner optimistischen Einschätzung geirrt haben.

Keine vier Wochen nach dem Brief, in der Nacht vom 26. auf den 27. August 1944 nahmen 175 Lancaster-Bomber der Royal Air Force Kurs auf Königsberg. Der Angriff traf vor allem den Vorort Maraunenhof. Etwa 1000 Menschen starben, 10 000 wurden obdachlos. Verglichen mit dem Inferno, dass zwei Tage später über die Stadt hereinbrechen sollte, war dieser Angriff lediglich ein Vorspiel. Friedrich Henkensiefken befand sich in der Nacht vom 29. auf den 30. August im Schloss. Kurz zuvor war das Rundfunkprogramm unterbrochen worden – wie immer, wenn Gefahr durch Luftangriffe drohte. Henkensiefken erinnerte sich, wie er kurz darauf die ersten Markierungsleuchtbomben niedergehen sah. Atemlos stand er im Hof und musste erkennen, dass das Schloss mitten im Zentrum des Angriffs liegen würde. Während in der Innenstadt bereits die ersten Bomben explodierten, rannte Henkensiefken noch von der Schlosskirche zu den Ordensräumen und schloss die Türen auf, um die späteren Rettungsmaßnahmen für die Feuerwehrmänner zu erleichtern. Dann erst suchte auch er den Luftschutzkeller auf.

Der Schlossverwalter hatte sein Leben umsonst riskiert. »An Löschen und Retten«, so der Präsident des Oberlandesgerichts, das hier seinen Sitz hatte, »war nicht zu denken. Das Ordensschloss, das – etwas höher gelegen – die Nachbargebäude überragt, war besonders schwer mit Bomben belegt. Als die Brandwache noch während des Angriffs aus dem Luftschutzkeller herauskam, empfing sie ein Hagel von Bomben und ein Flammenmeer, so dass sie sofort zurück musste. Als sie dann etwas später weitere Versuche zur Rettung machte, stand das gesamte Schloss in hellen Flammen. Da der Dachstuhl und der ganze Innenausbau aus Holz bestand, fand das Feuer besonders gute Nahrung. Trotz der Tiefe der Keller und der Dicke der

Historische Innenstadt restlos vernichtet. Königsberg am Morgen nach dem britischen Bombenangriff, 30. 8. 1944

Mauern war in den Luftschutzräumen die Hitze so groß, dass die Brandwache sie verlassen musste und sich nach stundenlangem Umherirren durch das Flammenmeer erst retten konnte.«

In jener Nacht saß die 21 Jahre alte Studentin Liesl Amm am Fenster ihres Zimmers am Stadtrand in Kalthof. »Ich habe die Stadt brennen gesehen«, erinnerte sich die Königsbergerin später. »Eine riesige Feuersglut am Horizont, und ich habe die ganze Nacht geweint.« Am nächsten Morgen machte sie sich mit dem Fahrrad auf, um nach Verwandten und Bekannten zu sehen, die im Zentrum lebten. Die junge Frau erkannte ihre Stadt nicht wieder. 4 200 Menschen wurden vermisst, 200 000 waren obdachlos geworden. Über 40 Prozent aller Gebäude waren zerstört, die historische Innenstadt hatte der Feuersturm restlos vernichtet.

Auf ihrem Weg durch die schwelende Trümmerwüste musste Liesl Amm immer wieder absteigen und mit dem Fahrrad auf dem Rücken über den Schutt der eingestürzten Gebäude klettern. Als sie schließlich alle ihre Verwandten lebend angetroffen hatte, entschloss sie sich erleichtert, einen kurzen Abstecher zum alten Ordensschloss zu machen. Amm war gut befreundet mit Rohdes Tochter Lotti, und zwei Jahre zuvor hatte der Museumsdirektor sie persönlich durch das Bernsteinzimmer geführt. Am Schloss angekommen, sah sie Alfred Rohde in der Mitte des Hofes stehen. »Er war aschfahl«, so erinnerte sich Liesl Amm später. »Er muss wenige Minuten vor mir ins Schloss gekommen sein. Meine erste Frage war: ›Herr Rohde, und das Bernsteinzimmer?‹ Seine Antwort – »Alles hin!«.

Rohde nahm die Studentin am Arm und führte sie wortlos zu den Pack- und Arbeitsräumen im Südflügel. Liesl Amm erinnerte sich, dass es die Treppe über Schutt und Geröll hinabging und ihr ein beißender Qualm entgegenschlug. Auf dem Boden sah sie dann »eine honigähnliche Masse«, durchsetzt mit »verkohlten Holzstücken«. (Baltischer Bernstein schmilzt zwischen ungefähr 240 und 290 Grad Hitze.) Offensichtlich wusste Rohde zu diesem Zeitpunkt noch nicht, dass nur ein Teil der Wandvertäfelungen bei dem Bombenangriff zerstört worden war. Kurz darauf inspizierte er das Schloss zusammen mit dem Schlossverwalter Henkensiefken. Ein Bombentreffer hatte das Büro Rohdes und Teile der anliegenden Räume des Südflügels verwüstet. Henkensiefken erinnerte sich, dass Rohde beim An-

»Alles hin!«. Ruinen des Ordensschlosses nach dem britischen Bombenangriff

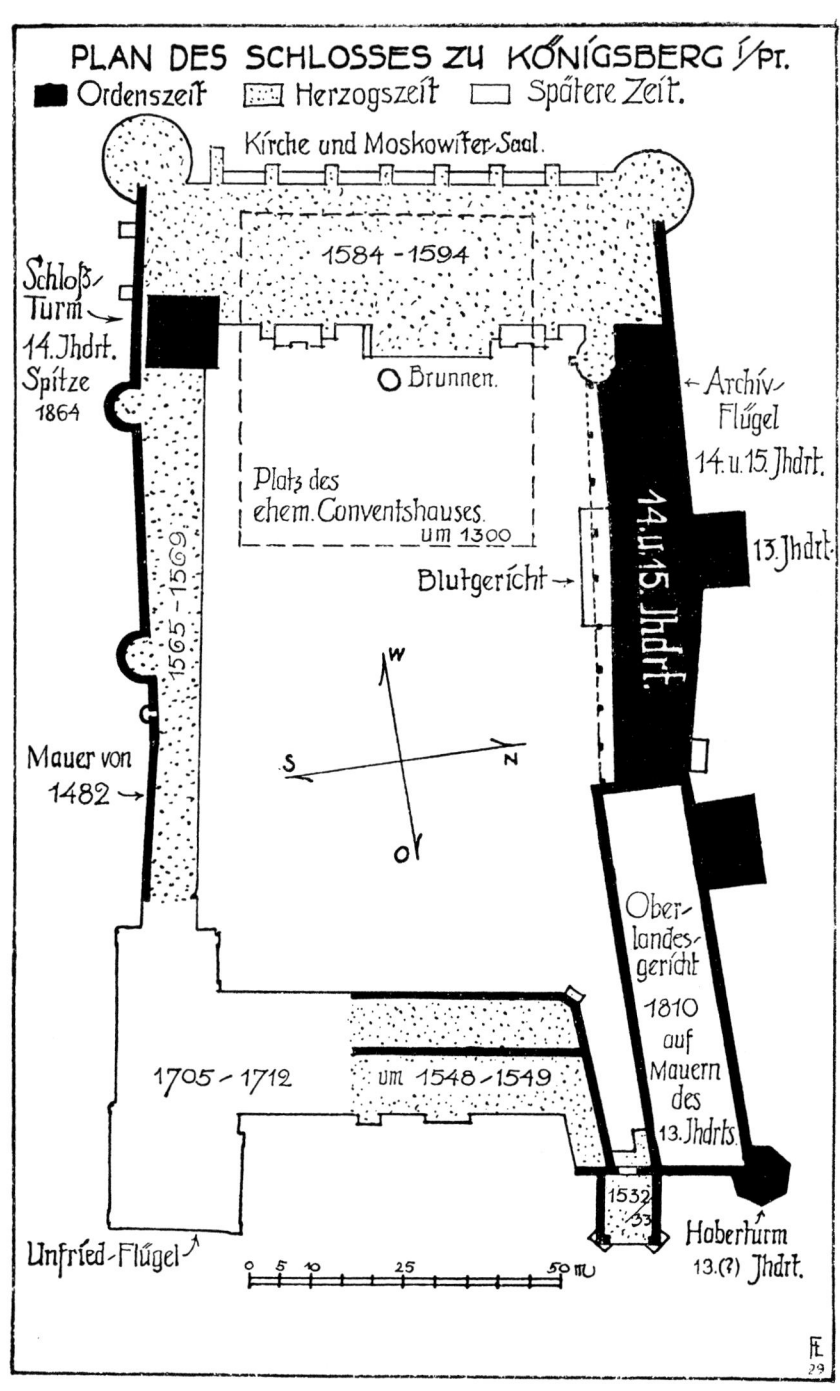

Kisten auf dem Schlosshof. Das Bernsteinzimmer wurde im September 1944 vom Südflügel in den Nordflügel verlagert

blick der verbrannten Spiegelpilaster, deren Überreste den Boden über und über bedeckten, dann erleichtert feststellte: »Na, wenigstens das Bernsteinzimmer ist geblieben.«

Zwei Tage nach dem Luftangriff ließ der Direktor die Kisten mit dem Bernsteinzimmer aus dem teilweise zerstörten Südflügel in den Hof bringen. Da sie nah am Ausgang gestanden hatten, drohten sie bei Regen feucht zu werden – Gift für die hölzernen Platten, auf denen der Bernstein aufgeleimt war. Die Kisten auf dem Schlosshof sah damals der mit dem Museumsdirektor bekannte Kunsthistoriker Dr. Gerhard Strauss. »Rohde«, so Strauss 1950 in einem internen Bericht, »erwog gerade … die Unterbringung [des Bernsteinzimmers] an einem anderen Ort. Vorgesehen wurden gewölbte Räume im Nordteil des Schlosses.« Strauss meinte damit die so genannten Ordensräume im ersten Stock des Nordflügels, dem ältesten Gebäude des Schlossgevierts aus dem 14. und 15. Jahrhundert, das als eines der wenigen den Feuersturm halbwegs unversehrt überstanden hatte. Das war vermutlich eine rein provisorische Maßnahme, um das Bernsteinzimmer zunächst vor den Einflüssen der Witterung zu bewahren.

Am 2. September 1944 bestätigte Rohde dann auch offiziell in einem Brief nach Berlin, »dass das Bernsteinzimmer bis auf sechs Sockelplatten unversehrt geblieben ist«. Offensichtlich waren nur jene Teile verbrannt oder durch die große Hitze zerstört worden, die in der Nähe zum Eingang des ersten Raums im Erdgeschoss des Südflügels lagen. Die Spiegelpilaster zählten für Rohde ohnehin nicht zum eigentlichen Bernsteinzimmer; ob allerdings mit »6 Sockelplatten« nur kleine Sockelstücke gemeint waren oder aber sechs der acht aufwendig gestalteten unteren Paneele der großen Wandfelder mit dem preußischen Adler und den Initialen Friedrichs I., lässt sich nicht mehr feststellen. Nicht nur Teile des Bernsteinzimmers waren ein Raub der Flammen geworden, auch die Kunstschätze aus den Zarenschlössern, darunter das erotische Kabinett Katharinas der Großen, wurden während des Bombenangriffs unwiederbringlich zerstört; ebenso Gemälde, Möbel, Porzellane und Fayencen aus verschiedenen Minsker Museen, die wahrscheinlich im Sommer 1942 nach Königsberg gebracht worden waren. Schließlich beklagte Rohde den Verlust mehrerer Bilder, die von Staatssekretär Dr. Kajetan Mühlmann hierher geschickt worden waren.

Höchstwahrscheinlich hatte der ehemalige »Sonderbeauftragte« Görings für Kunstraub in Polen die Gemälde, darunter »Die Gerichtsstube eines Notars« von Pieter Bruegel dem Jüngeren, aus polnischen Museen geraubt und im Wirkungsbereich Erich Kochs zwischengelagert.

Lediglich die Städtische Kunstsammlung, so Rohde in seinem Brief vom 2. September, hatte »kein wesentliches Bild aus ihrem Besitz bisher eingebüßt«. Für den Direktor, der das Schloss seit 1929 betreut hatte, ein schwacher Trost. Sein Büro mit seinen gesamten wissenschaftlichen Unterlagen und die kunsthistorische Bibliothek waren vernichtet, ebenso die einstigen Ausstellungsräume. Rohde sah sich gezwungen, den Dienstbetrieb zusammen mit seiner Sekretärin Magdalena Rau von seiner privaten Wohnung aus in der Beekstraße 1 fortzuführen. Seine Tochter schrieb darüber später: »… der Aufbau der Kunstsammlungen war sein Lebenswerk, und es war erschütternd für uns, mit ansehen zu müssen, wie mein Vater – noch keine 60 Jahre alt – plötzlich alt wurde und sein Lebenswille verfiel. In diesen zwei Nächten war sein Lebenswerk zerstört worden, das er über alles stellte.«

Für die Kunstwerke in den drei verbliebenen Räumen des Südflügels musste noch vor Eintritt der kalten Jahreszeit ein neuer Auslagerungsort gefunden werden. Am 6. September wandte sich das Kulturamt der Stadt Königsberg deswegen an Alexander Fürst zu Dohna-Schlobitten mit der schriftlichen Bitte, in dessen Schloss für »diese Kunstwerke … etwa 2–3 Luftschutzräume … der Stadt zur Verfügung zu stellen«. Über das Wort »Kunstwerke« war in den Schreibmaschinentext mit Füller ein kleines Kreuzchen gemalt und nachträglich unter das Anschreiben angefügt: »u[nter] a[nderem] das Bernsteinzimmer«. Der 43 Jahre alte Fürst, der Ende April 1944 »wegen politischer Unzuverlässigkeit« aus dem Wehrdienst entlassen worden war, mag sich über das Ansinnen gewundert haben. Er selbst versuchte seit 1943 das wertvollste Inventar seines Schlosses, dass zu den bedeutendsten Barockanlagen Ostpreußens gehörte, auf verschlungenen Pfaden nach Westen zu verlagern, da er die kommende Katastrophe klar voraussah. Jedenfalls lehnte er kurz darauf ab, da seine Kellerräume auf Schlobitten »sehr feucht [seien], so dass sie für Aufnahme von Kunstwerken im Allgemeinen nicht in Frage kommen. Einen kleineren

Die Keller zu feucht. Schloss Schlobitten in Ostpreußen

einigermaßen trockenen Raum im Keller des Schlosses bin ich bereit zur Verfügung zu stellen. Zur Aufnahme des Bernsteinzimmers ist jedoch auch dieser Keller ungeeignet.«

Bevor noch nach neuen Unterbringungsorten in Ostpreußen gesucht werden konnte, war es wieder die militärische Lage, die den Verantwortlichen das Gesetz des Handelns diktierte. Seit Anfang Oktober hatte die deutsche Luftwaffe bei Aufklärungsflügen im Raum südlich und südwestlich von Kowno große russische Truppenmassierungen festgestellt. Alles deutete darauf hin, dass ein Großangriff gegen die ostpreußische Grenze kurz bevorstand. Die sowjetische Offensive begann am 16. Oktober um 4.00 Uhr morgens; keine zwei Tage später kämpften die Truppen der 1. Baltischen und der 3. Belorussischen Front bereits auf deutschem Boden. Überstürzt und viel zu spät begann jetzt die Räumung der grenznahen Kreise. Endlose Kolonnen von Flüchtlingstrecks verstopften die Straßen, während die deutschen Soldaten unter großen Verlusten gegen den zahlenmäßig weit überlegenen Gegner kämpften. Am 18. Oktober verkündete Hitler in seinem Hauptquartier bei Rastenburg die Bildung des

Volkssturms. Fanatisch hatte Erich Koch bereits kurz zuvor begonnen, sich eine Privatarmee aus alten Männern, Versehrten und halben Kindern zu rekrutieren – ohne Erfolg. Schon am 23. Oktober endete die Offensive wieder. Die sowjetischen Truppen eroberten bis zum 23. Oktober, als die Offensive eingestellt wurde, einen Brückenkopf von 100 Kilometern Breite und etwa 40 Kilometern Tiefe auf dem Territorium des »Deutschen Reiches«. Das schien Stalin vorerst zu genügen. In Moskau ließ er zu Ehren der 3. Weißrussischen Front 20 Artilleriesalven aus 224 Geschützen feuern.

In Königsberg begann für den Museumsdirektor Alfred Rohde eine Zeit hektischer Betriebsamkeit. Es war nur eine Frage von Wochen, bis das Gebiet an der Ostgrenze der Provinz zur Kampfzone werden würde. Vom Oberpräsidium hatte er die Genehmigung erhalten, sämtliche schützenswerten Kunstwerke aus dieser Region zu sichern. Vom 2. bis zum 11. November hielt er sich auf Schloss Rautenburg bei Tilsit auf und stellte für Gräfin Keyserlingk, die sich zu diesem Zeitpunkt bereits in Mecklenburg befand, das historische Inventar ihres Anwesens sicher. Kostbare Möbel, Steingut, Glas, antike Waffen, über 100 Bilder und eine Marmorbüste kamen größtenteils in Kisten nach Königsberg und wurden im Schloss in demselben Saal untergestellt, in dem sich auch das Bernsteinzimmer befand.

Am 13. und 14. November begleitete Rohde dann einen Transport von 78 Kisten mit geraubten Kunstwerken aus den Museen von Kiew und Charkow, die auf Befehl von Erich Koch auf der Domäne Richau bei Wehlau untergebracht worden waren. Rohde ließ diese wohl kostbarste Sammlung, die den Deutschen in den besetzten sowjetischen Gebieten überhaupt in die Hände gefallen war, in den Sälen von Schloss Wildenhoff bei den Schwerins unterstellen, wo bereits die Gemälde der Städtischen Kunstsammlungen lagerten. In Begleitung der Kunstwerke befand sich eine russische Kunsthistorikerin, Polina Kulschenko, die unter der deutschen Besetzung in Kiew die Sammlungen betreut hatte. Als die Familie Schwerin Wildenhoff im Januar 1945 verlassen musste, zog Kulschenko es vor, bei den Kunstwerken aus Kiew zu bleiben, obwohl sie wissen musste, dass sie in den Augen ihrer Landsleute als Kollaborateurin gelten würde. Ihr mutiger Einsatz für die Kunst wurde nicht belohnt; am 17. Februar brach um den Zeitpunkt der Einnahme durch sowjetische Truppen in Wildenhoff ein Feuer aus, dass das Schloss und die in ihm gelagerten Kunstwerke vernichtete. Allerdings wurden 1967 von einem Händler aus Kaliningrad (dem ehemaligen Königsberg) zwei Gemälde niederländischer Schule aus dem Kiewer Museum für Europäische und Orientalische Kunst der Galerie von Perm im Ural zum Kauf angeboten. Das spricht dafür, dass das Schloss erst nach der Einnahme durch die Soldaten der Roten Armee in Brand gesetzt wurde. Auf der anderen Seite entdeckten polnische Wissenschaftler bei einer Grabung in den Ruinen Wildenhoffs zahlreiche ausgebrannte Überreste von Ikonen und anderen Kunstgegenständen. Ob und wenn wie viel noch vor dem Brand aus Wildenhoff weggeschafft wurde, ist bislang ungeklärt.

Im selben Monat, in dem Rohde sich um die Verlagerung von Kulturgütern aus den frontnahen Gebieten in Ostpreußen bemühte, scheint auf höherer Ebene die lange Zeit hinausgezögerte Evakuierung der Kunstschätze in den Westen entschieden worden zu sein. Im November begann die Albertus-Universität mit Auslagerungen nach Volpriehausen bei Uslar, und das Prussia-Museum brachte Bestände in das Gutshaus Brock bei Demmin. Ein Mitarbeiter von Dr. Gall aus Berlin holte die preußischen Kroninsignien gleich im Handgepäck per Bahn nach Berlin zurück. Am 23. November 1944 verhandelte schließlich der Leiter des Provinzialdenkmalamtes Hellmut Friesen in Kochs Auftrag mit Regierungsdirektor Arthur Graefe in Dresden über »die Unterbringung unersetzlicher Kunstschätze von hohem Denkmalwert aus der Provinz Ostpreußen (z.B. das berühmte Bernsteinzimmer … ferner … unersetzliche Archivalien, Bücher und Ausstattungsstücke)«, wie ein Gesprächsprotokoll festhielt. Anfang Dezember wurde Alfred Rohde auf Dienstreise nach Sachsen geschickt, um die möglichen Auslagerungsorte zu inspizieren. Er besichtigte die Burg Kriebstein und das Schloss Wechselburg der Grafen Schönburg bei Rochlitz. Am 8. Dezember hielt Rohde fest, »dass die Möglichkeit bestehe, a) In der Wechselburg in der Schlosskirche den freien Raum und den großen Saal im 1. Obergeschoss sowie etwa 5 bis 6 Räume … [und] b) In der Burg Kriebstein … 4 Räume im Torbau der Burg« für die Einlagerung der Städtischen Kunstsammlung zu nutzen.

»Nach Sachsen evakuiert …«. Die Wechselburg bei Rochlitz, vorgesehener Auslagerungsort für das Bernsteinzimmer

Schon zehn Tage später, am 19. Dezember 1944, bat der für die Burg Kriebstein zuständige Oberförster Paulick um schriftliche Bestätigung, »dass Einlagerung erfolgen darf«, da »Waggons aus Königsberg (Ostpr.) angekündigt sind«. Rohde hatte mittlerweile begonnen, die im Ordensschloss verbliebenen Kunstwerke versandfertig zu machen. Am 12. Januar meldete er dem Oberbürgermeister von Königsberg, Dr. Hellmuth Will: »Ich verpacke das Bernsteinzimmer in Kisten und Verschläge. Sobald es verpackt ist, müssen diese Platten auf Anweisung des Leiters des Provinzialdenkmalamtes [Hellmut Friesen] nach Sachsen evakuiert werden, genauer gesagt, sie werden nach Wechselburg bei Rochlitz transportiert.« Die Verlagerung des Bernsteinzimmers nach Sachsen scheint Rohde widerstrebt zu haben; schon die Unterbringung der Kunstschätze aus Kiew in Schloss Wildenhoff mag nicht zufällig erfolgt sein. In Vorahnung der Niederlage hatte Rohde die Kisten mit einer russischen Aufschrift versehen, die besagte: »Achtung! Hier befinden sich große historische Werte. Öffnen nur im Beisein eines Kulturoffiziers!« Sein Brief vom 12. Januar, der mit den

Worten endete: »Da die Stadtverwaltung die Verantwortung für die Bernsteinplatten übernommen hat, bitte ich den Herrn Oberbürgermeister seine Zustimmung für diese Maßnahme zu erteilen«, wirkte eher wie eine Absicherung als eine wirklich notwendige Maßnahme.

An diesem Tag war Rohdes Sohn Wolfgang zu Besuch in Königsberg. Der junge Marinesoldat hatte einen Kurierauftrag nach Pillau für den Abstecher nach Königsberg genutzt. Er erinnerte sich Jahre danach, wie er mit seinem Vater auf dem Schlosshof inmitten der Ruinen stand. Der 52 Jahre alte Rohde musste sich auf einen Stock stützen. Schon seit längerem litt er an der Parkinson'schen Krankheit. Offensichtlich hatten die Ereignisse der vergangenen Monate seinen Zustand verschlechtert. Wolfgang Rohde schrieb später, sein Vater habe ihm bei dem Besuch erklärt, »dass er vor den Russen keine Angst zu haben brauche, da er ihnen gegenüber ein reines Gewissen habe und ihnen andererseits wichtige Hinweise über die aus Russland nach Deutschland verbrachten Kunstwerke zu geben habe«. Soweit Wolfgang Rohde sich erinnern konnte, wurde über das Bernsteinzimmer allerdings nicht gesprochen. Es war das letzte Mal, dass er seinen Vater sah.

In den frühen Morgenstunden des 13. Januar ging die 3. Weißrussische Front an der Ostgrenze Ostpreußens zum Angriff über. Mit der 1. Ukrainischen Front, die am Tag zuvor aus dem Baranow-Brückenkopf losgeschlagen hatte, und der 1. und 2. Weißrussischen Front, die am 14. Januar beiderseits von Warschau ihren Vorstoß begann, hatte von Memel bis zum Nordhang der Beskiden die gewaltigste Offensivoperation des Zweiten Weltkrieges begonnen. Keine zwei Wochen später näherten sich die ersten sowjetischen Panzerspitzen von Nordosten her den Vororten Königsbergs. Der Museumsdirektor Alfred Rohde war mitten in den Vorbereitungen zur Evakuierung des Bernsteinzimmers von der sowjetischen Offensive überrascht worden. Als es Magdalena Rau, der Sekretärin Rohdes, am 25. Januar gelang, die bedrohte Stadt zu verlassen, »lag das Bernsteinzimmer«, wie sie später schrieb, »wohlverpackt in Kisten in der Schlossruine«. Rohdes Tochter Lotti erinnerte sich nach dem Krieg, dass ihr Vater noch versucht habe, die Kisten zum Hauptbahnhof bringen zu lassen. Allerdings ohne Erfolg. Die Eisenbahnverbindungen mit dem Reichsgebiet wurden unmittelbar

Magdalena Rau, Sekretärin von Dr. Alfred Rohde

»Als ich am 25. Januar aus Königsberg rauskam,
lag das Bernsteinzimmer wohlverpackt in Kisten
in der Schlossruine. Ob sie dann noch ausgelagert
worden sind, weiss ich nicht.«
Magdalena Rau,
Brief an Gerhard Strauss, 24.3.1959

danach am 27. Januar 1945 mit dem Durchbruch der Roten Armee bei Elbing unterbrochen. Rohde selbst sagte später bei einer Vernehmung durch die Russen, er habe einfach keinen Wagen mehr bekommen, weil die Front schon nah gewesen sei.

An jenem 27. Januar brach in und um Königsberg endgültig das Chaos aus. An diesem Tag ließ Reichsverteidigungskommissar Erich Koch von seinem Stellvertreter über das Radio verkünden, die Königsberger Bevölkerung solle sich unverzüglich nach Pillau in Marsch setzen. »Der ostpreußische Bauer und seine Familie verkrallen sich in Ihre Heimatliche Erde«, hatte es bis dahin geheißen; der Räumungsbefehl vom 27. Januar 1945 aber war zu diesem Zeitpunkt ebenso unverantwortlich. In der Bevölkerung brach Panik aus, und während ringsherum die Kämpfe tobten, wälzte sich ein Strom aus Alten, Frauen und Kindern durch Schlamm und Schnee in Richtung Hafenstadt. Am 28. Januar erklärte Hitler Königsberg zur Festung, die um jeden Preis zu verteidigen war, und am Tag darauf stießen sowjetische Panzer an das westliche Haffufer zwischen Brandenburg und Maulen vor; am 30. erreichten sie oberhalb Königsbergs das Haff bei Holstein und schnitten die Stadt damit endgültig von jeder Landverbindung ab. Lediglich der gefahrvolle Weg über das gefrorene Frische Haff blieb den Flüchtlingen als letzter Ausweg aus der eingeschlossenen Stadt.

Größere Anstrengungen, das Bernsteinzimmer zu retten, waren in jenen dramatischen Tagen offensichtlich nicht weiter unternommen worden. Andere Kulturgüter schienen wichtiger, wie etwa die sterblichen Überreste des Feldmarschalls Paul von Hindenburg und seiner Frau aus dem Ehrenmal in Tanneberg bei Hohenstein, die als »nationale Reliquien« angesehen wurden und den Russen nicht in die Hände fallen sollten. Nach Rücksprache mit Hitler waren die Särge auf Befehl des Wehrkreisbefehlshabers und späteren Festungskommandanten, General der Infanterie Otto Lasch, am 20. Januar geborgen und nach Königsberg gebracht worden. Drei Tage später schleppte der leichte Kreuzer »Emden« die Sarkophage in Begleitung von Hindenburgs Sohn Oskar in tiefer Nacht durch den Seekanal nach Pillau. Von dort wurden sie schließlich auf dem Lazarettschiff »Pretoria« nach Stettin transportiert.

Mit anderer Intention aber ähnlichem Einfluss wie General Lasch hatte auch Erich Koch im Januar dafür gesorgt, dass sein privater Besitz noch aus Ostpreußen evakuiert wurde. Die Kunstsammlung des korrupten Potentaten bestand möglicherweise zum Teil aus von holländischen Juden geraubtem Eigentum und in der Ukraine beschlagnahmten Gemälden. Aber auch eher biedere Stücke wurden nach Westen gebracht, wie ein »moderner Wollbehang, abgewebt, braun- und hellgrau«, mit der Aufschrift: »Seinem Gauleiter Erich Koch das Heimwerk Samland«, ein »silbernes Zigaretten-Etui mit Landkarte von Deutschland«, ein »Biedermeier-Pappkästchen mit Perlstickerei« oder eine »Kiste mit Grammophonplatten«. Am 9. Februar wurde die Sammlung des Gauleiters durch seinen Hausverwalter im Landesmuseum von Thüringen in Weimar abgegeben. Anfang April, kurz vor der Besetzung durch die US-Truppen, wurden dann zwei Drittel der Sammlung wieder abgeholt; dieser Teil ist bis heute spurlos verschwunden. Das verbliebene Drittel beschlagnahmten die sowjetischen Besatzer 1948. Es ist ebenfalls bis heute nicht wieder aufgetaucht. Offensichtlich hatte Koch sich für die Zeit nach der Niederlage eine Art Rücklage schaffen wollen; schon bei der Einschließung von Königsberg zog er es vor, seine Amtsgeschäfte nicht aus der zur Festung erklärten Stadt, sondern vom vergleichsweise sicheren Fliegerhorst Neutief gegenüber Pillau zu führen. Zwei Eisbrecher, die »Ostpreußen« und die »Pregel«, lagen für Koch an der

Zwischenlager für Kochs »Kunstsammlung«. Das Landesmuseum von Thüringen in Weimar

Pillauer Mole abfahrbereit, damit er jederzeit die Flucht in den Westen antreten konnte.

In Ostpreußen hatten sich nach der Januaroffensive der Roten Armee drei deutsche Kessel gebildet – um Heiligenbeil am Haff, um Königsberg und im Samland. Die sowjetische Strategie zielte darauf ab, zunächst den Samlandkessel zu beseitigen. Völlig überraschend erfolgte am 19. Februar ein deutscher Angriff mitten in den Aufmarsch der Russen für ihre eigene Offensive, die für den folgenden Tag geplant war. Es gelang den deutschen Truppen, vom Samland her einen etwa zehn Kilometer breiten Streifen bis nach Königsberg freizukämpfen. Der neue Oberbefehlshaber der Dritten Weißrussischen Front, Marschall Alexander Wasilewski, legte kurz darauf einen neuen Schlachtplan fest: Erst sollte der Heiligenbeiler Kessel liquidiert werden, dann Königsberg und schließlich das Samland. Diese Entscheidung hatte der Festung zu einer letzten Atempause verholfen.

In Königsberg bemühten sich die Zurückgebliebenen unterdessen, soweit möglich, um Normalität. An der Universität wurden Vorlesungen gehalten, eine Festungszeitung erschien nach wie vor regelmäßig, der Rundfunk sendete überwiegend Unterhaltungsmusik, und in den Kinos wurde das kurz zuvor per Flieger abgeworfene Durchhalteepos »Kolberg«

gezeigt. Gleichzeitig arbeitete man fieberhaft am Ausbau von Unterständen, Stellungen und Bunkern. In den Ruinen des Ordensschlosses begannen Anfang März Umbauten unter Aufsicht des ehemaligen Leiters des Schlossbauamtes Hans Gerlach. In den verbliebenen Räumen der Schlossgaststätte »Blutgericht« sollte für die Kreisleitung ein Gefechtsstand eingerichtet werden. Gerlach erinnerte sich später an die abenteuerlichen Pläne, »zwei Fluchtwege von den Kellerräumen nach dem städtischen Kanalnetz der Altstädtischen Bergstraße und der Junkerstrasse zu bauen. Der Kreis- (oder Gau-)leitung schwebten … wohl die Warschauer Verhältnisse vor, wo sich die Aufständischen wochenlang in dem unterirdischen Kanalnetz verteidigt hatten.« Anstelle der Kreisleitung bezog Ende März schließlich der Stab des Volksturmes unter Oberlandforstmeister Wachholz mit einer kleinen Volkssturmeinheit das »Blutgericht«.

Alfred Rohde war zu diesem Zeitpunkt schon über einen Monat nicht mehr an seiner ehemaligen Wirkungsstätte gewesen. Als er im Februar zum Volkssturm einberufen werden sollte, hatte ihn ein Arzt wegen »progressiver Schüttellähmung« krank geschrieben. Rohde, so das Attest, sei »schwer leidend [und] ist gänzlich arbeitsunfähig. Die Dauer der Arbeitsunfähigkeit wird sich monatelang hinstrecken.« Gepflegt von seiner Frau, blieb Alfred Rohde bis zum Einmarsch der Russen in seiner Wohnung in der Beekstraße 1 in Königsberg.

Nach über zwei Wochen erbitterter Kämpfe fiel Heiligenbeil am 29. März 1945 in sowjetische Hände. Wie von Marschall Wasilewski geplant, formierten sich die sowjetischen Truppen jetzt zum Sturm auf Königsberg. Der Ostersonntag fiel auf den 1. April. Es herrschte sonniges, warmes Frühlingswetter. In trügerischer Ruhe unternahm die zurückgebliebene Bevölkerung der todgeweihten Stadt kleinere Ausflüge ins Grüne. Am 5. April ließ Gauleiter Koch sich ein letztes Mal in der Festung blicken. Gegen Nachmittag erschien er mit großem Gefolge auch im Schloss, um sich ein Bild von den Ausbauarbeiten zu machen. Der während dieser Inspektion anwesende Schlossbaurat Gerlach erinnerte sich, dass Koch, »von keinerlei Sachkenntnis getrübt im unverschämtesten Ton sämtliche Maßnahmen als unzureichend [erklärte]«. Am nächsten Morgen erbebte die Stadt unter den Einschlägen der russischen Artillerie. Zugleich entluden

Hans Gerlach, Schlossbaurat

»Ich persönlich, der ich in den letzten Wochen
bis zur Kapitulation täglich zur Leitung von
Bauarbeiten in den Ruinen des Schlosses anwesend
war, weiß [von einem Abtransport des Bernsteinzimmers]
nichts.«

Hans Gerlach, Brief an Magdalena Rau, 11.10.1960

hunderte Bomber aus der Luft ihre todbringende Last. Die sowjetische Offensive hatte begonnen.

Den 35 000 Soldaten der Wehrmacht, darunter 8000 Mann Volkssturm, standen drei ganze sowjetische Armeen gegenüber. An die 70 000 Zivilisten befanden sich zu diesem Zeitpunkt noch in der Stadt. Drei Tage dauerte der Todeskampf der 700 Jahre alten preußischen Stadt, dann kapitulierte der Festungskommandant, General der Infanterie Otto Lasch. Zu früh für Adolf Hitler, der ihn dafür in Abwesenheit zum Tode verurteilen ließ, zu spät für die sowjetische Armee, die bei der Erstürmung der Festung hohe Verluste hinnehmen musste. Lasch schrieb nach dem Krieg in seinen Erinnerungen: »Am ausschlaggebendsten aber war für meinen Entschluss [zu kapitulieren] die Erkenntnis, dass ich bei weiterer Kampfführung nur noch tausende meiner Soldaten und Zivilisten sinnlos würde opfern müssen. Eine solche Verantwortung konnte ich vor Gott und meinem Gewissen nicht mehr tragen. So entschloss ich mich, den Kampf einzustellen und dem Grauen ein Ende zu machen.« Welcher Sinn allerdings überhaupt darin gelegen hatte, eine Stadt voller Zivilisten im April 1945 in über drei Tage währenden Kämpfen zu verteidigen – auf diese Frage blieb Lasch eine Antwort schuldig.

Der ehemalige Schlossbaurat Hans Gerlach erlebte die letzten Stunden in Freiheit gemeinsam mit Paul Feierabend, dem ehemaligen Wirt des

»Blutgerichts« im alten Ordensschloss. »Da ich keine besondere Funktion mehr habe«, so schrieb Gerlach über den 9. April 1945 in sein Tagebuch, »sitze ich vormittags mit Feierabend, der leicht verwundet ist, im Keller zusammen. Der alte Küfer Maier versorgt uns mit einem guten Wein und holt schließlich auch noch eine der besten Flaschen des Blutgerichts hervor, eine Binger Rochusberg Trockenbeerauslese, ein wahres Gedicht! Nachmittags kommt die Nachricht, dass der Kommandant von Königsberg, General Lasch, mit der Wehrmacht kapituliert hat und in der Tat sind auch bald darauf die wenigen Wehrmachtstruppen, die in der großen Garage neben dem Nordwestturm lagen, verschwunden …

Der Volkssturm will von einer Kapitulation nichts wissen und holt die bereits gehisste weiße Flagge wieder herunter. Ein direkter Angriff auf das Schloss erfolgt nicht … Gegen 20.00 Uhr, als es schon ganz dunkel ist, gibt Wachholz die Parole aus, es könne sich jeder nach Belieben noch durchzuschlagen versuchen … Alles ist totenstill draußen. Ich ziehe mir aus meinem Koffer Zivil an, da gerüchteweise verlautet, dass die Russen mit den Volkssturmleuten als nicht reguläre Soldaten übel umgehen …

Dienstag, den 10. April gegen 1.00 Uhr früh erscheint plötzlich ein schwerbewaffneter russischer Kapitän mit mehreren Soldaten in unserem Keller und fordert zur Übergabe auf – wir sind gefangen! Die Waffen werden abgegeben, eilig packen wir unsere Rucksäcke, stolpern durch die nur hier und da durch Kerzen düster beleuchteten Räume und Trümmerberge nach oben und treten auf dem granatendurchpflügten nächtlichen Schlosshof an zum Marsch in die Gefangenschaft.«

Wiedergeburt eines Kunstwerks. Modellierte Vorlage eines schmalen Wandfeldes für die Rekonstruktion des Bernsteinzimmers

DIE SCHATZSUCHE

»Zweiundzwanzig, Höringstraße.
Noch kein Brand, doch wüst, geplündert.
Durch die Wand gedämpft – ein Stöhnen:
Lebend finde ich noch die Mutter.
Waren's viel auf der Matratze?
Kompanie? Ein Zug? Was macht es!
Tochter – Kind noch, gleich getötet.
Alles schlicht nach der Parole:
NICHTS VERGESSEN! NICHTS VERZEIHN!
BLUT FÜR BLUT! *Und Zahn für Zahn.*

Alltag in Ostpreußen, 1945. Beschrieben von dem jungen russischen Soldaten Alexander Solschenizyn in den »Ostpreußischen Nächten«, nach den Eindrücken, die er beim Einmarsch in Neidenburg gesammelt hatte. Die Besetzung der Städte und Orte durch die Rote Armee ging einher mit Plünderung, Brandschatzung und Zerstörung, mit Vergewaltigung, Misshandlung und Mord. Für diese Gräuel gab es die verschiedensten Ursachen: Rache für erlittenes Leid oder für Angehörige, die von Deutschen ermordet wurden, aber auch Siegeseuphorie, Alkohol und Abstumpfung durch einen knapp vier Jahre währenden mörderischen Krieg. Die Hasspropaganda der sowjetischen Führung verfehlte ihre Wirkung nicht und beeinflusste maßgeblich das Verhalten der Soldaten; die »Vernichtung der faschistischen Bestie in ihrer eigenen Höhle«, wie es Stalin gefordert hatte, traf vor allem unschuldige Zivilisten.

Mit der Kapitulation der Festung Königsberg am 9. April 1945 begann ein langer Leidensweg für die Zivilbevölkerung. Nach ersten wilden Ausschreitungen durch die sowjetischen Truppen wurden die Überlebenden in Kolonnen zusammengefasst und auf so genannten Propagandamärschen teilweise völlig ziellos über Land getrieben. Zurück blieben nur die sowjetischen Truppen sowie Kranke und Verwundete in den Spitälern und Lazaretten. Königsberg war eine Geisterstadt, und die Soldaten begannen jetzt mit der Plünderung und Zerstörung der Häuser. »An vielen Punkten …«, so erinnerte sich der Königsberger Arzt Professor Hans Schubert an die Situation, »sind vollständige Brandkommandos am Werk, die systematisch Haus um Haus samt Inhalt mit Benzin, Brandbomben und Flammenwerfern in Brand stecken und so ganze Straßenzüge und Wohnblocks zerstören.«

Dieses Vorgehen, das sich in nahezu allen besetzten Ortschaften und Städten wiederholte, wurde in Königsberg deutlich ideologisch untermauert. Die Stadt sei »die Wiege des verhassten Preußentums, schon äußerlich ausgedrückt durch das mächtige Ordensschloss«, argumentierte die sowjetische Propaganda, wie Gerhild Luschnat in ihrer Diplomarbeit über *Die Lage der Deutschen im Königsberger Gebiet 1945–48* anführt. Ostpreußen sei zudem aus sowjetischer Sicht seit der Zeit des deutschen Ordens bis zur Neuzeit Ausgangspunkt für Überfälle auf die östlichen Gebiete gewesen. »Deshalb«, so Luschnat, »war es das Ziel der sowjetischen Führung, Königsberg als Zentrum des Preußentums ein für allemal zu zerstören.« Letztlich fand dieser Plan seine Vollendung im Jahr 1967, als die Reste der Schlossruinen gegen den Willen großer Teile der russischen Bevölkerung des mittlerweile in Kaliningrad umbenannten Königsberg in die Luft gesprengt wurden.

Als der 59 Jahre alte Oberstleutnant Alexander Brjussow aus Moskau am 31. Mai 1945 in Königsberg eintraf, hatte die Besetzung der Stadt eine neue Phase erreicht. Tausende Zivilisten waren nach den Propagandamärschen in provisorische Internierungslager gesperrt worden. Tag und

Langer Leidensweg für die Zivilbevölkerung. Sowjetische Panzer vor dem Königsberger Schloss, Aufnahme vom April 1945

Nacht verhörten hier Offiziere des NKWD, der sowjetischen Geheimpolizei, »verdächtige« Deutsche, oft unter Anwendung von brutaler Gewalt. Die restliche Bevölkerung musste sich in den wenigen übrig gebliebenen

139

Häusern der Stadt eine Bleibe suchen; an ein geregeltes Leben war nicht mehr zu denken. Es fehlte an allem: fließendem Wasser, Strom oder Gas und vor allem Nahrungsmitteln. Der allgegenwärtige Hunger, aber auch die aus mangelnder Hygiene um sich greifenden Seuchen forderten tausende Todesopfer unter der Königsberger Zivilbevölkerung.

Brjussow, im zivilen Leben Professor für Vor- und Frühgeschichte am Historischen Museum in Moskau, war mit einem streng geheimen Spezialauftrag nach Königsberg gekommen. Er sollte in der Stadt zusammen mit Majorin Beljajewa von der Lenin-Bibliothek und Major Poscharski vom Moskauer Maly Theater »Museums- und Bibliotheksschätze suchen und aufsammeln«. Er war einer von hunderten russischen Experten der so genannten Trophäenbrigaden, die sich in diesen Tagen überall in den von der Roten Armee besetzten Gebieten Polens, Deutschlands, Österreichs, Rumäniens und der Tschechoslowakei auf der Jagd nach Kunstschätzen befanden. Formal gehörte auch das Auffinden und Rückführen von gestohlenen Kulturgütern aus der Sowjetunion zu ihren Aufgaben. In erster Linie aber waren sie gekommen, um deutsche Sammlungen und Museen zu plündern. Ursprünglich von der sowjetischen Regierung als Ersatz für zerstörte Kunstwerke gedacht, entwickelte sich das Programm zu einem Raubzug, der an Quantität und Qualität den Raubzug der Deutschen in der Sowjetunion bei weitem übertreffen sollte. Über 2,5 Millionen Kunstwerke, vom Pergamonaltar aus Berlin bis zu Raffaels Sixtinischer Madonna aus der Dresdner Gemäldegalerie, wurden in die Sowjetunion verschleppt.

Vor Brjussows Eintreffen in Königsberg hatte bereits eine Kommission der Moskauer Staatsuniversität ihre »Arbeit« aufgenommen. Schon am 25. April war in den Trümmern des Ordensschlosses ein aufsehenerregender Fund gemacht worden: Das Inventarverzeichnis der Städtischen Kunstsammlungen. Unter Nummer 200, am 5. Dezember 1941 fein säuberlich mit Tinte vermerkt – der Eingang des Bernsteinzimmers in 140 Einzelteilen! Alfred Rohde, der ehemalige Museumsdirektor, wurde ausfindig gemacht; nach seinem Verhör begannen im Südflügel Ausgrabungsarbeiten auf der Suche nach dem Bernsteinzimmer. Offensichtlich war in den wenigen unversehrten Teilen des Schlosses nach der Kapitulation noch einmal Feuer ausgebrochen, dem auch die Kisten mit dem Bernsteinzimmer zum Opfer

Gustav Adolf Richter, 1945 im besetzten Königsberg

»[Rohde] sagte mir, die Städtische Kunstsammlung sei
auf einem Gut in der Provinz ausgelagert gewesen,
und dann fügte er so ganz beiläufig hinzu: ›Also, die
Königsberger Kunstschätze sind samt und sonders
vernichtet ebenso wie das berühmte Bernsteinzimmer.‹«
Gustav Adolf Richter, Interview, März 1990

gefallen sein müssen. Wie Rohde darüber dachte, erfuhr ein Mitarbeiter der
evangelischen Kirchenverwaltung in Königsberg: Gustav Adolf Richter traf
den ehemaligen Museumsdirektor im Staatsarchiv und fragte ihn nach dem
Schicksal der Städtischen Kunstsammlungen, wobei er sich besonders für
die Bilder von Lovis Corinth interessierte. Rohde antwortete ihm wahrheits-
gemäß, dass die Gemälde auf ein Gut in der Provinz ausgelagert worden
wären und dort »alles zerstört, verbrannt, vernichtet [wäre]. Und dann«, so
erinnerte sich Richter, »fügte er so ganz beiläufig hinzu: ›Also, die Königsberger Kunstschätze sind samt und sonders vernichtet, ebenso wie das
berühmte Bernsteinzimmer.‹«

Ein Tag nach seiner Ankunft stoppte Brjussow die bis dahin er-
gebnislose Arbeit im Südflügel, weil, wie der Professor aus Moskau seinem
Tagebuch anvertraute, »auf der restlichen Fläche kein ausreichender Platz
[für das Bernsteinzimmer] mehr war«. Brjussow konfrontierte Rohde mit
seiner Einschätzung, und der »widersprach [ihm] nicht lange und erklärte,
dass sich das Zimmer im Nordflügel befindet, im großen Saal zusammen
mit den Möbelstücken von Kaiserlingk«. Brjussows Misstrauen war geweckt, obwohl die Konfusion um den Süd- und Nordflügel vermutlich nur
das Resultat eines Missverständnisses war; das Bernsteinzimmer hatte sich
ja tatsächlich an beiden Orten befunden.

Auch wenn keine näheren Einzelheiten überliefert sind, so kann man davon ausgehen, dass Alfred Rohde das gleiche Schicksal widerfahren ist wie der gesamten Königsberger Zivilbevölkerung. Terror durch die sowjetischen Soldaten, Propagandamarsch, Internierung, Verhör und der allgegenwärtige Hunger werden an dem schwer kranken Rohde nicht spurlos vorübergegangen sein. »[Er] sieht greisenhaft aus«, schrieb Brjussow über den Museumsdirektor in sein Tagebuch, »seine rechte Hand zittert. Schlampig angezogen (Absicht?). Kunsthistoriker. Hat eine Reihe wissenschaftlicher Arbeiten verfasst. Alkoholiker. Nicht vertrauenserweckend. Ich werde das Gefühl nicht los, dass er mehr weiß, als er sagt, und wenn er etwas sagt, so lügt er oft.« Brjussows Einschätzung zeugt von bemerkenswerter Ignoranz gegenüber der deutschen Zivilbevölkerung, die der Willkür der sowjetischen Besatzungsmacht vollkommen wehrlos ausgesetzt war. Die Kluft zwischen den Siegern und Besiegten war auf fatale Weise von Fehleinschätzungen geprägt. Selbst die vom Naziregime wegen ihrer »Rasse« oder politischen Überzeugung Verfolgten wurden von den sowjetischen Soldaten beinahe ausnahmslos als »verhasste Deutsche« angesehen und entsprechend schlecht behandelt. Bei den Verhören des sowjetischen Geheimdienstes NKWD in den Internierungslagern entließ man häufig gerade jene Deutschen, die sofort eingestanden, Mitglied der NSDAP gewesen zu sein. Die Behauptung, der Partei nicht angehört zu haben, was auch auf Alfred Rohde zugetroffen hätte, erregte eher das Misstrauen der Vernehmer und führte in vielen Fällen zu einem verschärften Verhör. Auch Brjussow unterstellte dem total eingeschüchterten Rohde in völliger Verkennung der Lage, er habe etwas zu verbergen und versuche, ihn zu täuschen. Für den Tropäenoffizier stand fest: »Für meine Begriffe ist er [Rohde] ein eingefleischter Faschist.«

Um den 4. Juni 1945 begannen die Ausgrabungen im Ordenssaal des Nordflügels. Sie sollten Rohdes Aussage eindrucksvoll bestätigen. Brjussow hatte Major Ilja Zirlin von einer zweiten, ebenfalls Anfang Juni in Königsberg eingetroffenen Trophäenbrigade, hinzugezogen. Zirlin, im Zivilleben Doktorand am Moskauer Institut für Kunstgeschichte, hatte vor dem Krieg im Katharinenpalast in Puschkin gearbeitet und kannte, im Gegensatz zu den restlichen russischen Experten, das Bernsteinzimmer somit in

»... dass das Bernsteinzimmer nicht mehr existierte.« Tagebuch von Professor Alexander Brjussow, Eintrag vom 8. Juni 1945

natura. Schon die erste Besichtigung des Saales hatte gezeigt, dass alles, was hier gelagert war, einem heftigen Feuer zum Opfer fiel. Bei einer gründlichen Durchsuchung der »dicken Ascheschicht« auf dem Boden des Ordenssaales stießen Brjussows Leute auf Reste der Kaiserlingk'schen Möbel sowie laut Tagebuch von Brjussow auf »Türangeln aus Zarskoje Selo (in Kupfer), abgebrannte Formstuckatur vom Bernsteinzimmer, Eisenplatten mit Schrauben, an denen Teile des Zimmers an die Kistenwände befestigt waren ...«.

Worum es sich bei der »Formstuckatur« gehandelt haben mag, wird in einer offiziellen Eingabe über das Schicksal des Bernsteinzimmers an die politische Abteilung der Stadtkommandantur von Königsberg vom 12. Juni 1945 noch einmal präzisiert. Der Entwurf dieser Eingabe befindet sich ebenso wie das Tagebuch unter den persönlichen Papieren Brjussows in der Lenin-Bibliothek in Moskau. »Im genannten Gebäude [dem Ordensschloss

143

von Königsberg]«, so heißt es unter Punkt 2, »wurden bei Nachforschungen Spuren eines Brandes in Form großer Mengen von Asche und verkohlter Bretter entdeckt sowie bronzener Türangeln und einiger weniger verkohlter Teile vom Kreidegrund geschnitzter Verzierungen (zum Teil in erhaltener Form) des Bernsteinzimmers …« Da die Spiegelpilaster, die ja ebenfalls mit vergoldetem Schnitzwerk gefasst waren, der Erinnerung des Schloss-verwalters Henkensiefken nach bereits bei dem englischen Bombenangriff im August 1944 verbrannt waren, wird es sich bei den gefundenen »verkohlten Teile[n] vom Kreidegrund geschnitzter Verzierungen« vermutlich um die Fassung der Supraporten gehandelt haben. Die ursprüngliche Holzschnitzerei war verbrannt, der unbrennbare Kreidegrund blieb teilweise erhalten. Zirlin ordnete diese Überreste eindeutig dem Bernsteinzimmer zu. »Die Angelegenheit«, so schrieb Brjussow rückblickend im Jahr 1960, »schien klar zu sein: Das Bernsteinzimmer war verbrannt, und weiter nach ihm zu suchen, wäre vergebens gewesen.« Besonders bitter muss Brjussow die Erkenntnis getroffen haben, dass der Brand im Ordenssaal erst nach der Übergabe des Schlosses ausgebrochen war; ein russischer Oberst hatte die Kisten mit den Möbeln der Gräfin Kaiserlingk am 10. April noch unversehrt im Ordenssaal gesehen. Da die deutsche Besatzung noch am selben Tag in Gefangenschaft geführt wurde, konnten nur die Soldaten der Roten Armee das Feuer gelegt haben. In seinem Tagebuch hielt Brjussow fest: »Wahrscheinlich war der von unseren Soldaten entfachte Brand der Grund dafür, dass das Bernsteinzimmer nicht mehr existierte.«

Trotz der fast vollständigen Zerstörung des Ordensschlosses konnten die Trophäenbrigaden in den Ruinen immerhin noch über 1000 unversehrte Objekte aus dem Schutt bergen. Darunter Gemälde, Porzellan, Möbel, Teppiche sowie verschiedene Überreste der bei den Luftangriffen verbrannten Kunstschätze aus den Zarenschlössern und den Minsker Museen. Am 25. Juni 1945 notierte Brjussow in seinem Tagebuch: »Heute wurde der dritte Raum endlich ganz vom Schutt befreit. Es ist eine Reihe von Bildern gefunden worden; darunter eine ›Madonna‹ von Verrocchio (aus seiner Werkstatt), von Bruegel dem Jüngeren (in Teile zerbrochen) u[nd] a[nderen].« Nach Rücksprache mit Rohde hielt Brjussow später fest, dass es sich bei dem Bruegel um die »Notarkanzlei« aus Polen gehandelt habe, jenes Bild, dass Kajetan Mühlmann zur Aufbewahrung an Koch übergeben hatte.

In seltsamer Übereinstimmung findet sich ein Hinweis auf das Schicksal dieses Bruegel in den *Ostpreußischen Tagebüchern* von Hans Graf von Lehndorff. Die Aufzeichnungen aus der Zeit von 1945 bis 1947, in der Lehndorff als Arzt im besetzten Königsberg wirkte, wurden knapp 20 Jahre später mit großem Erfolg in der Bundesrepublik Deutschland veröffentlicht. Lehndorff beschreibt unter anderem, wie er durch Krankenpfleger die Ruine des Ordensschlosses beobachten ließ, um im Falle einer kurzen Abwesenheit der sowjetischen Wachen in den Trümmern des ehemaligen Verbandsplatzes nach eventuell brauchbaren Medikamenten, Mullbinden und anderen in dieser Zeit unendlich kostbaren Dingen zu suchen. Anfang Juli 1945, um fünf Uhr morgens, war es soweit: »Meine Späher erscheinen, um mir mitzuteilen, dass der Posten abgezogen sei. Sofort dringen wir ein und finden in einem großen Raum links neben dem Tor mehrere Kisten Verbandszeug und manches Brauchbare, womit wir unseren Karren mehrmals volladen können. Ein paar schwere Kisten, die mit Draht verschnürt und nach Moskau adressiert sind, müssen wir leider stehen lassen. Nur ein verpacktes Bild, das mit ›Bruegel‹ bezeichnet ist, nehmen wir als Kuriosum mit. Zu Hause entdecken wir, dass es leider aus hunderten von Holzsplittern besteht, die nicht mehr zusammenzusetzen sind.«

Ob Professor Brjussow aufgefallen war, dass der Bruegel fehlte, ist in seinen Tagebüchern nicht überliefert. Mittlerweile hatte er in der Asche auch ein Bündel Dokumente entdeckt, die teilweise die Unterschrift Rohdes trugen. Wie sich später herausstellte, handelte es sich um die gesamte Korrespondenz, die der Museumsdirektor seit dem englischen Bombenangriff geführt hatte. Darunter zahlreiche Vorgänge, die die russischen Kunstschätze und auch das Bernsteinzimmer betrafen. Rohde, der seine Amtsgeschäfte seit dem Luftangriff ja von seiner Privatwohnung aus führte, muss die in seinen Augen belastenden Papiere im Schloss deponiert haben. Als er sah, was Brjussow gefunden hatte, fragte er ängstlich: »Sagen Sie, Herr Oberst, werde ich dafür nicht bestraft?« Aber Brjussow blieb ausnahmsweise gelassen, wahrscheinlich weil der Inhalt der Papiere den vorherigen Aussagen Rohdes entsprach.

Am 12. und 13. Juli hielt Brjussow abschließend in seinem Tagebuch fest: »Die Ausgrabungen sind beendet. Alle Sachen sind in 60 Kisten verpackt. Die Hälfte ist für Moskau bestimmt.« Die andere Hälfte sollte in Königsberg verbleiben, »als Grundstein des zukünftigen Museums«. Außerdem waren ungezählte Bücher zum Versand nach Moskau ausgewählt worden sowie die größtenteils in Königsberg verbliebene Bernsteinsammlung der Albertina; lediglich über die geologische Sammlung des Instituts sollte erst nach Anfrage in Moskau entschieden werden. «Ohne einen Fachmann«, so Brjussow in einem Protokoll vom 12. Juni 1945, »kann man nicht sagen, ob diese Sammlung nicht ein Duplikat der bereits bestehenden ist.«

Von der reichen Beute erzählte Brjussow freilich nichts in einem Interview, das er vermutlich kurz vor seiner Abreise einem Vertreter der sowjetischen Nachrichtenagentur TASS gegeben hatte und das sich auch sonst nur schwerlich in Einklang mit seinen Tagebuchaufzeichnungen bringen ließ. Er gab an, dass man unter einer ein Meter hohen Trümmerschicht ein Inventarverzeichnis des Bernsteinzimmers aus Zarskoje Selo gefunden habe. Es hieß: »Die Dekorationen des Bernsteinzimmers sind noch nicht entdeckt worden, doch hat man sowohl Schätze aus Kiew, Minsk, Charkow, Dnjepropetrowsk, Puschkin etc. gefunden als auch 35 vergoldete Rahmen aus Gatschina. Im Südflügel des Schlosses wurden eine Sammlung Ikonen aus dem 15., 16., 17. und 18. Jahrhundert, das Original von Schischkins Tannenwald, ein kleiner mit Bronze verzierter Schrank aus Gatschina und andere Schätze, insgesamt etwa 2500 Gegenstände, entdeckt.« Im Gegensatz zu dieser offensichtlich propagandistisch eingefärbten Darstellung hatte sich die Stimmung Brjussows vor der Abreise verdüstert. Reibereien mit den Offizieren der anderen Trophäenbrigade über die Frage, wem welches Bild zustünde, ein grotesker Zwischenfall mit dem »Militärkommandanten der Stadt und Festung Königsberg«, der sich weigerte »25 Liter Treibstoff« zur Verfügung zu stellen, um das bis ins 16. Jahrhundert zurückreichende Familienarchiv der Schwerins aus Schloss Wildenhoff abzuholen, und der es damit der sicheren Zerstörung überließ, und schließlich die Tatsache, dass ein Truppenteil im Schloss einquartiert worden war, ließen Brjussow resignieren. »Nun ja, unsre Arbeit scheint umsonst gewesen zu sein«, schrieb er in sein Tagebuch in Sorge um die ausgegrabenen

Sowjetische Trophäenoffiziere bei der Arbeit. Über 2,5 Millionen Kunstwerke
wurden aus den besetzten Gebieten in die Sowjetunion verschleppt, Foto Frühjahr 1945

Kunstschätze. »Die Sachen werden wir zwar einpacken, aber ob sie erhalten
bleiben? Unwahrscheinlich. Die Stimmung ist bei allen gesunken. Unter
solchen Bedingungen hat es keinen Sinn mehr, länger in Ostpreußen zu
bleiben. Man muss möglichst schnell zu Ende bringen, was angefangen ist,
und dann nichts wie zurück.« Brjussow sollte recht behalten – laut Auskunft des russischen Kunsthistorikers Grigori Koslow hat keine der Kisten
Moskau jemals erreicht. Es bleibt offen, ob die Kunstwerke von einzelnen
Soldaten geplündert oder in Königsberg zurückgehalten wurden. Von den
Resten der Kunstsammlung fehlt bis heute jede Spur.

Als Brjussow Königsberg Ende Juli verließ, befand sich Rohde bereits
im Deutschen Zentralkrankenhaus, dem ehemaligen Krankenhaus der
Barmherzigkeit; er war an Ruhr erkrankt und völlig ausgezehrt. Mit Hilfe
seiner Frau, die von Zeit zu Zeit auf dem Schwarzmarkt Grütze und andere
Lebensmittel besorgte, gelang es, Rohde soweit wiederherzustellen, dass er
das Krankenhaus verlassen konnte. In einem Keller in der Kunkelstraße,
den die Rohdes mit mehreren anderen teilen mussten, vegetierte er bis zum

Winter 1945. Die Lage für die Königsberger Bevölkerung hatte sich noch mehr zugespitzt. Vereinzelt kam es jetzt sogar zu Fällen von Kannibalismus. An Typhus, Kälte und Hunger starben allein in diesem Winter 21000 Menschen. Den ehemaligen Museumsdirektor Alfred Rohde muss in diesen Monaten der Lebensmut endgültig verlassen haben. Seine Frau sorgte dafür, dass er im Ambulatorium an der Stägemannstraße, einem Art Krankenrevier, das die sowjetische Besatzungsmacht für jedes Stadtviertel eingerichtet hatte, untergebracht wurde. Die Krankenschwester Lise Bols erinnerte sich nach dem Krieg, dass Rohde sich bei der Einlieferung »in der Endphase des Hungertodes [befand]. Er war völlig apathisch, teilweise auch absolut verwirrt. Sein Verhalten ließ darauf schließen, dass der Patient sich aufgegeben hatte und selbst keinen Wert mehr darauf legte, zu überleben.«

Schon kurz nach seiner Einlieferung, um die Jahreswende 1945/56, verstarb Alfred Rohde an »Hungertyphus«, wie die Bezirkskrankenschwester Martha B. nach dem Krieg festhielt. Hungertyphus, das war die volkstümliche Umschreibung für den Tod durch Verhungern und Erschöpfung. »Zu deutsch [war Alfred Rohde]«, schrieb Martha B. 1956 in einem Brief an dessen Sohn, »den unmenschlichen Lebensumständen, mit den unschilderbaren Verhältnissen auf die Länge der Zeit, die dort abgesessen und verbracht werden musste, nicht mehr gewachsen.«

Wenige Wochen später verstarb auch Rohdes Frau. Angeblich, so erinnerte sich der Königsberger Zahnarzt Harry U., soll sie ihrem Mann freiwillig gefolgt sein. Es gab in diesem Winter so viele Tote, dass sie in Massengräbern an der Altrossgärtner Kirche beigesetzt werden mussten. Möglicherweise wurde das Ehepaar Rohde aber auch auf dem Neuen Luisenfriedhof begraben, wie eine Mitbewohnerin aus dem Keller in der Kunkelstraße nach dem Krieg zu Protokoll gab. Sicher ist nur: Kein Grabkreuz schmückt heute mehr das Grab des Ehepaares. Die Rohdes liegen namenlos in Königsberger Erde, so wie weit über 40 000 Bürger, die unter sowjetischer Besatzung bis zur Vertreibung der letzten Deutschen aus dem Gebiet im Jahr 1948 ihr Leben lassen mussten.

Im März 1946 traf erneut eine russische Kommission auf der Suche nach Kunstschätzen in Königsberg ein. Unter Leitung des Museumsreferenten der Kulturabteilung des Leningrader Stadtsowjets, Sergei Tronchinski, untersuchte Anatoli Kutschumow, der mittlerweile zum Direktor des Zentralmagazins der Palastmuseen avanciert war, noch einmal den Brandschutt in den Ruinen des Ordensschlosses. Allerdings ging es diesmal nicht um Trophäen; Kutschumow hatte sich, nachdem er im März 1944 in das befreite Puschkin zurückgekehrt war, als einer der wenigen Museumsdirektoren in der Sowjetunion auf eigene Faust auf die Suche nach verschleppten Kunstschätzen gemacht. Unter oft abenteuerlichen Umständen war es ihm gelungen, zunächst in der Umgebung von Puschkin und dann im Baltikum ganze Lastwagenladungen mit dem Inventar der Zarenschlösser aufzuspüren und zurückzuführen. Meist handelte es sich um Möbel, die zur Ausstattung deutscher Offizierskasinos oder Stabsunterkünfte beschlagnahmt worden waren und die Kutschumow jetzt in verlassenen Häusern, bei Einheimischen oder sogar im Straßengraben wiederfand. Der Museumsmann aus Puschkin stieß aber auch auf Teile von Raubgut des Einsatzstabes Reichsleiter Rosenberg und des Sonderkommandos Künsberg sowie auf sichergestellte Objekte des Grafen Solms. Der Kunstschutzoffizier hatte nach den Bombentreffern im Katharinenpalast vom Mai 1942 noch einmal versucht zu retten, was zu retten war, und Bilder, Möbel, Tapisserien und sogar Parkettfußböden aus dem gefährdeten Schloss entfernt und in Sicherheit gebracht.

Die meisten Kulturgüter und Kunstwerke befanden sich allerdings im Süden und Westen Deutschlands, wohin sie vor dem Einmarsch der Roten Armee durch Rosenbergs Einsatzstab verschleppt worden waren. So etwa auch ein zerlegtes Parkett mit Einlegearbeiten aus australischem Perlmutt, das Solms 1942 aus dem Lyoner Saal des Katharinenpalastes gerettet hatte. Auf Schloss Colmberg, einem Depot des Einsatzstabes Reichsleiter Rosenberg, wurde das Parkett neben zahlreichen anderen Kunstschätzen aus der Sowjetunion 1945 von US-Truppen geborgen und zwei Jahre später an die Sowjetunion übergeben. Der kostbare Bodenbelag wurde wie die meisten aus der amerikanischen Besatzungszone restituierten Kulturgüter in einem ehemaligen Getreidespeicher an der Spree im sowjetischen Teil Berlins zwischengelagert, wo ihn der eigens angereiste Anatoli Kutschumow 1947 entdeckte. Kutschumow konnte neben dem Parkett insgesamt

274 Kisten mit Kunstschätzen aus den Zarenschlössern Gatschina, Puschkin und Pawlowsk von Berlin nach Leningrad bringen lassen. Dass ein großer Teil dieser Kulturgüter unbeschadet den Krieg überdauert hat, ist zweifellos dem rastlosen Einsatz des Grafen Solms-Laubach zu verdanken, dessen Wirken bis heute zu Unrecht von dem der verbrecherischen Kunstrauborganisationen überschattet wird.

Auch in Königsberg suchte Kutschumow im Brandschutt des Ordensschlosses zunächst nach Überresten des Inventars der Zarenschlösser. Der Experte aus Puschkin, der über ein fotografisches Gedächtnis verfügte, entdeckte zahlreiche Fragmente von Möbeln und Interieurs aus dem Katharinenpalast. Ob Kutschumow von der ergebnislosen Suche nach dem Bernsteinzimmer bereits vor seiner Ankunft gehört hatte oder ob er erst bei seinem Eintreffen in Königsberg davon erfuhr, ist nicht bekannt; jedenfalls begann auch er 1946 die Asche auf dem Boden des Ordenssaales im Nordflügel erneut gründlich zu untersuchen. Er sollte mehr Erfolg haben als die Trophäenbrigaden vor ihm: Unter anderem stieß er auf die Marmorbüste, die Rohde für die Gräfin Kayserlingk aus Rautenburg geholt hatte. In der gewaltigen Hitze des Feuers hatte sich der Marmor in Kalk verwandelt, so dass die Büste bei der ersten Berührung zerfiel. Im Brandschutt des Ordenssaals fand Kutschumow außerdem zwischen Tür und Fenster drei völlig ausgeglühte Steinmosaikbilder aus dem Bernsteinzimmer. Er hatte das Zimmer als Kustos des Katharinenpalastes jahrelang täglich aufgesucht und erkannte sofort die typischen edelsteinbesetzten Vignetten auf den Bronzerahmen. Die Mosaiksteine selbst hatten durch die große Hitze ihre Farbe verloren und fielen bei der kleinsten Erschütterung auseinander. Für Kutschumow gab es keinen Zweifel – er hatte drei der vier Steinmosaikbilder aus dem Bernsteinzimmer entdeckt. Sie waren allerdings nicht mehr zu retten, lediglich Teile der Bronzerahmen mit den Vignetten nahm der engagierte russische Museumsdirektor später mit nach Leningrad und übergab sie der Städtischen Kulturverwaltung, wo sie seinen Angaben nach verloren gegangen sind. Kutschumow hat den Bericht über den Fund der Steinmosaikbilder in verschiedenen Protokollen, Interviews und auch in seinem Buch über das Bernsteinzimmer festgehalten. Es gibt keinen Grund, an der Glaubwürdigkeit seiner Aussagen zu zweifeln, insbesondere deshalb nicht, weil er trotz seines eindeutigen Fundes zu einem überraschenden Fazit kam: Kutschumow ging weiterhin davon aus, dass das Bernsteinzimmer noch existierte. Obwohl im Jahr zuvor an derselben Stelle bereits Scharniere, Reste vom Kreidegrund der Schnitzereien und die Metallwinkel aus den Kisten des Bernsteinzimmers gefunden worden waren und obwohl er selbst auf drei der vier Steinmosaikbilder gestoßen war, hielt Kutschumow fest: »Das ist keine ausreichend überzeugende Bestätigung, dass das Bernsteinzimmer im Feuer vernichtet wurde.« In einer Art Protokoll »zur dienstlichen Benutzung« aus dem Jahr 1950 fasste er seine Gründe zusammen:

— Nur drei der vier Steinmosaikbilder waren in der Asche gefunden worden. Wenn das gesamte Bernsteinzimmer verbrannt wäre, hätte er, so Kutschumow, auch das vierte Mosaikbild finden müssen.

— Trotz gründlicher Suche gab es außer den Splittern einer alten Flasche keine Spuren von Glas im Brandschutt. Wo, so fragte er, waren die Reste der 24 Spiegelpilaster, wo die der herzförmigen Spiegel, die in den vier schmalen Wandfeldern eingelassen waren? Außerdem vermisste er die Überreste der bronzenen Wandleuchter.

— Der Platz im Ordenssaal, an dem Kutschumow die verbrannten Steinmosaikbilder gefunden hatte, sei zu klein gewesen, um die Kisten mit den Wandtafeln aufzunehmen.

— Kutschumow hatte die drei Mosaikbilder übereinander liegend gefunden. Die ausgeglühten Flächen der aneinander gesetzten Steine waren nahezu unversehrt. Wenn die Steinmosaikbilder zusammen mit den Wandfeldern in Kisten verpackt und übereinander gestapelt gewesen wären, dann hätten sie wegen der Fallhöhe nach dem Brand nicht so unversehrt aufeinander liegen können, sondern wären auseinander gefallen.

Außerdem stützte sich Kutschumow auf die Aussagen des ehemaligen Wirtes der Schlossgaststätte »Blutgericht«, Paul Feierabend. Angeblich, so Feierabend, habe Gauleiter Koch am 5. April 1945 bei seinem letzten Besuch in der Festung »mit Dr. Rohde eine ernste Auseinandersetzung gehabt, als er das verpackte Bernsteinzimmer noch vorfand. Koch wollte für sofortigen Abtransport sorgen.« Für Kutschumow stand daher fest: Das Bernsteinzimmer wurde in den letzten Tagen vor der Kapitulation noch versteckt – im Schloss oder irgendwo in Königsberg. Lediglich die Steinmosaikbilder waren im Ordenssaal zurückgeblieben. Diese Argumentation ist aber nur auf den ersten Blick überzeugend, denn das vierte Steinmosaikbild war schließlich von einem deutschen Soldaten erbeutet worden. Kutschumow selbst hatte das – wie auch die Möglichkeit, dass Teile des Bernsteinzimmers an einem anderen Ort im Schloss untergebracht worden waren – in seinem Protokoll an anderer Stelle eingeräumt. Tatsächlich befanden sich die Spiegelpilaster im Südflügel und waren dort laut Schlossverwalter Henkensiefken 1944 beim Bombenangriff der Engländer verbrannt. Die bronzenen Leuchter sind ohnehin nicht in das Bernsteinzimmer eingebaut worden, und die herzförmigen Spiegel zerbrachen offensichtlich schon beim Transport nach Königsberg, denn eines der Fotos aus dem Königsberger Schloss zeigt deutlich eine leere Kartusche. Was die Bernsteinrahmen betrifft, so scheint Kutschumow nicht gewusst zu haben, dass sie aus der Wandvertäfelung genommen werden konnten und, gesondert verpackt, sogar relativ handliche Kisten ergaben. Dass die Steinmosaikbilder mit den verbrennenden Kisten und Bernsteinrahmen durchaus langsam in sich zusammengesunken sein konnten und damit unversehrt aufeinander zu liegen kamen, zog er ebenfalls nicht ins Kalkül. Und was Paul Feierabend angeht, so hat Kutschumow schließlich selbst in seinen Aufzeichnungen festgehalten, dass dieser die Tatsachen oft durcheinander brachte. Abgesehen davon ist zu bedenken, dass Rohde seit seiner Krankschreibung Ende Februar 1945 nicht mehr im Schloss gewesen war und sich der während des gesamten Koch-Aufenthaltes im Ordensschloss anwesende Schlossbaurat Hans Gerlach nicht daran erinnern konnte, dass das Bernsteinzimmer dabei auch nur mit einer Silbe erwähnt worden sei.

Bernstein, eine Kohlenstoffverbindung, verbrennt nahezu rückstandsfrei. Die verbleibende Menge der Asche beträgt ähnlich wie bei Holz oder Kohle weniger als einen Prozent des ursprünglichen Volumens. Alle nichtbrennbaren Teile des Bernsteinzimmers waren gefunden worden; aber ausgerechnet der Mann, der den endgültigen Beweis für die Zerstörung des Bernsteinzimmers in der Asche der Ruinen des Ordensschlosses von Königsberg entdeckt hatte, wollte einfach nicht an seinen Untergang glauben. Vielleicht empfand Kutschumow – bewusst oder unbewusst – eine Art Schuldgefühl; schließlich war er es gewesen, der die Wandvertäfelungen 1941 im Katharinenpalast zurückgelassen und sie damit dem Untergang preisgegeben hatte. Seine Zweifel jedenfalls wurden zum Auslöser für die Legende um das Bernsteinzimmer. An seinem Lebensende scheint der alte Mann das selbst gespürt zu haben: Zwei russische Kunsthistoriker, Grigori Koslow und Rifat Gafifullin, besuchten ihn kurz vor seinem Tod 1992 in Zarskoje Selo. Der mittlerweile 80 Jahre alte Museumsdirektor war zwar durch zwei Schlaganfälle halbseitig gelähmt, geistig jedoch noch hell wach. Er berichtete über seine Bemühungen, die geraubten Kunstschätze aus den Zarenschlössern wiederzufinden, und kam auch auf das Bernsteinzimmer zu sprechen. Was Kutschumow zu erzählen hatte, überraschte die beiden Kunsthistoriker. Nach so vielen Jahren der Jagd nach dem Bernsteinzimmer sei er überzeugt, dass er 1946 einen Fehler gemacht habe. Koslow wies erstaunt auf das Buch des Gesprächspartners über das Bernsteinzimmer hin, in dem dieser noch 1989 seine früheren Thesen wiederholt hatte. Inzwischen war jedoch Kutschumows Sohn verstorben, was den alten Mann tief erschüttert hatte. Der Kunsthistoriker Koslow vermutet, dass Kutschumow unter diesen Umständen mit den Legenden aufräumen wollte, an die er vielleicht selbst nie geglaubt hatte. Jedenfalls stand für den Vater des Mythos am Ende seines Lebens fest, dass das Bernsteinzimmer ein Raub der Flammen geworden ist.

Nach der Entdeckung der Steinmosaikbilder im Jahr 1946 wurden zunächst keine weiteren Anstrengungen zur Suche nach dem Bernsteinzimmer unternommen. Der nächste Anstoß sollte zwei Jahre später aus Ostberlin kommen. Eben jener Dr. Gerhard Strauss, der Alfred Rohde nach den britischen Luftangriffen Anfang September 1944 im Schlosshof in Königsberg getroffen hatte, war zum stellvertretenden Hauptabteilungsleiter im Ministerium für Volksbildung geworden. Strauss war verantwortlich für das Referat Bildende Kunst, Kunsthochschulen, Kunstwissenschaft, Museen und Denkmalpflege. Der Kunsthistoriker hatte sich schon während der NS-Zeit in Königsberg im kommunistischen Widerstand engagiert. Bei seiner Gefangennahme durch die Rote Armee im Juni 1945 machte er zum ersten Mal ausführliche Meldung über alles, was ihm zum Schicksal verschleppter sowjetischer Kunstwerke bekannt war. Dabei erwähnte er auch das Bernsteinzimmer, das nach Strauss' Einschätzung aus Königsberg evakuiert worden war. Wie seinen Aufzeichnungen zu entnehmen ist, machte er nach seiner Freilassung »erneute Mitteilung über Verlagerung von Kulturgut aus Königsberg … Anfang Oktober 1945 beim damaligen Z[entral]K[omitee] der KPD [in Ostberlin] und bald darauf 1946 an Major Poltawzew [von der Sowjetischen Militärverwaltung]«. Im Herbst 1948 bot sich Strauss erneut die Möglichkeit, sein Wissen an den Mann zu bringen.

Die Kunsthistorikerin Xenia Agafonowa aus Leningrad hatte im September 1948 im Auftrag der sowjetischen Militärverwaltung die Reste der Sammlung von Exgauleiter Erich Koch in Weimar gesichtet und für den Versand nach Russland vorbereitet. Anlässlich ihres Aufenthaltes traf sie in Berlin auch mit Gerhard Strauss zusammen. Zurückgekehrt nach Leningrad informierte die Kunsthistorikerin Kutschumow über das Treffen. Obwohl Aufzeichnungen und Protokolle von Strauss zeigen, dass sein Angebot, bei der Auffindung nach verschleppten sowjetischen Kunstschätzen und im Speziellen bei der Suche nach dem Bernsteinzimmer behilflich zu sein, keineswegs spekulativ, sondern durchaus sachlich in der Form und ernst in der Absicht war, hatte er offensichtlich falsche Hoffnungen geweckt. Möglicherweise hatte die Agafonowa ihn auch nur missverstanden. Kutschumow ging jedenfalls davon aus, dass dem Kunsthistoriker aus Berlin »die Lage des Bernsteinzimmers bekannt [sei]«. Das war Grund genug, Strauss umgehend bei der sowjetischen Militärverwaltung in Berlin anzufordern. Am 7. Dezember 1949 wurde er in einer sowjetischen Militärmaschine nach Kaliningrad, ehemals Königsberg, gebracht. Unter Leitung des örtlichen Parteisekretärs, Wenjamin Krolewski, hielten sich 100 sowjetische Soldaten und Feuerwehrmänner für ihren Einsatz bereit: Generatoren, Pumpen und weitere Ausrüstung waren für die Suche nach dem Bernsteinzimmer herbeigeschafft worden.

Strauss war erschrocken über den Aufwand. In einem Bericht über seine Reise hielt er später fest: »In den Verhandlungen mit [Kutschumow] stellte sich heraus, dass das in sowjetischen Händen befindliche Material über meine Kenntnisse weit hinausging. Im Hinblick auf die ungünstige

»**Zufällige Grabungen können nicht mehr als Versuche sein.**« Die Ruine des alten
Ordensschlosses, Kaliningrad, Aufnahme um 1950

Jahreszeit und auch auf Widersprüche im Material schlug ich vor, die
praktische Sucharbeit nicht zu beginnen ...« Doch die Mitglieder der
sowjetischen Kommission wollten offensichtlich nicht von ihrem Vorhaben
ablassen. Am Tag nach Strauss' Ankunft begannen umfangreiche Grabungen im Schloss. Konsterniert nutzte er die Zeit und fertigte ausführliche handschriftliche Aufzeichnungen über die Kulturgeschichte Königsbergs und einen Exkurs über die ostpreußische Arbeiterbewegung an, weil
ihm aufgefallen war, dass die neuen Bewohner so gut wie keine Kenntnisse
über die Vergangenheit ihrer Region hatten. Strauss ließ sich auch dann
nicht von dem Enthusiasmus seiner Gastgeber anstecken, als im Torweg des
Schlosses einige Bernsteinsplitter gefunden wurden; sie waren so klein, dass
es unmöglich war, etwas über ihre Herkunft zu sagen. Nach fünf Tagen
hatte er genug und bat schriftlich darum, seiner »umgehenden Rückreise
nach Berlin zuzustimmen«. Strauss begründete seinen Entschluss damit,
dass seine Kenntnisse erschöpft seien und schrieb: »Ich halte meinen

weiteren Aufenthalt in Kaliningrad nicht für produktiv.« Etwas spitz merkte er an anderer Stelle an: »Zufällige Grabungen können nicht mehr als Versuche sein.«

Strauss' Gesuch wurde abgelehnt. Verärgert bescheinigte man ihm von russischer Seite schriftlich »schlechte Arbeitsmoral«. Außerdem, so hieß es in dem Schreiben enttäuscht, habe er keine konkreten Angaben geliefert. Argwöhnisch hielt Kutschumow später fest, dass Strauss wie auch Rohde die Aufmerksamkeit der Kommission vom Südflügel des Schlosses auf jede Weise abgelenkt hätten und Strauss überhaupt gegen die Durchführung der Ausgrabung und anderer Arbeiten war. Dessen Anregung, man müsse bei der Suche systematischer vorgehen, interpretierte Kutschumow offensichtlich als den Versuch, etwas vor den Russen zu verbergen. Es ist bezeichnend, dass selbst einem überzeugten Kommunisten wie Strauss, der ja von sich aus angeboten hatte, die Suche nach dem Bernsteinzimmer zu unterstützen, ein solches Misstrauen entgegengebracht wurde. Diese Einstellung auf sowjetischer Seite hat der Legende vom angeblich versteckten Bernsteinzimmer von Anfang an Vorschub geleistet.

Erst am 6. Januar durfte Strauss wieder nach Berlin zurückfliegen – mit dem Auftrag, nach seiner Rückkehr Nachforschungen über den Verbleib des Bernsteinzimmers zu betreiben. Tatsächlich bemühte sich Strauss mit Genehmigung seines Dienstherren, des Ministers für Volksbildung Paul Wandel, in den kommenden Jahren intensiv darum, Fakten zum Schicksal des Bernsteinzimmers zu sammeln. Sein Aufenthalt in Kaliningrad hatte ihn in der Annahme bestärkt, die Kisten mit der Wandvertäfelung seien noch in den Westen geschickt worden. Offensichtlich war ihm die Korrespondenz von Rohde gezeigt worden, in der die Verlagerung des Kunstwerks nach Wechselburg bei Rochlitz angesprochen wurde. Jedenfalls konzentrierte Strauss sich fortan auf das »Gebiet Chemnitz/Plauen als möglichen Verlagerungsort«. Damit hatte er gleichsam den Virus des Bernsteinzimmers in die DDR getragen.

Die Kommission in Kaliningrad konnte den Ausfall von Gerhard Strauss gut verschmerzen. Am 23. Dezember 1945 war ein neuer Gast eingetroffen, der kurzfristig nach Kaliningrad beordert worden war: Alexander Brjussow vom Historischen Museum in Moskau. Der ehemalige Offizier

Alexander Brjussow, Professor am Historischen Museum, Moskau

»Die Angelegenheit schien klar zu sein: Das Bernsteinzimmer war verbrannt, und weiter nach ihm zu suchen, wäre vergebens gewesen. In diesem Sinne haben wir ein Protokoll verfasst und es an die politische Abteilung der Stadtkommandantur übergeben.«
Alexander Brjussow, Aufzeichnungen, 1960

der Trophäenbrigade, der vier Jahre zuvor auf die Reste des verbrannten Bernsteinzimmers im Ordenssaal des Königsberger Schlosses gestoßen war, hatte erstaunlicherweise eine 180-Grad-Wendung vollzogen. In seinem Bericht über die Dienstreise hielt Brjussow fest: »Ich gehe davon aus, dass das Bernsteinzimmer nicht zerstört worden ist, [weil]:

a) im Gegensatz zu A. Rohdes Behauptung (dass [die Wandvertäfelungen] im Ordenssaal untergebracht waren und dort verbrannt sind) dort keine Einzelteile aus Bronze gefunden wurden.
b) die anderen Mitarbeiter des Museums (Feierabend, Friedrich) nichts davon wussten, dass [das Bernsteinzimmer] verbrannt sei. Das wäre wenig glaubhaft, wenn A. Rohde Recht gehabt hätte.
c) nach der Aussage von Herrn [Gerhard] Strauss … A. Rohde erklärt hat, das Bernsteinzimmer sei nicht zerstört.«

Brjussow erinnerte sich jetzt an ein Detail aus seinem Aufenthalt in Königsberg im Sommer 1945. Alfred Rohde hatte ihn und seine Begleiter zu einem Luftschutzkeller am Steindamm geführt, zu dem er einen seit längerem verloren geglaubten Schlüssel wiedergefunden hatte. Möglicherweise handelte es sich hierbei um den Tiefkeller der Stadtbank, in dem Rohde verschiedene Kunstwerke untergebracht hatte. Der Schlüssel wurde nicht mehr gebraucht; die Stahltüren waren längst aufgebrochen. Auf dem Boden lagen verstreut noch einzelne Ausstellungsstücke. »Da wir das Bernsteinzimmer damals nicht mehr suchten, in der Annahme, dass es verbrannt ist«, so Brjussow in seinem Protokoll, »haben wir nicht darauf geachtet, ob es in diesem Luftschutzkeller noch weitere Räume gibt, außer denen, die uns Rohde zeigte.« Brjussow hielt es für möglich, dass in diesen Gemäuern auch das Bernsteinzimmer versteckt worden war, allerdings konnte er sich während des Aufenthaltes in Kaliningrad 1949 nicht mehr genau daran erinnern, wo sich diese Schutzräume befunden hatten.

Konkrete Anhaltspunkte für seine Eingebung hatte Brjussow freilich nicht. Seine Argumentation ist ein treffendes Beispiel dafür, wie schnell sich in Zusammenhang mit dem Bernsteinzimmer Fakten mit falschen oder falsch verstandenen Aussagen vermischen und zu einer scheinbar schlüssigen These formen. Selbst Kutschumow hatte eingeräumt, dass die bronzenen Leuchter, so wie es ja auch den Tatsachen entsprach, an einem anderen Ort hätten lagern können. Die erwähnten Zeugen Feierabend und Friedrich waren keine Mitarbeiter des Museums, und die zitierte Aussage von Strauss bezog sich eindeutig auf das Zusammentreffen mit Rohde nach dem englischen Bombenangriff Anfang September 1944 und hatte somit keinerlei Bedeutung für das spätere Schicksal des Bernsteinzimmers.

Nicht nur die kaum haltbare Argumentationskette Alexander Brjussows legt nahe, dass der Sinneswandel des Abteilungsleiters im Historischen Museums von Moskau sich möglicherweise nicht von selbst eingestellt hatte. In seinen Erinnerungen ist von dem Besuch einer Mitarbeiterin des Katharinenpalast-Museums aus Puschkin kurz nach seiner Rückkehr aus Königsberg 1945 zu lesen, die aus der Zeitung vom Bernsteinzimmer erfahren hatte und nun nähere Einzelheiten wissen wollte. Er habe die Dame aufgeklärt, so Brjussow in seinen Aufzeichnungen, worauf sie ihm empört vorgeworfen hätte, »dass das Bernsteinzimmer im Ordensraum nicht vollständig verbrannt sein könnte. Die Wände dieses Zimmers hatten bronzene Spiegel, die auch nach einem Brand übrig geblieben wären.«

»Was hätte ich ihr darauf antworten können?«, fragte sich Brjussow. »Doch nur, dass wir uns vollständig auf Zirlin verlassen hatten, der als Einziger von uns je das Bernsteinzimmer gesehen hatte. Und da kam mir dann der Gedanke von dem Bunker wieder. Könnte das Bernsteinzimmer nicht in dem Bunker gewesen sein, in dem Raum, von dem A. Rohde den Schlüssel besaß? Wir hatten ja nicht den gesamten Bunker untersucht. Hatte A. Rohde nur die Möglichkeit genutzt, mit uns in den Bunker zu gehen, um zu überprüfen, ob das Bernsteinzimmer noch da sei? Hatte er sich etwa aus diesem Grund für einige Zeit von uns entfernt, was uns damals gar nicht aufgefallen war? Doch jetzt war es zu spät, darüber zu trauern, dass wir damals nicht daran gedacht hatten. Möglicherweise befanden wir uns kurz vor der Entdeckung der Geheimkammer, in der das Bernsteinzimmer aufbewahrt wurde, ohne daraus einen Nutzen gezogen zu haben.«

Die beiden Kunsthistoriker Konstantin Akinscha und Grigori Koslow deuten in ihrem 1995 erschienenen Buch *Beutekunst* eine andere Erklärung für den Sinneswandel Brjussows an, ohne dies allerdings im Einzelnen zu belegen. Laut Akinscha und Koslow sei Professor Brjussow vom MGB, dem Ministerium für Staatssicherheit, wegen »krimineller Nachlässigkeit angeklagt [worden], weil er Rohde vertraut hatte und sich von ihm hatte austricksen lassen. Nach entsprechender Behandlung durch die Schergen des MGB kehrte er nach Moskau zurück, wo er einen Herzanfall erlitt.« Ein weniger spektakuläres Detail aus Brjussows Erinnerungen spricht zumindest dafür, dass er selbst nicht recht von seiner neuen Version überzeugt gewesen sein kann. In dem 1960 geschriebenen Papier fügte er nämlich der Version vom Bunker am Steindamm noch eine weitere hinzu, die er während seiner Dienstreise nach Kaliningrad nicht einmal erwähnt hatte: Angeblich habe Rohde seinerzeit in Königsberg eines Tages behauptet, die Kisten mit den Wandvertäfelungen seien doch an einen unbekannten Ort evakuiert worden. Polina Kulschenko, die die Kunstschätze aus Kiew bis nach Schloss Wildenhoff begleitet hatte, habe laut Rohde das Bernsteinzimmer »mitgenommen«. Ohne sich festzulegen, habe der ehemalige Museumsdirektor empfohlen, Wildenhoff genauer zu untersuchen.

Das war von Brjussow frei erfunden. Tatsächlich hatte Alfred Rohde im Juni 1945 über Schloss Wildenhoff gesprochen, allerdings in anderem Zusammenhang, wie ein erhaltenes Protokoll vom 12. Juni 1945 belegt: Es ging nicht um das Bernsteinzimmer, sondern um »ungefähr 200 Bilder [der

Städtischen Kunstsammlungen] und 98 Kisten aus der Sammlung des Kiewer Museums, [die] von den Deutschen … nach Schloss Wildenhoff … ausgelagert worden waren«.

Die dritte Suchexpedition auf dem Gebiet des einstigen Königsberg wurde im Januar 1950 ohne jeden Erfolg abgebrochen. Lediglich Parteisekretär Krolewski fuhr fort, von Zeit zu Zeit in den alten Bunkern, Forts und Ruinen der Stadt zu graben, während seine Baukommandos einen um den anderen Wohnblock in den Himmel wachsen ließen und damit das Aussehen der 700 Jahre alten deutschen Stadt langsam aber sicher in das einer sowjetischen Metropole verwandelten. Außer für die wenigen Beteiligten sollte das Bernsteinzimmer in den folgenden acht Jahren keine Rolle mehr spielen, schon gar nicht für die Öffentlichkeit. Noch waren die Wandvertäfelungen kein Thema für die Presse, die Schlagzeilen wurden von anderen Ereignissen beherrscht – im März 1953 starb Stalin, an die Spitze der Sowjetunion folgte ihm Nikita Chruschtschow. Der Beginn seiner Amtszeit brachte Tauwetter in die Amtsstuben des Kreml, auch in Bezug auf die offizielle Haltung zu den Millionen »Trophäen« aus Deutschland, die unter strenger Geheimhaltung in besonderen Depots lagerten. Mit großem propagandistischem Wirbel wurden Ende 1955 etwa 750 Gemälde der Dresdner Gemäldegalerie aus der Sowjetunion an die DDR zurückgegeben, darunter die berühmte Sixtinische Madonna.

In grotesker Verdrehung der Tatsachen münzten die sowjetischen Machthaber den Raub der Bilder zur Rettungsaktion um. Angeblich hätten die Deutschen vorgehabt, die Bilder in den feuchten Stollen und Kellern der Auslagerungsorte verrotten zu lassen, schlimmstenfalls hätten die Kunstwerke sogar in die Luft gejagt werden sollen. Nur dem »heldenhaften Einsatz« der Trophäenoffiziere sei ihre Rettung zu verdanken. Verärgert bemerkte ein Kustos des Puschkin-Museums in Moskau: »Das war eine eklatante Lüge, doch die Funktionäre fanden sie nützlich, und sogar die Deutschen waren davon hypnotisiert. Schostakowitsch schrieb sogar eine Kantate über die ›Rettung‹ der Dresdner Galerie … Aber das war Lüge, nackte Lüge.« Zwei Jahre später ordnete Chruschtschow die Rückgabe der restlichen Beutekunst an. Offensichtlich ging es ihm darum, sich der Gefolgschaft des Vasallenstaates nach der blutigen Niederschlagung des

Aufstandes in Ungarn im Oktober 1956 zu versichern. Schon die Rückgabe der Dresdner Kunstwerke hatte den Unwillen vieler Museumsmitarbeiter in der Sowjetunion hervorgerufen. Sie sahen die beschlagnahmten Schätze aus Deutschland als legitimen Ersatz für die eigenen Verluste. Vor der zweiten Rückgabewelle regte sich jetzt offener Protest: Wenn überhaupt, dann sollte die Rückgabe auf der Basis eines Austausches vonstatten gehen – geraubtes Kulturgut aus der Sowjetunion, das sich in ostdeutschen Depots befand, gegen deutsches in den sowjetischen Depots. Am 19. Oktober 1957 erfolgte über die Botschaft der DDR eine offizielle Reaktion auf diesen Vorschlag. Es hieß: »Trotz umfangreicher Nachforschungen im Rahmen staatlicher Untersuchungen mussten wir feststellen, dass sich Kulturgüter der UdSSR nicht mehr in der Deutschen demokratischen Republik befinden.«

Die Antwort kam für die meisten sowjetischen Kunstexperten völlig überraschend. Kaum einer von ihnen hatte gewusst, dass alle von der US-Armee in den Depots der Nazis sichergestellten Kunstschätze sowjetischen Ursprungs zurückgegeben worden waren, ausgenommen jüdisches Eigentum und Kulturgüter aus den von der Sowjetunion 1939 annektierten baltischen Staaten sowie der Besitz russischer Emigranten. Insgesamt wurden zwischen 1945 und 1948 auf 13 Transporten 534 120 Objekte ausgeliefert, darunter das Parkett aus dem Lyoner Saal des Katharinenpalastes und auch der Neptunbrunnen aus Nürnberg. Ebenso mangelte es an präzisen Informationen über die beim Vormarsch durch die Rote Armee sichergestellten Kunstschätze aus der Sowjetunion. Über die Plünderung deutscher Kunstwerke war die Suche nach den eigenen Kulturgütern in den Hintergrund getreten. Nur vereinzelt hatten Museumsmitarbeiter wie etwa Anatoli Kutschumow eine systematische Suche unternommen. Die Konsequenz dieser mangelhaften Informationspolitik war ein weiterer Mythos, »demzufolge Hunderttausende von erbeuteten sowjetischen Meisterwerken in Deutschland versteckt seien«, wie die Kunsthistoriker Akinscha und Koslow in ihrer Arbeit über Beutekunst nachgewiesen haben. Paradoxerweise warfen die Sowjets den Deutschen damit etwas vor, was sie selbst praktizierten. Diese fast schon paranoide Vorstellung allgegenwärtiger Geheimdepots war eine wichtige Vorraussetzung für die Legende vom Verbleib des Bernsteinzimmers; denn tatsächlich waren alle Kunstwerke – ganz gleich ob sie aus deutschen Sammlungen stammten oder aus der Sowjetunion verschleppt wurden – bis zum Kriegsende nur umgelagert, aber keinesfalls versteckt worden.

Chruschtschow befahl trotz aller Proteste am 13. Mai 1958 die Rückgabe von 1 569 176 »Trophäen« an die DDR, darunter der Pergamonaltar und die Nofretete. Über eine Million Kunstwerke, zumeist aus Sammlungen in Westdeutschland und anderen Ländern, blieben zurück und befinden sich bis heute in der Sowjetunion. In dieser aufgeheizten Atmosphäre erschien in der *Kaliningradskaja Prawda* vom 6. Juli 1958 die erste Folge einer vierteiligen Serie unter dem Titel »Auf der Suche nach dem Bernsteinzimmer«. Es war die erste ausführliche Geschichte über das Schicksal der Wandvertäfelungen seit 1945, wenn man so will, der Urknall des Mythos.

Der Autor, ein gewisser Wenjamin Dimitrijew, hatte die Fakten und Fehlinterpretationen der vergangenen Jahre mit frei erfundenen Elementen eines Kriminalromans vermischt. Der Tenor des Artikels lief darauf hinaus, dass das Bernsteinzimmer von finsteren Mächten versteckt worden sei. Die Handlung spielte unter anderem im Sommer 1945 in Königsberg und gipfelte in einem dramatischen Show-down zwischen Alfred Rohde und Alexander Brjussow, den der Autor vorsichtshalber Barssow nannte. Angeblich habe Barssow den ehemaligen Königsberger Museumsdirektor beim Verbrennen von verschiedenen Dokumenten in den Ruinen des Schlosses ertappt. Kurz darauf seien Rohde und seine Frau dann verstorben. Dimitrijew schlussfolgerte, sie hätten sich vergiftet! Erst nach dem mysteriösen Tod des ehemaligen Museumsdirektors habe Barssow aus den sichergestellten Dokumenten erfahren, dass sich das Bernsteinzimmer in Königsberg befunden hatte. Der Professor aus Moskau machte sich schwere Vorwürfe: War Rohde ermordet worden, bevor er ihm das Geheimnis des Bernsteinzimmers hätte anvertrauen können?

Die Serie erschien Anfang 1959 in deutscher Übersetzung auch in der *Freien Welt*, einer DDR-Zeitschrift der Gesellschaft für Deutsch-Sowjetische Freundschaft. Offensichtlich stand die Veröffentlichung im Zusammenhang mit der kurz zuvor erfolgten Rückgabe der Kunstschätze aus

162

der Sowjetunion. »Als die Kunstexperten der Deutschen Demokratischen Republik«, so stand es im Vorwort zu Dimitrijews Artikel, »jüngst wieder eine fast unübersehbare Menge vor der Vernichtung bewahrter deutscher Kunstschätze entgegennahmen, beschlich manchen von ihnen neben der Freude über das Wiedergewonnene ein Gefühl heimlicher Scham. Sorgsam restauriert und fachkundig gepflegt übergaben die sowjetischen Behörden dem deutschen Volk unersetzliche Kulturwerte, die von sowjetischen Soldaten und Spezialisten vielfach unter Lebensgefahr gerettet wurden. Wir stehen dem praktisch mit leeren Händen gegenüber. Noch längst sind nicht alle vom Faschismus aus der Sowjetunion geraubten Kunstschätze dorthin zurückgekehrt. Das Schicksal vieler ist ungeklärt. Wurde aber im Bereich unserer Möglichkeiten wirklich alles getan, hier jede Spur bis ins letzte zu verfolgen?«

Die *Freie Welt* lieferte die Antwort gleich mit; der Artikel Dimitrijews zeigte am Rand einen breiten Balken, in dem in fetten Lettern dazu aufgerufen wurde, Hinweise auf den Verbleib des Bernsteinzimmers zu geben. Die Idee, mittels Medien nach Zeugen zu suchen, hatte offensichtlich Karl-Heinz Wegener, Chefredakteur der *Freien Welt*. Allerdings kamen die gesammelten Informationen jemand ganz anderem zugute. Die Leserbriefe wurden umgehend nach Kaliningrad weitergeleitet. Adressat war der Leiter der Kaliningrader Kommission zur Auffindung des Bernsteinzimmers, Parteisekretär Wenjamin Krolewski, der hinter dem Ganzen stand und die Serie in der *Kalingradskaja Prawda* unter dem Pseudonym »Dimitrijew« höchstpersönlich verfasst hatte.

Eines der zahlreichen Anschreiben erregte besondere Aufmerksamkeit: Der 23 Jahre alte gebürtige Königsberger Rudi Wyst aus Elsterberg bei Plauen in Sachsen behauptete, sein Vater habe ein SS-Kommando angeführt, das den Auftrag hatte, das Bernsteinzimmer zu verstecken. Wyst wurde umgehend nach Kaliningrad eingeladen. Hier tischte er den Mitgliedern der Kommission eine abenteuerliche Geschichte auf: Nach dem Tod seines Vaters Georg Wyst im Jahr 1948 habe er im Kohlenkeller eine Kartentasche voll verschimmelter Befehle entdeckt. Der damals elf Jahre alte Junge will die Papiere umgehend verbrannt haben. An ihren Inhalt konnte er sich freilich 1959 noch genau erinnern: »BEFEHL an Obersturmbannführer Wyst. Voraussichtlich gilt für Königsberg bald Unternehmen Grün. Deshalb müssen Sie die Aktion Bernsteinzimmer durchführen und es in das Ihnen bekannte BSCH bringen … Nach Ausführung der Operation sind die Zugänge wie vereinbart zu tarnen und, falls das Gebäude noch steht, zu sprengen.« Außerdem, so Wyst junior, hätte er in der Tasche eine Bestätigung seines Vaters an das Reichssicherheitshauptamt gefunden: »Befehl ausgeführt. Aktion Bernsteinzimmer beendet.«

Rudi Wyst hatte darum gebeten, nur unter einem Tarnnamen zitiert zu werden. Bis Anfang der neunziger Jahre tauchte er daher als Rudi Ringel in der Bernsteinzimmer-Literatur auf. 1979 unterzogen die Bernsteinzimmer-Fahnder der DDR-Staatssicherheit die Aussagen von Rudi Wyst einer erneuten gründlichen Untersuchung – mit ernüchterndem Ergebnis: Wysts Vater war kein SS-Mann, sondern nur ein schwerbehinderter Briefträger gewesen. Offensichtlich hatte die Serie in der *Freien Welt* die Phantasie des jungen Mannes beflügelt. Jedenfalls hielt die Stasi-Akte abschließend fest: »Befehl und Bericht sind eine Erfindung des WYST, Rudi.«

Im August 1960 kam die russische Zeitung *Iswestia* auf das Bernsteinzimmer zurück. Basierend auf der Serie von Krolewski in der *Kaliningradskaja Prawda* und erweitert um die »Ringel-Story« wurde die Mischung aus Erfindungen, Halbwahrheiten und Fakten in vier Folgen erneut ausgebreitet. Diese Serie nahm der Moskauer Korrespondent der *Frankfurter Allgemeinen Zeitung*, Hermann Pörzgen, zum Anlass für einen eigenen Artikel. Unter der Überschrift »Auf den Spuren des Bernsteinzimmers« erschien am 12. September 1960 endlich auch der erste Bericht über den verschollenen Kunstschatz in der Bundesrepublik. Krolewski legte im Jahr darauf mit einem kleinen Büchlein noch einmal nach, das er gemeinsam mit dem russischen Autor Walentin Jerwaschow herausgab und das im Wesentlichen auf den Inhalten seiner Serie beruhte. Das Werk wurde im Baltikum und in der Region Kaliningrad zum Bestseller. Da half es auch nichts mehr, dass sich Alexander Brjussow, der von Krolewski als zerstreuter und vergesslicher Barssow porträtiert worden war, wütend beschwerte, dass »die ganze Geschichte der Suche in einer phantastischen Weise« dargestellt sei. Viele Fakten sind bis zur Unkenntlichkeit entstellt. Eine Reihe von Personen, die heute noch leben oder vor kurzem verstarben, sind manch-

Paul Enke, Stasi-Offizier

»Wir verfolgen Spuren des Bernsteinzimmers
in Sachsen, vor allem in den Bezirken Dresden
und Karl-Marx-Stadt. Dabei hatten wir Informationen
erhalten über geheimnisvolle Arbeiten an drei
alten Bergwerken kurz vor Ende des Krieges...«
Brief vom 19.12.1978

mal unter Phantasienamen als Karikaturen dargestellt. Überhaupt erwecken diese Schriften den Eindruck einer unordentlichen Pfuscharbeit.« Die Legende war endgültig in die Welt gesetzt, bis zum Mythos war es nur noch ein kleiner Schritt.

In beiden Teilen Deutschlands waren es vor allem zwei Enthusiasten, die auf eigene Faust nach dem Bernsteinzimmer suchten und mit ihren Bemühungen der Legende immer wieder aufs Neue Nahrung gaben. In der DDR hatte, wohl ausgelöst durch die Serie in der *Freien Welt* von 1959, unabhängig von Gerhard Strauss ein Mitarbeiter des Ministeriums des Inneren die Fährte aufgenommen: Der 1925 geborene Paul Enke im Ministerium mit Verwaltungsaufgaben für die Ausbildung der Volkspolizei betraut, wurde 1964 vom Ministerium für Staatssicherheit übernommen. Von da an leitete er »eine Arbeitsgruppe, die sich überwiegend mit Fragen des westdeutschen Polizeiapparates befasste«, wie aus einer Kurzauskunft hervorgeht, die sich in den Stasi-Akten zum Bernsteinzimmer erhalten hat. Später wurde er dann als OibE, Offizier im besonderen Einsatz, im Dokumentationszentrum der Staatlichen Archivverwaltung tätig. Im Klartext: Enke war zuständig für die Fahndung nach DDR-Bürgern mit verbrecherischer Vergangenheit in der NS-Zeit. Privat »betreibt er ... aus eigenem Antrieb«, wie es in der Kurzauskunft heißt, »intensive Nach-

Georg Stein, Obstbauer und Schatzsucher

»Als dann die Strahlen der sinkenden Sonne die schroffen Grate und Gipfel der Waliser Bergwelt aufleuchten ließen und eine kalte, sternenklare Winternacht hereingebrochen war, fasste ich hier im Schatten des Matterhorns den Entschluss, mich selbst an diesen Suchaktionen [nach dem Bernsteinzimmer] zu beteiligen.«
Georg Stein, Vorwort zu seinem unveröffentl. Buch, 1978

forschungen nach dem Verbleib des Bernsteinzimmers, wofür er einen Großteil seiner Freizeit, einschließlich des Urlaubes, aufbrachte.«

Das westdeutsche Pendant zu Enke wurde der niedersächsische Apfelbauer Georg Stein aus Stelle bei Hamburg. Stein, zwei Jahre jünger als Enke, war nach seinen eigenen Worten am 8. Dezember 1965 beim Winterurlaub in Zermatt auf einen Artikel über das Bernsteinzimmer in der *Sunday Times* gestoßen. Der gebürtige Königsberger fasste »im Schatten des Matterhorns den Entschluss, [sich] selber an diesen Suchaktionen zu beteiligen«. 1970 gelang Stein ein erster großer Erfolg. Gemeinsam mit dem dpa-Korrespondenten Werner Fuhrmann stieß er auf der Suche nach dem Bernsteinzimmer im dritten Stock des Ikonenmuseums Recklinghausen auf den so genannten Klosterschatz von Petschur. Die silbernen Kirchengeräte, kostbaren Gewänder, Altardecken, alten Gesangsbücher und wertvollen Ikonen waren am 18. März 1944 vom Abt des berühmten estnischen Klosters aus Angst vor der anrückenden Roten Armee mit der Bitte um treuhänderische Verwahrung an die abrückenden Deutschen übergeben worden. Der Schatz wurde in Colmberg in Franken nach Kriegsende von US-Truppen sichergestellt. Weil die orthodoxe Kirche in der Sowjetunion verfolgt wurde, ist der Schatz nicht wie die anderen Kunstwerke aus der Sowjetunion restituiert worden. 1952 übergaben die

Amerikaner die sakrale Sammlung in die Obhut der Bundesregierung, später kam sie aus konservatorischen Gründen in das Ikonenmuseum nach Recklinghausen, ohne hier freilich ausgestellt zu werden.

Stein setzte Himmel und Hölle in Bewegung, um die Rückführung der sakralen Gegenstände an die orthodoxe Kirche durchzusetzen. Er organisierte sich auf dem Berg Athos von den Mönchen eine offizielle Vollmacht der griechisch-orthodoxen Kirche; wenig später erhielt er zusätzliche Rückendeckung vom Patriarchat aus Moskau. Damit und mit permanenten Attacken in der Presse begann er die Behörden in Bonn unter Druck zu setzen, bis der Schatz schließlich im April 1973 durch die Bundesregierung an das Kloster in Petschur zurückgegeben wurde. Bitter für Stein: Zur Übergabezeremonie durch den deutschen Generalkonsul in Leningrad wurde er nicht eingeladen. Mit seinem forschen Auftreten hatte er sich vor allem in Deutschland nicht nur Freunde gemacht. Im Juni wurde Stein dafür auf Kosten der orthodoxen Kirche mit seiner Frau und seinen vier Kindern nach Russland eingeladen und hier mit Kirchenorden des heiligen apostelgleichen Großfürsten Wladimir Zweiter Klasse ausgezeichnet. Nach dem Erfolg mit dem Klosterschatz von Petschur war Stein jetzt sicher, auch das Rätsel des Bernsteinzimmers binnen kurzem zu lösen.

In der Sowjetunion hatte es bis zum 11. März 1967 gedauert, bis endlich auf hochoffizieller Ebene eine Kommission zur Suche nach dem Bernsteinzimmer unter Leitung des stellvertretenden Ministers für Kultur, Sergei Striganow, ins Leben gerufen worden war. Neben Kunsthistorikern und Museumsbeamten gehörten ihr auch Funktionäre der Partei aus Moskau, Leningrad und Kaliningrad sowie einige der unvermeidlichen Genossen des KGB an. Auch wenn Striganow dies in seiner Antrittsrede entschieden zurückwies, war die Gründung der Kommission wohl durch eine Pressemeldung vom 22. Februar 1967 über Exgauleiter Erich Koch ausgelöst worden. Koch war, wie von langer Hand vorbereitet, nach dem Untergang der Festung Königsberg über die Ostsee nach Westen geflohen. In Hasenmoor bei Hamburg tauchte er als Major der Luftwaffe Rolf Berger unter und lebte hier vier Jahre unerkannt auf einem Bauernhof. 1949 wurde er von der britischen Besatzungsmacht entdeckt, verhaftet und im Januar 1950 nach Polen ausgeliefert. Die Vorbereitungen für seinen Prozess zogen

Erich Koch, 1950 in polnischer Haft

»Alle polnischen Journalisten fragten mich nach dem Bernsteinzimmer; aber wann sollte ich denn damals die Zeit gehabt haben, mich mit Holzkisten zu beschäftigen?«
Erich Koch, Interview, März 1985

sich über acht Jahre hin. Als Koch am 20. Oktober 1958 vor Gericht erschien, war er auf 50 Kilogramm abgemagert und gesundheitlich schwer angegriffen. Im Mokotów-Gefängnis in Warschau hatten polnische Mitgefangene den verhassten Exgauleiter offensichtlich schwer misshandelt. Eine Tatsache, die Koch in der Gerichtsverhandlung sehr geschickt auszunutzen verstand und die ihm wohl das Leben gerettet hat: Für den Mord an 72 000 Polen und über 200 000 Juden in den annektierten polnischen Gebieten – seine Verbrechen als Reichskommissar der Ukraine waren nicht Gegenstand des Verfahrens – wurde Erich Koch am 9. März 1959 in Warschau zum Tode verurteilt. Unter Berufung auf Artikel 407 des polnischen Strafgesetzbuches, der die Hinrichtung Schwerkranker verbietet, wurde die Vollstreckung des Urteils jedoch ausgesetzt. Koch blieb also zunächst im Mokotów-Gefängnis.

Der polnische Journalist Slawomir Orlowski hatte nach dem Urteil die Genehmigung erhalten, Koch im Gefängnis aufzusuchen. Mit kleinen Aufmerksamkeiten wie deutschen Tageszeitungen oder frischem Obst erwarb sich Orlowski das Vertrauen des Exgauleiters. Am 22. Februar 1967 erschien dann ein erstes Interview mit Koch in der polnischen Zeitung *Dziennik Ludowy* unter der Überschrift: »Auf den Spuren des Bernsteinzimmers«. Koch lieferte darin einen Hinweis auf zwei alte Bunker in der

Nähe der alten Kirche im Königsberger Vorort Ponarth. Die Nachricht machte Schlagzeilen. In Moskau gab sie den Anstoß zur Gründung der offiziellen Kommission, in Kaliningrad führte sie zu überstürzten Ausgrabungen, allerdings ohne jeden Erfolg. Das kann rückblickend nicht verwundern; bis auf einige Details war das Interview von Orlowski frei erfunden. Es gipfelte darin, dass er Koch folgende Worte in den Mund legte: »Als die Russen [Königsberg] unmittelbar bedroht haben, wandte ich mich an Hitler mit der Bitte um Entsendung von Männern, die beim Verstecken von wertvollen Kunstwerken, Papieren und Staats- und Parteidokumenten sowie Kostbarkeiten helfen sollten. Himmler stellte 10 Mann zur Verfügung unter dem Kommando von Ringel.« Ringel war ausgerechnet das Pseudonym, dass für die Geschichten des Rudi Wyst gewählt worden war.

Wie Koch tatsächlich reagierte, wenn er auf das Bernsteinzimmer angesprochen wurde, hatten die Russen schon im Juni 1959 erfahren. Auf Wunsch der Staatlichen Inspektion zur Rettung architektonischer Denkmäler von Leningrad war der ehemalige Gauleiter auf Anordnung des Generalprokurators der UdSSR befragt worden. »[Koch] hat behauptet«, so hieß es in einem Antwortschreiben nach Leningrad, »er weiß überhaupt nichts über das Bernsteinzimmer.« Zum gleichen Ergebnis kam Gerhard Strauss, der kurz nach den Russen, am 24. Juni 1959, im Auftrag des Ministeriums für Kultur der DDR im Mokotów-Gefängnis eintraf. »E. K.«, wie Strauss den zum Tode verurteilten Häftling in seinem geheimen Gesprächsprotokoll nannte, »war durchaus bereit zu sprechen, und er hat zum Teil sehr lange Mitteilungen gemacht. Ich selber und auch der polnische Staatsanwalt hatten den Eindruck, dass E. K. offene Angaben gemacht hat und dass ein weiteres Gespräch deshalb nicht mehr notwendig ist.« Zum Bernsteinzimmer konnte Koch allerdings keine konkreten Angaben machen. Kurz vor seinem Tode 1985 wurde der damals neben Rudolf Heß ranghöchste Nazifunktionär in Gefangenschaft noch einmal interviewt. Koch war mittlerweile in die Haftanstalt Barczewo, dem ehemaligen Bartenstein, an der Grenze zur Sowjetunion verlegt worden. Der bekannte polnische Dokumentarfilmer Myczieslaw Schiminski befragte den Gefangenen vor der Kamera über die Frühzeit der NSDAP. Koch war offensichtlich froh, über seine Vergangenheit reden zu können, und be-

Bernsteinzimmer ohne Bernstein. Zustand 1981 nach der Wiederherstellung von Parkett und Deckengemälde

Auferstanden aus Ruinen. Der Katharinenpalast in Zarskoje Selo wurde mit großem Aufwand auf der Basis alter Pläne wiederhergestellt. Aufnahme Sommer 2002

klagte sich bei der Verabschiedung von Schieminski über dessen polnische Kollegen: »Alle fragen mich nach dem Bernsteinzimmer; aber wann sollte ich denn die Zeit gehabt haben, mich mit Holzkisten zu beschäftigen?« Im Jahr darauf, am 12. November 1986, verstarb Erich Koch im Alter von 91 Jahren in der Haftanstalt Barzcewo.

Mittlerweile hatte sich zwischen den Bernsteinfahndern in beiden Teilen Deutschlands und der sowjetischen Kommission ein loses Netzwerk gebildet. Es ist auffällig, dass jeder nur den Spuren in seinem eigenen Land nachging. Die Russen konzentrierten sich nach wie vor auf mögliche Verstecke im ehemaligen Königsberg, Enke suchte in Thüringen und Sachsen, Stein in Westdeutschland. Seitdem 1977 eine kostbare Sammlung von Bernsteineinschlüssen des Geologisch-Paleontologischen Institutes der Königsberger Albertina an der Universität Göttingen durch einen Journalisten ins Licht der Öffentlichkeit gerückt worden war, setzte Stein alles

Präzise Vorarbeiten für die Wiederherstellung. Maßstabsgetreue Vorzeichnung für die Rekonstruktion des Bernsteinzimmers

auf das Bergwerk Wittekind in Volpriehausen bei Uslar, in dem die Inklusen-Sammlung das Kriegsende überdauert hatte. Allerdings war bei dem Obstbauern nach den anfänglichen Erfolgen eine gewisse Stagnation eingetreten. Befremdet schrieb Paul Enke an einen Freund in Moskau: »Stein scheint mir vor allem wegen seiner unrealistischen Denkweise und [des] damit verbundenen Selbstbetruges gefährlich zu sein. Wenn er so weiter macht, wird er gewiss ein Fall für den Psychiater.« Dafür schien Enke Ende 1978 endlich am Ziel. Nachdem er zwei Jahrzehnte auf eigene Faust geforscht hatte, war es ihm gelungen, auf Weisung des Stellvertreters von Stasi-Chef Erich Mielke einen offiziellen Auftrag zur Suche nach dem Bernsteinzimmer zu erhalten. Es ist bezeichnend, dass die Staatssicherheit der DDR den legendenumwobenen »Operativvorgang Puschkin«, also eine Art Sondereinheit zur Suche nach dem verschollenen Wandgetäfel, erst aus der Taufe hob, als die Sowjets ihre Suche mangels Erfolg einstellten. Nach

17 Jahren wurden in Moskau 1984 die Akten der Kommission zur Suche nach dem Bernsteinzimmer endgültig geschlossen.

Dafür hatte der Ministerrat der Russischen Föderation bereits 1979 die Entscheidung getroffen, das Bernsteinzimmer vollständig wiederherzustellen. Jahrelang hatten die russischen Restauratoren gezögert, sich an diese schwere Aufgabe zu wagen. Dabei verfügten sie über einen ungewöhnlichen Schatz an Erfahrung; noch vor Kriegsende hatte der Wiederaufbau der zerstörten Zarenschlösser vor den Toren Leningrads begonnen. In einer titanischen Kraftanstrengung und mit einem hohen Maß an Kunstfertigkeit sind die durch den Krieg schwer zerstörten Paläste von Pawlowsk, Peterhof, Gatschina und Zarskoje Selo zu neuem Leben erweckt worden. Nach den alten, zumeist noch erhaltenen Plänen errichtete man die Fassaden neu; ganze Arbeitsstäbe von Malern, Stuckateuren, Schnitzern und Vergoldern rekonstruierten die feudalen Interieurs.

Es war Alexander Kedrinski, der die Restaurierung des Katharinenpalastes geleitet hatte und dem es 1978 mit verschiedenen Reproduktionen und Modellen der Wandvertäfelungen gelungen war, die staatlichen Stellen von der Machbarkeit des Unterfangens zu überzeugen – das Bernsteinzimmer sollte ein zweites Mal geboren werden. Es ist nicht ausgeschlossen, dass der seit Mitte der siebziger Jahre durch sowjetische Zeitungen geisternde Plan eines Rigaer Juweliers, der angekündigt hatte, das Bernsteinzimmer wiederherzustellen, den Anstoß für das Vorhaben gab.

In Vorbereitung auf die Rekonstruktion konnten über 80 historische Fotos des Bernsteinzimmers zusammengetragen werden. Auf der Basis fotogrammetrischer Vermessungen entstanden präzise dreidimensionale Pläne von den Wandvertäfelungen. Aufwendige Architekturzeichnungen und farbig ausgeführte Entwurfsskizzen ergänzten diese Vorlagen. Schon 1981 waren all jene Teile des Saales wieder hergestellt, die nicht aus Bernstein bestanden hatten: das mit reichen Intarsien eingelegte Parkett, das Deckengemälde, die geschnitzten Türen und Supraporten sowie der abschließende Fries zur Decke, auf dem der Barockbaumeister Rastrelli einst den Bernstein in trompe l'oeil nachgeahmt hatte.

Bei der Rekonstruktion der eigentlichen Wandpaneele sahen sich die Restauratoren mit größeren Schwierigkeiten konfrontiert. Moderne Technik erleichterte zwar den Umgang mit dem spröden Material, das Wissen und die Verarbeitungstechniken der alten Bernsteinmeister aber konnte sie nicht ersetzen. Erst nach umfangreichen Recherchen in alten Archiven und zahlreichen wissenschaftlichen Experimenten gelang es schließlich, längst vergessene Techniken der Bernsteinkunst wiederzubeleben. Für die Wiederherstellung der plastischen Elemente der Wandvertäfelungen gingen die Restauratoren nach bewährtem Muster vor. Zunächst wurden Modelle aus Plastilin geformt und in Gips gegossen; diese Abgüsse dienten den Schnitzern dann als Vorlage für ihre Arbeit. Nach den Sockelpaneelen mit den Initialen Friedrich I. und dem preußischen Adler konnte in der zweiten Hälfte der achtziger Jahre die erste Wandtafel in Angriff genommen werden. Alles sprach dafür, dass das Bernsteinzimmer wie geplant zur Jahrtausendwende wiedererstanden sein würde. Der Zerfall der Sowjetunion machte einen Strich durch diese Rechnung. Immer öfter blieben die Zahlungen aus, zur gleichen Zeit stieg der Preis für Rohbernstein in astronomische Höhen. Ohne zusätzliche Unterstützung durch den Staat war das ehrgeizige Projekt zum Scheitern verurteilt. Schon 1992 prophezeite der Leiter der Restaurierungswerkstatt, Alexander Schurawljow: »Wenn diese Hilfe ausbleibt, wird Russland das Bernsteinzimmer auf unbestimmte Zeit erneut verlieren.« Vier Jahre später gab Schurawljow entnervt auf und suchte sich im Ausland eine neue Stelle; die Arbeit hatte wegen der akuten Finanznot stagniert. Bis dahin waren die Sockelpaneele und eines der schmalen Wandfelder fertiggestellt worden, also nicht mehr als etwa 25 Prozent der Vertäfelungen. Im August 1997 besuchte Elfie Siegl von der *Frankfurter Allgemeinen Zeitung* die Werkstatt in Zarskoje Selo und schrieb alarmiert: »Seit Januar stehen die Arbeiten still: Man zahlt den Männern keine Löhne mehr.« Das veranlasse die Restauratoren zu der düsteren Prognose, »in Jahresfrist sei das Schicksal des Bernsteinzimmers entschieden. So oder so.«

Das Mitglied des Vorstandes der Ruhrgas AG in Essen, Achim Middelschulte, besitzt eine der umfangreichsten Porzellansammlungen der Welt mit bergmännischen Motiven. Auch sonst gilt der studierte Bergbauingenieur als Freund der Künste, eine Vorliebe, die im Konzern nicht ohne Wirkung bleibt – Middelschulte betreut unter anderem das umfangreiche Sponsoringprogramm des Unternehmens. Es war ein glücklicher Zufall,

Rekonstruktionsprozess. Entstehung eines Details vom historischen Foto bis zur Vollendung

dass der Manager den Artikel von Elfie Siegl über die Krise beim Wieder-aufbau des Bernsteinzimmers in der *Frankfurter Allgemeinen Zeitung* las. Kurz darauf wurde Middelschulte noch einmal vom deutschen Botschafter in Moskau auf das Problem aufmerksam gemacht. Für den Vorstandsvor-sitzenden war klar, dass er versuchen würde, die Arbeit der russischen Res-tauratoren im Rahmen des Konzernsponsorings zu unterstützen. Das lag nahe, weil das Unternehmen seit mehr als 30 Jahren mit russischem Gas handelte und weil eine solche Form von Kulturförderung dem Image der Ruhrgas AG in Russland zuträglich war. Aber auch weil Middelschulte einen Sinn dafür hatte, dass in einem deutschen Beitrag zur Wieder-herstellung dieses in Russland mittlerweile zum Nationalheiligtum avan-cierten Kunstwerkes eine tiefere Bedeutung liegen würde.

Bei seinen Kollegen im Vorstand der Ruhrgas AG lief Middelschulte offene Türen ein. Die Reaktion beim Auswärtigen Amt war eher verhalten. In der fruchtlosen Diskussion um die Rückgabe deutscher Beutekunst aus der Sowjetunion hatten sich unter den deutschen Experten zwei Lager gebildet: Eine Seite beharrte streng formal auf dem Völkerrecht und ver-langte die bedingungslose Rückgabe deutscher Kulturgüter – und tat-sächlich stellen der Raub und das Zurückhalten der Kunstwerke aus deutschem Besitz durch die Russische Föderation einen eklatanten Bruch aller internationalen Konventionen und Verträge dar –, die andere Seite tendierte dennoch zu konzilianter Haltung, zu einer Politik des Dialoges und der großzügigen Gesten. Zum einen, weil auf diese Weise in Russland sicher mehr zu erreichen ist als mit strikter preußischer Dienstauffassung, zum anderen, und dieser Grund ist entscheidend, weil dies die einzig an-gemessene Haltung sein kann eingedenk der Leiden und der Zerstörung, die der Krieg über die Sowjetunion gebracht hat.

Es bleibt in diesem Zusammenhang nur schwer zu verstehen, warum die öffentliche Hand in Deutschland immer wieder in die abenteuerliche und völlig aussichtslose Suche nach dem Bernsteinzimmer investiert hat, während von der Bundesregierung die einmalige Gelegenheit vergeben wur-de, mit der finanziellen Unterstützung der Wiederherstellungsarbeiten ein deutlich sichtbares Zeichen zu setzen und letztlich auch den Boden zu bereiten für die Rückgabe deutscher Kunstwerke aus Russland Dies blieb der Ruhrgas AG überlassen. Am 6. September 1999 wurde in Zarskoje Selo ein Abkommen unterzeichnet, das die Zuwendung von 3,5 Millionen Dollar garantierte. Damit war die Wiederherstellung des Bernsteinzimmers gerettet.

Innerhalb von gut drei Jahren gelang es daraufhin tatsächlich, die fehlenden 75 Prozent der Wandvertäfelungen fertigzustellen. Das neu erstandene Bernsteinzimmer ist am 31. Mai 2003 anlässlich der 300-Jahrfeier von St. Petersburg durch den russischen Präsidenten Wladimir Putin und den deutschen Bundeskanzler Gerhard Schröder der Öffentlichkeit übergeben worden. Insgesamt hat die Rekonstruktion fast ein Vierteljahrhundert gedauert. Über sechs Tonnen Rohbernstein sind verarbeitet worden. Die riesige Menge ergibt sich aus dem Umstand, dass bis zu 80 Prozent des Materials während der Verarbeitung verloren geht. Nach den gegenwärtigen Preisen sind die 1,2 Tonnen verarbeiteten Bernsteins in den Wandvertäfelungen somit etwa drei Millionen Euro wert. Hinzu kommen die Gelder für die Arbeit der Restauratoren, die nach einem internen Schlüssel etwa doppelt so hoch wie die Materialkosten ausfallen. Zieht man die Preissteigerungen bei Bernstein, das unterschiedliche Lohnniveau sowie die längeren erzwungenen Arbeitspausen ins Kalkül, liegt der Gesamtpreis für die Wiederherstellung des Bernsteinzimmers schätzungsweise zwischen fünf und siebeneinhalb Millionen Euro. Fraglos spielt der finanzielle Wert des Projekts die geringste Rolle. Das neue Bernsteinzimmer ist ein beeindruckender Beweis für das Können seiner Schöpfer; die russischen Architekten, Restauratoren und Bernsteinschnitzer haben in den vergangenen Jahrzehnten an einer, wenn nicht überhaupt an der aufwendigsten Rekonstruktion eines Kunstwerkes in der Geschichte gearbeitet. Es scheint fast, als stelle das neu geschaffene Kunstwerk vor diesem Hintergrund und durch die hohe Qualität der Neuschöpfung das alte in den Schatten. Der deutsche Beitrag schließlich lässt das Bernsteinzimmer weit über seine kunsthistorische Bedeutung hinauswachsen. Es bleibt Erinnerung an Zerstörung und Vernichtung im Zweiten Weltkrieg, es ist aber auch zu einem Symbol geworden für die Versöhnung zwischen Deutschland und Russland.

Die aufwendigste Rekonstruktion eines Kunstwerkes in der Geschichte. Das »neue«
Bernsteinzimmer im Katharinenpalast, Zarskoje Selo, Aufnahme Februar 2003

»Alter Kerls Kopf«. Nachbildung eines Details der Wandvertäfelung auf einem Stück Rohbernstein

IN EIGENER SACHE

»Der denkende Mensch hat die wunderliche Eigenschaft,
dass er an die Stelle, wo das unaufgelöste Problem liegt,
gerne ein Phantasiebild hinfabelt, das er nicht loswerden kann,
wenn das Problem auch aufgelöst und die Wahrheit am Tage ist.«

Es war einer jener Abende, an dem sich dieser Satz von Goethe aus *Wilhelm Meisters Wanderjahren* eindrucksvoll zu bestätigen schien. Mitte der neunziger Jahre sollte ich in Norddeutschland im kleinen Kreis einen Vortrag über das Bernsteinzimmer halten. Ich hatte einen ganzen Stapel von Kopien der historischen Dokumente für die Zuhörer mitgebracht, die meine Ausführungen ergänzten. Darunter das Tagebuch von Brjussow, die Aufzeichnungen von Kutschumow und zahlreiche andere Papiere.

Als ich nach über einer Stunde meinen Vortrag beendet hatte, bat mich der Gastgeber, ein erfolgreicher Geschäftsmann, ihm den Aktenstoß für einen Augenblick zu überlassen. Er nahm ihn an sich und verließ den Raum. Seine Frau, der dieser Vorfall sichtlich unangenehm war, erklärte mir, ihr Mann würde jetzt sein Pendel befragen – wie er neuerdings in jeder wichtigen Situation auf dieses okkulte Hilfsmittel zurückgreife. Kurz darauf kehrte er mit dem Aktenstapel zurück und teilte mir tatsächlich höflich, aber bestimmt mit, er habe die Dokumente überprüft, und sein Pendel habe ihm gesagt, dass das Bernsteinzimmer nicht verbrannt sei. Aber, so der

Hausherr, er könne mich trösten. Er habe die Gelegenheit genutzt und eine Landkarte ausgependelt: Er nannte einen winzigen Ort in Niedersachsen, der selbst von den verwegensten Schatzsuchern niemals erwähnt worden war. Hier sei das legendäre Kunstwerk zu finden; es müsse jetzt nur noch geborgen werden.

Dieser Vorfall zählt zu den skurrilsten Erlebnissen während meiner langjährigen Beschäftigung mit dem Bernsteinzimmer, die 1984 durch einen Zufall begonnen hatte. In diesem Jahr erschien als Sonderband der *Jahrbücher Preußischer Kulturbesitz* ein Bericht der Berliner Kunsthistorikerin und langjährigen Museumsmitarbeiterin Irene Kühnel-Kunze über die *Bergung – Evakuierung – Rückführung [der] Berliner Museen in den Jahren 1939–1959*. Die Verlagerung der Kunstschätze vor den Bombenangriffen an vermeintlich sichere Orte und ihre Bergung und Rückführung durch die Alliierten bildete naturgemäß einen besonderen Schwerpunkt. Dr. Alheidis von Rohr, damals stellvertretende Direktorin am Historischen Museum in Hannover, hatte den Auftrag bekommen, das Werk für die *Museumskunde*, ein Informationsblatt für Museumsmitarbeiter, zu rezensieren.

Bei aller Anerkennung für das Buch monierte Rohr in ihrem Artikel eine gewisse Einseitigkeit in der Darstellung; offensichtlich hatte die Autorin sich nicht sehr ausführlich mit dem Schicksal der Kunstschätze beschäftigt, die in den mitteldeutschen Bergwerken Merkers und Grasleben in britische und amerikanische Hände gefallen waren. Dabei war unbestritten, dass es hier, wenn auch in weitaus geringerem Umfang als durch die Rote Armee, zu Plünderungen gekommen war. Wollte Kühnel-Kunze das nicht aussprechen? Immerhin stand Berlin 1984 noch unter dem Schutz der Westalliierten. Rohr jedenfalls beließ es in ihrer Rezension dabei, auf jene Goethe-Zeilen hinzuweisen, die die Autorin an den Anfang ihre Buches gestellt hatte: »Nichts ist zarter als die Vergangenheit; Rühre sie an wie ein glühend Eisen: Denn sie wird Dir sogleich beweisen Du lebest auch in heißer Zeit.«

Unter normalen Umständen hätte ich, damals 22 Jahre alt, wohl kaum von diesen nur in Fachkreisen diskutierten Vorgängen erfahren, zumal das Thema Kunstraub, ganz gleich von welcher Seite, noch kein öffentliches

Interesse erweckt hatte. Weshalb ich trotzdem mit der Materie in Berührung kam, war dem Umstand geschuldet, dass ich mit Alheidis von Rohr verwandt bin. Bei einem Besuch erzählte sie mir von dem Buch und seinen Hintergründen. Weil mich das Thema sehr interessierte, empfahl sie mich Dr. Klaus Goldmann in Berlin. Der Oberkustos am Museum für Vor- und Frühgeschichte war offiziell von der Stiftung Preußischer Kulturbesitz mit Nachforschungen nach verschollenen Kunstwerken und Ausstellungsstücken der Berliner Museen beauftragt. Seine jahrelange mühsame Recherche hatte ihn zu einem der führenden Experten für das Schicksal von deutschen Kulturgütern im Zweiten Weltkrieg werden lassen. Goldmann vermutete damals unter anderem, dass der »Schatz des Priamos«, der bis Kriegsende seinem Museum gehört hatte, nicht etwa von den Sowjets abtransportiert worden, sondern in den Westen gelangt sei, wo sich seine Spur verloren hätte. Hier irrte er allerdings, wie sich 1994 herausstellen sollte.

Der Oberkustos konnte gerade einen Hilfsarbeiter brauchen und gab mir einen Werkvertrag über die Auswertung von Akten der amerikanischen Militärverwaltung am Institut für Zeitgeschichte. Die Dokumente waren erst kurz zuvor in München eingetroffen und enthielten umfangreiche Bestände der MFA&A, des amerikanischen Kunstschutzes Monuments Fine Arts and Architecture. Durch die intensive Beschäftigung mit diesen Akten, vor allem aber durch Klaus Goldmann, der sein beeindruckendes Wissen großzügig mit mir teilte, erwarb ich erste Kenntnisse.

Zwei Jahre später, 1986, fühlte ich mich sattelfest genug, das Thema dem *Stern* anzubieten. Die Geschichte »Deutsche Kunst, geraubt von amerikanischen Soldaten«, basierend auf den Forschungsergebnissen von Goldmann, erregte das Interesse des damaligen Chefredakteurs Michael Jürgs, und der *Stern* ermöglichte mir eine über ein Jahr während intensive Recherche. Im Januar 1987 besuchte ich unter anderem auch Georg Stein auf seinem Hof in Stelle, weniger wegen seiner Kenntnisse über das Bernsteinzimmer als vielmehr deshalb, weil er sich im Verlauf seiner langjährigen intensiven Beschäftigung mit dem Thema ein umfangreiches Wissen über die deutschen Verlagerungen von Kulturgütern zum Ende des Zweiten Weltkrieges angeeignet hatte. Stein beantwortete bereitwillig all meine Fragen und half mir weiter. Was ich damals nicht ahnte: Seit Jahren war er mit seiner Suche nicht weitergekommen und verfolgte mittlerweile jede Spur, die sich ihm anbot, ganz gleich, wie plausibel sie erschien. Außerdem hatte der Obstbauer offensichtlich darüber seinen Hof vernachlässigt; seine wirtschaftlichen Verhältnisse waren vollkommen zerrüttet.

Einen Monat nach dem Besuch bei Stein recherchierte ich in den National Archives in Washington. Unter anderem lagen hier die Originalakten von der Einnahme des thüringischen Bergwerks Kaiseroda durch die US-Truppen im April 1945. Vierhundertfünfzig Meter unter der Erde hatte die Reichsbank einen großen Teil ihrer Bestände gelagert, nach späteren amerikanischen Schätzungen 238 Millionen Dollar in Gold, deutsches Papiergeld im Wert von 187 Millionen Dollar, 110 000 britische Pfund, 89 000 Francs und vier Millionen norwegische Kronen. Außerdem sind aus den Berliner Museen rund 400 Tonnen Kunst in über 3000 Kisten in das Bergwerk verbracht worden, darunter so berühmte Stücke wie der damals noch Rembrandt zugeschriebene »Mann mit dem Goldhelm«, die Vier Apostel von Tilman Riemenschneider und die legendäre Büste der Nofretete.

Am 12. April 1945 trafen sich die drei ranghöchsten Generäle der US-Army, Omar Bradley, George Patton und Dwight D. Eisenhower, um das Bergwerk zu besichtigen. »Jesus Christ« soll der Oberbefehlshaber der alliierten Streitkräfte ausgerufen haben, als er im schwachen Schein der Grubenlampen die Schätze sah. Kurz darauf begann der Abtransport der Kisten, Geldsäcke und Goldbarren nach Frankfurt am Main in das Gebäude der Reichsbank. Jedes Stück wurde beim Beladen der Lastwagen registriert und während des Ausladens kontrolliert. Beim Auswerten weiterer Akten stieß ich in den Listen auf 20 registrierte Holzkisten mit der Aufschrift »Wasserbaubehörde Königsberg«, die sich ebenfalls in Kaiseroda befunden hatten. Ich war überrascht, als ich feststellte, dass gerade diese Kisten nicht im Reichsbankgebäude abgeliefert worden waren. Die Anzahl, die Herkunft und das Verschwinden der Kisten sprachen in meinen Augen dafür, dass sich in ihnen das Bernsteinzimmer befunden haben könnte. Ich habe meinen Verdacht später in dem *Stern*-Artikel dargelegt und damit den Mythos um das Bernsteinzimmer um eine weitere These »bereichert« – eine falsche These. 1989 wies der Bernsteinexperte Günther Wermusch nach, dass sich in den Kisten tatsächlich Akten über das ostpreußische Wasserstraßennetz befunden hatten – Aufzeichnungen, die für die Amerikaner von strategischem Wert waren. Statt zu den Schätzen nach Frankfurt waren die Kisten sofort in ein Camp des Geheimdienstes gebracht worden, in dem die Unterlagen ausgewertet wurden.

Im März 1984 allerdings dachte ich noch, ich sei ganz nah an der Lösung des Jahrhunderträtsels. Unverzüglich informierte ich Klaus Goldmann in Berlin, der wiederum berichtete Stein über die »Amerikaversion«, und dieser, offensichtlich dankbar für jede neue Spur, setzte unverzüglich die Presse in Kenntnis. Unter der Überschrift »Rätsel um das Bernsteinzimmer jetzt gelöst?« stand am Samstag, dem 18. April 1987 in der *Bildzeitung*: »… wo der Schatz versteckt ist, weiß [Stein] noch nicht. Aber er verfolgte die Spur immerhin bis ins Archiv des Pentagons.«

Als die Zeitung erschien, lag der unermüdliche Schatzsucher schon auf der chirurgischen Abteilung der Universitätsklinik Eppendorf in Hamburg. Er hatte versucht sich die Bauchdecke aufzuschneiden. Auslöser für den ungewöhnlichen Selbstmordversuch schien eine Einkommensteuer-Nachforderung des Finanzamtes in Höhe von 220 000 DM gewesen zu sein, die den ohnehin hoch verschuldeten Obstbauern kurz vor Ostern erreicht hatte. Die Zwangsversteigerung seines Hofes drohte, er stand vor dem finanziellen Aus.

Nach einer Woche wurde der Patient zur Nachbeobachtung in die psychiatrische Abteilung der Uniklinik überwiesen. Dort entkräftete Stein die Annahme, er hätte Selbstmord begehen wollen, und erklärte, »man hätte versucht, ihn zu betäuben, um ihn anschließend zu ermorden; warum: er wisse zu viel; die Hintergründe: darüber müsse er schweigen«. So nachzulesen im abschließenden Krankenbericht der Universitätsklinik Eppendorf, wo man den Patienten nach knapp zweimonatigem Aufenthalt am 16. Juni 1987 entließ. Seine Kinder waren mittlerweile gezwungen gewesen, die Möbel zu veräußern; das Haus stand kurz vor der Versteigerung. Aus Eppendorf entfernte sich Stein »mit dem Ziel Schweiz«, wie er angab, »nachdem er vom ehemaligen Finanzminister der Schweiz eine Zusage erhalten hätte, dort erst einmal zu wohnen«.

Knapp zwei Wochen später fand man ihn in einem Waldstück bei

Starnberg vor den Toren Münchens – wieder hatte er auf dieselbe Art versucht seinem Leben ein Ende zu setzen. Er wurde rechtzeitig entdeckt und mit dem Notarztwagen in das Kreiskrankenhaus nach Starnberg gebracht, wo die Ärzte ihn noch einmal retten konnten. Stein sollte am 25. August zur »Anschlussheilbehandlung« in die Schussental-Klinik in Aulendorf bei Ulm – diesen Genesungsaufenthalt hat er nie angetreten. Am 20. August entdeckte ein Spaziergänger die Leiche des Sechzigjährigen in einem Wald bei Altdorf in Niederbayern. Er hatte sich erneut den Bauch aufgeschnitten und war daran verblutet.

Für Außenstehende musste dieses furchtbare Ende etwas Mysteriöses haben, zumal Stein im April mit der Nachricht von der Spur nach Amerika an die Öffentlichkeit gegangen war. Drei Monate später war er tot. Auch ich fürchtete zunächst, der engagierte Kunstfahnder könnte ein Opfer der Geheimdienste geworden sein, und wollte die letzten Wochen Steins akribisch untersuchen. Als Erstes gelang es mir, jenen »Schweizer Finanzminister« ausfindig zu machen, den Stein nach seiner Entlassung aus Eppendorf hatte aufsuchen wollen.

Baron Eduard Falz-Fein lebte nicht in der Schweiz, sondern in Liechtenstein und hatte in dem 40 000-Seelen-Fürstentum einen Posten als Minister für Tourismus bekleidet. 1912 in Russland geboren, entstammte er einer zu Reichtum und Ansehen gelangten deutschen Einwandererfamilie, die unter Katharina der Großen ins Land gekommen war. Nach der Flucht vor der Revolution wuchs Eduard Falz-Fein erst in Berlin, dann an der Côte d'Azur auf. Gegen Ende des Zweiten Weltkrieges ließ er sich in Liechtenstein nieder und brachte es mit einer Reihe von Souvenirläden zu einem ansehnlichen Vermögen. Über Jahrzehnte hatte der russische Baron einen festen Platz im europäischen Jetset und war sich trotzdem nie zu fein, persönlich hinter dem Tresen seiner Läden Schweizer Messer und Porzellanteller mit dem Porträt des Fürstenpaares zu verkaufen. Seine russischen Wurzeln konnte Falz-Fein nie vergessen. Er hielt engen Kontakt mit den in alle Welt verstreuten Mitgliedern der vertriebenen russischen Aristokratie genauso wie mit dem sowjetischen Personal der Botschaft der UdSSR in Genf. 1980 betrat er als Mitglied des Olympischen Komitees von Liechtenstein nach über einem halben Jahrhundert anlässlich der Olympiade in

Moskau zum ersten Mal wieder russischen Boden. In der Folge, begünstigt von dem einsetzenden politischen Tauwetter in der Sowjetunion, streckte Falz-Fein als einer der ganz wenigen weißrussischen Emigranten seine Fühler wieder in die ehemalige Heimat aus. Bei seinen häufigen Besuchen in der Sowjetunion brachte er zahlreiche Kunstgegenstände aus ehemals russischem Besitz mit sich, die er in der ganzen Welt zusammenkaufte. Diese großzügige Geste, aber auch seine trotz des hohen Alters beeindruckende Präsenz haben ihn in Russland zur lebenden Legende werden lassen.

Der Baron war 1983 von einem Freund auf Stein aufmerksam gemacht worden. Falz-Fein imponierte der Einsatz des niedersächsischen Obstbauern für die russische Kultur, und er entschloss sich, dessen Suche nach dem Bernsteinzimmer finanziell zu unterstützen. Als er im Mai 1987 einen schriftlichen Hilferuf aus der Psychiatrie in Eppendorf erhielt, war es für ihn selbstverständlich, den Mann bei sich aufzunehmen.

Stein hielt sich knapp zwei Wochen, vom 16. bis zum 29. Juni, bei Falz-Fein in Liechtenstein auf. In dieser Zeit meldete er sich telefonisch bei Paul Enke in Ost-Berlin. Auch ihm gegenüber behauptete Stein, er sei einem »Mordanschlag« zum Opfer gefallen, und forderte von Enke ein Visum für die DDR, um sich in Sicherheit zu bringen. Der Stasi-Mann war sofort bereit dazu und bat seinen Gesprächspartner lediglich, ihm einen formlosen Antrag zu übersenden. Am 29. Juni brachte Falz-Fein seinen Gast bis nach München, angeblich wollte Stein von hier aus weiter nach Ost-Berlin. Noch am selben Tag jedoch unternahm dieser am Starnberger See seinen zweiten Selbstmordversuch.

Nach meinem Besuch in Liechtenstein erhoffte ich mir weitere Hinweise von Paul Enke. Klaus Goldmann hatte den »Kunstfahnder« im anderen Stadtteil mehrmals zum Austausch von Informationen über das Schicksal verschollener Kunstwerke getroffen, und es gelang ihm, ein Gespräch in Ost-Berlin zu vermitteln. Enke gab sich als pensionierter Mitarbeiter des Ministeriums des Inneren der DDR aus, der sich aus persönlichem Antrieb für das Schicksal geraubter Kulturgüter und insbesondere für das Schicksal des Bernsteinzimmers interessierte. Im Jahr zuvor hatte er das Resultat seiner jahrzehntelangen Recherchen in dem Buch *Der Bernsteinzimmer-*

Report veröffentlicht. Dass er im Auftrag der Staatsicherheit unterwegs war, verriet Enke verständlicherweise nicht. Inhaltlich konnte er mir allerdings nicht sehr viel weiterhelfen; Georg Stein hatte sich nach dem Anruf aus Liechtenstein bei ihm nicht mehr gemeldet.

Dr. Benno Splieth vom Kreiskrankenhaus Starnberg brachte schließlich Licht in die letzten Tage des unglücklichen Bernsteinzimmerforschers. Georg Stein hatte den 31 Jahre alten Assistenzarzt in seine Verschwörungstheorien eingeweiht und fand bei ihm ein offenes Ohr. Er bot Stein an, ihn nach der Entlassung aus der Klinik und vor Beginn der Anschlussbehandlung im Ferienhaus seiner Eltern in Altdorf bei Nürnberg unterzubringen. Ein Angebot, dass Splieth später bereuen sollte.

Am 20. August erhielt der Arzt zum letzten Mal Post von seinem Patienten: »Es geht mir gut, ich laufe viel, schreibe und plane neu!« Als Splieth diese Zeilen las, war Stein bereits tot. Vereinsamt, verarmt und verzweifelt hatte der engagierte Obstbauer aus Stelle offensichtlich nur auf eine Gelegenheit gewartet, seinen Entschluss, sich das Leben zu nehmen, endlich zu vollenden. »Ein tragisches Ende«, so schrieb der getäuschte Arzt Benno Splieth später ohne Bitterkeit, »für einen Mann, der wohl ein besseres Leben, einen besseren Tod und auch eine würdigere Anerkennung seines Schaffens verdient hätte.«

Vier Monate später, am 7. Dezember, erlag Paul Enke in Ost-Berlin mit 62 Jahren einem Herzinfarkt. Auch er starb, ähnlich wie Stein, enttäuscht und desillusioniert von den Ergebnissen seiner Suche nach dem Bernsteinzimmer. Seine letzte große Hoffnung, das Objekt »Weiße Erde« – ein aufgelassenes Kaolinbergwerk bei Oberschlema in Sachsen – hatte sich im Frühjahr 1987 buchstäblich in Luft aufgelöst; die über zweieinhalb Millionen Mark teuren Sucharbeiten in dem alten Stollen hatten außer einer alten Spitzhacke und einem Paar verrotteter Gummistiefel nichts zutage gefördert.

Die Recherchen zu dem *Stern*-Artikel über Kunstraub, der unter dem Titel »Die Spur führt nach Amerika« im November des Jahres erschienen war, hatten mich immer wieder auf das Bernsteinzimmer gebracht; auch wenn es mit Ausnahme des Zufallsfunds in den National Archives eigentlich gar nicht im Fokus der Recherchen lag. Auf der Suche nach einem spannenden Stoff für meinen ersten Dokumentarfilm entschloss ich mich 1988, auf die Geschichte des Bernsteinzimmers zu setzen. Allerdings hatte ich nicht vor, nun auch nach dem verschollenen Schatz zu suchen – vielmehr sollte der 90-minütige Film eine sorgfältige Bilanz aller bekannten Fakten zum Bernsteinzimmer werden; eine Bestandsaufnahme seiner Geschichte und aller bislang nachgegangenen Spuren.

Eine erste Arbeitsgrundlage bildete hierbei das Buch *Der Bernstein-zimmer-Report* des verstorbenen Paul Enke, eine ebenso umfangreiche wie sorgfältige Arbeit, die allerdings in ihrem Wert stark durch die Tatsache gemindert wurde, dass Enke keinerlei Quellenangaben gemacht hatte. Auf Vermittlung von Klaus Goldmann nahm ich Anfang 1989 Kontakt zu Enkes Lektor Günther Wermusch vom Verlag Die Wirtschaft auf. Der Ost-Berliner bot bereitwillig seine Hilfe an. Auch wenn er, wie später in seinem Buch *Die Bersteinzimmer-Saga* zu lesen war, nach meinem Besuch von meinem Anliegen nicht wirklich überzeugt war: »An diesem Tag«, so Wermusch, »hatte ich noch keineswegs den Eindruck, dass Remy der Mann wäre, der dem Problem tatsächlich auf den Grund kommen würde. Zu ziellos, fast chaotisch erschienen mir die Fragen. Das sollte sich bald ändern.«

Nahezu alle Quellen aus Enkes Buch konnten mit Wermuschs Hilfe gefunden und ausgewertet werden. Er selbst wurde durch sein Wissen zu einer der tragenden Säulen für die Recherche. Dass er als Nachfolger von Enke »ehrenamtlich[er]« Mitarbeiter der Stasi geworden war und Kopien unserer damaligen umfangreichen Korrespondenz geradewegs bei den Führungsoffizieren des »Operativvorganges Puschkin« landeten, wusste ich damals noch nicht. Letztlich bleibt dieser Umstand unerheblich, entscheidender ist meines Erachtens, dass sein Enthusiasmus für die Suche nach dem Bernsteinzimmer – wie wohl bei den meisten Mitarbeitern des »Operativvorgangs Puschkin« – den »staatspolitischen Auftrag« überwog.

Auf Vermittlung von Wermusch fuhr ich Anfang 1990 nach Weimar. Am 9. Februar 1945 war hier im Landesmuseum die »private« Kunstsammlung von Gauleiter Koch angekommen, Teile davon waren Anfang April desselben Jahres mit einem LKW wieder abtransportiert worden. Schon Enke hatte in seinem Report den Verdacht geäußert, auch das

191

Bernsteinzimmer könnte mit der Koch'schen Kunstsammlung nach Weimar gebracht worden sein. Der 65 Jahre alte Weimarer Hans Stadelmann, pensionierter Stuckateur und passionierter Schatzsucher, glaubte nun, Indizien dafür zu haben, dass sich in den Kellern des neben dem Landesmuseum liegenden so genannten Gauforums, einem imposanten Geviert, das von Hitlers Architekt Hermann Giesler als Prototyp für die zukünftige Stadtplanung entwickelt worden war, in versteckten Bunkern oder Ähnlichem die verschollenen Kunstschätze Kochs und das Bernsteinzimmer befinden würden.

Schon Enkes Indizienkette für Weimar fußte auf einem offensichtlichen Fehlschluss: Er hielt es für möglich, dass »108 kleine Teile von [silbernen] Kerzenleuchtern« aus der Kunstsammlung Koch den 139 feuervergoldeten Leuchterarmen aus dem Bernsteinzimmer entsprechen könnten. Zwar hatte Stadelmann akribisch sämtliche Baupläne und Details zur Baugeschichte des Gauforums zusammengetragen, aber in Bezug auf das Bernsteinzimmer konnte auch er keine neuen Anhaltspunkte beisteuern. Die Möglichkeit, dass sich in den bis zu drei Stockwerken tief unterkellerten Bauten aus dem »Dritten Reich« irgendwelche versteckten Bunker oder Räume befanden, war dennoch nicht ganz auszuschließen.

Im Frühjahr 1990 begannen daher für den Dokumentarfilm auf dem Gelände des Gauforums in Weimar aufwendige Untersuchungen. Unter Leitung eines anerkannten Baugutachters von der Technischen Universität München wurden die Kellerräume der ehemaligen Gauleitung und des Hauses der Gliederungen sowie der ehemalige Aufmarschplatz dazwischen auf der Basis der alten Pläne gründlich inspiziert und teilweise neu vermessen. Wo Hohlräume zu vermuten waren, wurden Probebohrungen angesetzt, die gesamte Fläche zwischen den beiden Bauwerken schließlich vom Prüfamt für Grundbau, Bodenmechanik und Felsmechanik der TU München auf drei horizontalen und einer vertikalen Linie refraktionsseismisch vermessen. Die Methode, bei der die Zeitspanne des Weges akustischer Signale durch den Boden gemessen wird, ergab nur an einer Stelle »auf neun bis zehn Metern Tiefe eine nicht eindeutig zu erklärende Änderung der Bodendichte«. Diese Auffälligkeiten waren mit hoher Wahrscheinlichkeit auf einen Felsen im Untergrund zurückzuführen; das Ergebnis der Untersuchungen in Weimar, die Mitte 1990 abgeschlossen wurden, ließ für mich jedenfalls keinen Zweifel zu: Weder in den Kellern der beiden Gebäude noch auf der Fläche dazwischen hatte sich auch nur ein Hinweis auf versteckte Bunker oder Kellerräume ergeben.

Im Juni 1990 wurden für den Dokumentarfilm die Kühlkammern der ehemaligen Brauerei »Schönbusch« in dem früheren Königsberger Vorort Ponarth untersucht. Anlass war ein Artikel aus der *Sunday Times* von 1969; ein deutscher Werftarbeiter, so die *Sunday Times* damals, wisse von seinem Onkel, ehemals Brauereidirektor von Schönbusch, dass das Bernsteinzimmer bei Kriegsende in den Kühlkellern eingemauert worden sei. Diese Spur war ebenso wie all die anderen äußerst vage und nicht wirklich beweiskräftig. Der Umstand, dass ihr vor Ort nachgegangen werden sollte, war mehr der Faszination eines Besuchs in der bis dahin für Ausländer gesperrten Stadt Kaliningrad geschuldet als der Hoffnung, hier das Bernsteinzimmer zu finden. Immerhin hatten wir als westdeutsches Fernsehteam eine offizielle Drehgenehmigung für das damals noch schwer zugängliche ehemalige Königsberg erhalten.

Diese einmalige Gelegenheit war Falz-Fein zu verdanken. Der Baron aus Liechtenstein hatte die Recherchen zu dem Dokumentarfilm über das Bernsteinzimmer von Anfang an unterstützt. Er flog zu diesem Zweck über ein Dutzend mal persönlich mit nach Leningrad, Moskau und Kaliningrad, verwendete sich mit seinem Namen bei den offiziellen Stellen und setzte sich in jeder möglichen Form für das Projekt ein. Ohne den ungewöhnlichen Einsatz von Falz-Fein und wohl auch dem damals erblühten liberalen Geist der Perestroika hätte es niemals gelingen können, die entscheidenden Quellen zum Bernsteinzimmer in der damaligen Sowjetunion zu finden und auszuwerten.

Unter anderem war es Falz-Fein gelungen, das sowjetische Staatsfernsehen Gosteleradio für eine Kooperation zu gewinnen – die erste überhaupt mit dem westdeutschen Fernsehen. Gosteleradio wiederum verschaffte dem Filmteam und mir das Entrée nach Kaliningrad. Die Untersuchungen in der Brauerei ergaben pittoreske Bilder; die Abwasser einer Waschanlage für öffentliche Busse waren jahrelang ungeklärt in die Keller abgeflossen. Nun stand die sumpfige Ölbrühe kniehoch in den Gewölben, und das deutsch-russische Forscherteam musste sich im Schein der Taschenlampen vorantasten. Ohne Erfolg, versteckte Keller oder Hohlräume wurden nicht gefunden. Noch nachträglich verwundert, kommentierte Waleri Birjukow, Korrespondent der sowjetischen Nachrichtenagentur TASS und Teilnehmer der »Expedition«, die skurrile Situation in seinem Buch über die Suche nach dem Bernsteinzimmer: »Ob [Remy] wohl ernsthaft glaubte, dass eine Gruppe von sowjetischen Menschen einfach so nach München kommen könnte, um dort ohne jede Kenntnis der Pläne und ohne Genehmigung für einen Film in den unterirdischen Versorgungs- und Telefonleitungen der Stadt herumzustochern?«

Birjukow hatte mir in Kaliningrad allerdings Kopien einiger russischer Dokumente übergeben, unter denen sich sieben mit Schreibmaschine getippte Seiten befanden, die für mich zum Schlüssel für das Schicksal des Bernsteinzimmers werden sollten. Ich werde den Augenblick nie vergessen, als ich, zurückgekehrt nach Moskau, eine russische Dolmetscherin bat, den kyrillischen Text zu übersetzen. Es handelte sich bei den sieben Seiten um eine Abschrift der Tagebucheinträge des russischen Trophäenoffiziers Alexander Brjussow, der sich von Mai bis Juli 1945 in Königsberg aufgehalten hatte. Brjussows Fazit, das Bernsteinzimmer sei verbrannt, traf mich wie ein Schlag. Bis dahin hatte ich diese Möglichkeit nicht einmal in Betracht gezogen. Auch wenn sich bis zu diesem Zeitpunkt keine der zahlreichen untersuchten Spuren als stichhaltig erwiesen hatte, bestand immer die Hoffnung, das verschollene Kunstwerk würde zu guter Letzt doch noch irgendwo aus dem Verborgenen auftauchen. Im Verlauf der Arbeit hatte sich allerdings auch herausgestellt, dass nicht eine der zahlreichen Thesen in ihrem Ursprung auf harte Fakten zurückzuführen war. Mit dem Tagebuch Brjussows lag nun erstmals eine historisch einwandfreie Primärquelle vor, die sich ausdrücklich auf das Bernsteinzimmer bezog.

Mit Hilfe von Falz-Fein gelang es kurz darauf, in der Lenin-Bibliothek in Moskau den Nachlass von Alexander Brjussow einzusehen. Hier fanden sich die originalen Notizen, sorgfältig in gleichmäßiger Schrift auf den herausgerissenen Seiten eines russischen Kalenders von 1929 festgehalten; offensichtlich fehlte es damals sogar an Papier. Eine eindrucksvolle Bestätigung erfuhr die Schlussfolgerung Brjussows noch im selben Jahr in einem Interview mit Anatoli Kutschumow. Der ehemalige Kustos des Katharinenpalastes bewohnte ein Zimmer in einem komfortablen Altersheim für verdiente Künstler und Kulturschaffende in Puschkin. Offen erzählte er vor der Kamera von seinen Erlebnissen und berichtete unter anderem, wie er 1946 im Brandschutt des Königsberger Ordensschlosses die ausgeglühten Reste von drei Steinmosaikbildern gefunden hatte.

Kutschumow hatte seinen Fund bereits in den offiziellen Berichten von 1946 erwähnt; seither hat er die Geschichte mehrmals wiederholt und schließlich auch in seinem Buch von 1989 über das Bernsteinzimmer festgehalten. Kutschumow war ein hoch angesehener Mitarbeiter der Schlossmuseen von Puschkin, Pawlowsk und Gatschina gewesen, es gab in meinen Augen keinen vernünftigen Grund, an der Aussage des 78 Jahre alten Mannes zu zweifeln. Einzig die Frage, warum er nur drei der vier Steinmosaikbilder gefunden hatte, beschäftigte mich noch. Auf einem der frühen Fotos des Bernsteinzimmers aus dem Königsberger Schloss entdeckte ich schließlich die Antwort: In einem der Pilaster spiegelte sich deutlich sichtbar die gegenüberliegende Seite der Wandvertäfelungen, in der ein Steinmosaikbild fehlte. Im einem Aufsatz des Direktors der Städtischen Kunstsammlungen Königsberg, Dr. Alfred Rohde, fand ich dann die Bestätigung: »In alle vier Rahmen …«, so Rohde, »wurden italienische … Steinmosaikbilder, die die vier Sinne darstellen, eingesetzt, von denen leider eines fehlt …« Kutschumow konnte 1946 nicht wissen, dass ein deutscher Soldat eines der wertvollen Bilder geraubt hatte, was seine Aussage auch von daher eindrucksvoll bekräftigte. Es ist eine Ironie der Geschichte, dass ausgerechnet die Ausstrahlung des Dokumentarfilms später für den Sohn Wilhelm Achtermanns zum Auslöser wurde, über den Verkauf des von seinem Vater geraubten Steinmosaikbildes nachzudenken, wie er vor der Polizei aussagte und wodurch es 1997 letztlich wieder an die Oberfläche kam.

Die Kette der gefundenen Beweise ließ in meinen Augen keinen Zweifel mehr zu: Der Schlossverwalter Friedrich Henkensiefken hatte nach dem englischen Bombenangriff 1944 die zerstörten Spiegelfelder in den Kellern des Schlosses gesehen; Brjussow 1945 Scharniere der Türen aus dem Bernsteinzimmer und Reste der Fassung der Supraporten entdeckt und

Kutschumow 1946 schließlich drei Steinmosaikbilder. Damit war alles im Königsberger Schloss gefunden worden, was aus dem Zimmer nicht hatte verbrennen können. Auch alle weiteren bis dahin ausgewerteten Dokumente sprachen eine eindeutige Sprache – das Bernsteinzimmer war mit an Sicherheit grenzender Wahrscheinlichkeit bis zum Untergang der Stadt in Königsberg verblieben. Die einzig mögliche Schlussfolgerung aus der inzwischen drei Jahre währenden Recherche musste also lauten: Das Bernsteinzimmer ist 1945 kurz nach der Besetzung des Königsberger Schlosses verbrannt, zumal sich dieser Ablauf ungleich zwingender darstellte als die vielen vagen Spuren, die zu oftmals aufwendigen Suchexpeditionen, aber bis dahin zu keinem Erfolg geführt hatten.

Am 27. Dezember 1990 wurde der Dokumentarfilm im Norddeutschen Rundfunk zum ersten Mal ausgestrahlt. Das Fazit war sehr vorsichtig formuliert: »Niemand wird je sagen können«, so die Worte des Sprechers, »ob es nicht doch noch gelungen ist, wenigstens einen Teil des Bernsteinzimmers zu retten. Aber alle jetzt bekannten Tatsachen sprechen dafür, dass das Bernsteinzimmer für immer verloren ist.« Ich wollte nicht den Anspruch erheben, die absolute Wahrheit gefunden zu haben. Die Fakten, so dachte ich, sprachen ohnehin für sich. Insofern war der Untertitel der Dokumentation, »Ende einer Legende«, allerdings etwas zu optimistisch gewählt.

Schon im August 1990, noch während der Dreharbeiten, hatte der damalige Innenminister der DDR, Dr. Peter-Michael Diestel, bei einem Hintergrundgespräch mit dem *Hamburger Abendblatt* verkündet: »Bei Grabungsarbeiten auf dem Gelände eines ehemaligen Rittergutes, dessen Namen ich aus verständlichen Gründen nicht nennen kann, stießen wir auf versteckte Kunstschätze. Es gibt Anhaltspunkte, die nicht mehr ausschließen lassen, dass dort auch das Bernsteinzimmer zu finden sei.« Das brachte Diestel zwar in die Schlagzeilen, war aber bei genauerem Hinsehen unhaltbar. Der Innenminister hatte einen Bericht seines Zentralen Kriminalamtes in Berlin über mögliche Orte für eine Suche nach dem Bernsteinzimmer in der DDR etwas zu positiv bewertet. Diestel sollte sich bald in bester Gesellschaft befinden. Bei einem Staatsbesuch in Deutschland verkündete Boris Jelzin am 22. November 1991 vor dem Auswärtigen

Ausschuss in Bonn, er wisse, wo sich das Bernsteinzimmer befände. Nähere Informationen gab der russische Präsident allerdings bis heute nicht. Vermutlich veranlasste ihn die Entdeckung eines Bunkers auf einem Gelände der russischen Streitkräfte in Ostdeutschland zu dieser Aussage. Kurz darauf war in der Wochenzeitung *Die Zeit* unter der Überschrift »Die ganz heiße Spur« zu lesen: »Wenn nicht alles täuscht, ist das berühmte Bernsteinzimmer bald gefunden.« Gesucht wurde erstaunlicherweise wieder auf dem ehemaligen Gauforum in Weimar, diesmal auf Rechnung der Landesregierung Thüringen und mit einer »Bernstein-Arbeitsgruppe«, die der damalige thüringische Minister für Wissenschaft und Kunst, Ulrich Fickel, ins Leben gerufen hatte. Als Legitimation diente unter anderem auch die frei erfundene Behauptung, die von mir in Weimar initiierten Nachforschungen hätten im Juni 1990 »in neun bis zehn Meter Tiefe eine starke Betondecke« ermittelt. Die Kosten für den neuen Vorstoß waren auf 70 000 DM veranschlagt worden – erwartungsgemäß wurde das Unternehmen im März 1992 ohne Ergebnis abgebrochen.

So als würde der mittlerweile auf den Dritten Programmen der ARD mehrmals ausgestrahlte Dokumentarfilm gar nicht existieren, begann die Berichterstattung über das Bernsteinzimmer immer mehr auszuufern. Am 30. Januar 1992 meldete sich sogar der Fälscher der Hitler-Tagebücher, Konrad Kujau, zu Wort: Kujau, so die über dpa verbreitete Meldung, sei »in der Oberlausitz [in Ostsachsen] nach eigenen Angaben fündig geworden. Ungewiss sei bisher allerdings noch, ob es sich bei dem nun entdeckten unterirdischen Stollen tatsächlich um die Lagerstätte des legendären Bernsteinzimmers handelt. Was drin ist, wissen wir nicht«, räumte der Meisterfälscher ein, »es könnten Komissbrot, Konserven oder auch Kunst sein …« Er habe Hinweise, »dass sich das einzigartige Bernsteinzimmer russischer Zaren in der Oberlausitz befindet. Während er die 31 Bände der Tagebücher des Oberkommandos der deutschen Wehrmacht für seine Hitler-Tagebuch-Fälschung studierte, sei er auch auf Hinweise auf das Bernsteinzimmer gestoßen.«

Natürlich war die ganze Geschichte frei erfunden; Kujau hatte im Zuge der Wiedervereinigung die Stätten seiner Kindheit aufgesucht. Darunter auch das Kinderheim in Schloss Niederruppersdorf nahe Löbau, in dem er aufgewachsen war. Eine Bodenabsenkung auf dem anliegenden Kinderspielplatz hatte ihn auf die Idee gebracht, das Märchen von dem Bunker in die Welt zu setzen. Mit einem sicheren Instinkt für Publicity garnierte er die Geschichte mit dem Bernsteinzimmer – die Rechnung ging auf, und Kujau kam einmal mehr in die Zeitungen.

Es fiel mir anfänglich schwer zu verstehen, warum sich für die neuen historisch einwandfreien Fakten zum Bernsteinzimmer niemand interessierte, ein verurteilter Fälscher aber, ohne auch nur einmal hinterfragt zu werden, ein Forum für seine unhaltbaren Behauptungen fand. Das mag ein Grund dafür gewesen sein, dass ich beschloss, auf meine Weise zu handeln. Ich hatte neben der Dokumentation über das Bernsteinzimmer zu diesem Zeitpunkt bereits zwei Staffeln der Unterhaltungssendung »Vorsicht Kamera« produziert; nun wollte ich den »Meisterfälscher« täuschen.

Eine der führenden Firmen für Modellbau und Effekte bei Spielfilmen, Magicon in München, erhielt den Auftrag, ein Sockelpaneel des Bernsteinzimmers aus Kunstharz so originalgetreu wie möglich nachzubauen; als Grundlage der Arbeit dienten die historischen Fotos. Glücklicherweise gastierte 1992 in Lüneburg gerade die Wanderausstellung »Bernstein, der Stolz der Zaren« aus Zarskoje Selo, wie Puschkin seit diesem Jahr wieder genannt wurde. Gezeigt wurde auch eines der rekonstruierten Sockelpaneele des Bernsteinzimmers aus der Werkstatt des Katharinenpalastes, das für die Fälschung abfotografiert und vermessen wurde. Schließlich stellte der Direktor des Katharinenpalast-Museums, Iwan Sautow, sogar Gipsabdrücke des aufwendig gravierten Adlers aus dem Sockelpaneel zur Verfügung. Das Ergebnis war beeindruckend – die Fälschung gelang perfekt.

Die Ausstattung tat ihr Übriges, um Kujau reinzulegen: Eine Kiste aus altem Holz, Wehrmachtsdecken, alter Schutt und verrostete Karabiner sollten die Glaubwürdigkeit des Fundes verstärken. Mittlerweile war es gelungen, einen Vertrauensmann aus dem schwäbischen Umfeld des Fälschers für den Plan zu gewinnen. Mit seiner Hilfe sollte das Bernsteinzimmer in den Gewölben des Schlosses Niederruppersdorf eingebaut werden. Kujau hatte in der Presse angekündigt, er plane eine neuerliche Bohrung im Sommer 1992.

Zu guter Letzt wurde als Termin Mittwoch, der 6. Juni festgelegt. Alles stand bereit, um dem »Meisterfälscher« eine Fälschung »anzudrehen«, die er dann in falschem Glauben an die Echtheit der Presse präsentieren sollte, aber wer nicht kam, war Konrad Kujau. Er weigerte sich an dem festgelegten Datum standhaft, Stuttgart zu verlassen. Und auch in den nächsten Monaten war er nicht zu bewegen, das Thema Bernsteinzimmer überhaupt noch einmal anzusprechen. Vielleicht hatte der mittlerweile verstorbene Betrüger ja einen sechsten Sinn für Betrug. Jedenfalls wurde der Streich abgeblasen. Vier Jahre später produzierte ich wieder eine Sendung mit versteckter Kamera, »Verstehen Sie Spaß«. Die Redaktion hatte ein Programmteil gewünscht, bei dem die Presse »reingelegt« werden sollte. Das falsche Sockelstück, das bis dahin ungenutzt in einem Lager gestanden hatte, bot sich dafür geradezu an.

Am Montag, den 1. Mai 1996 wurden von Köln aus die Vertreter sämtlicher Fernsehanstalten informiert, angeblich sei ein Teil des Bernsteinzimmers aufgetaucht, das nunmehr der Öffentlichkeit präsentiert werden würde. Die Teams von RTL und n-tv waren am schnellsten vor Ort, in einer Garage in Köln Bayenthal. Gegen 18.45 Uhr brachte RTL-Aktuell bereits die Nachricht: »Teile des Bernsteinzimmers gefunden!« Ab 22.00 Uhr berichtete auch n-tv stündlich über den »Aufsehen erregenden Fund«. Um Weiterungen zu vermeiden, waren informell das Auswärtige Amt und die Russische Botschaft von dem Plan unterrichtet worden. Trotzdem hatte der Streich ein unbeabsichtigtes Nachspiel. Ein Journalist von n-tv hatte sich vor der Garage auf die Lauer gelegt und war dem Lastwagen gefolgt, der das Sockelstück gegen Abend abgeholt hatte und wieder von Köln nach München bringen sollte. Parallel dazu befand sich im Berliner Studio des Senders Prof. Dr. Winfried Baer, Direktor von Schloss Charlottenburg, um das Sockelstück mittels der Filmaufnahmen zu begutachten. Die Fälschung wäre allerdings nur am Original zu erkennen gewesen. Baer erklärte das Teil unter Vorbehalt für echt. Nach Mitternacht kontaktierte der Kunsthistoriker auf Bitten von n-tv schließlich die Polizei.

Gegen 5.00 Uhr morgens beschlagnahmten die alarmierten Polizisten des Landeskriminalamtes Bayern dann das Sockelstück und verhafteten den Fahrer. An dieser Stelle war der Streich eindeutig aus dem Ruder gelaufen; der Sondereinsatz der Polizei wurde mir in der vollen Höhe von 10 000 DM in Rechnung gestellt. Das Publikum lachte später trotzdem über das Ergebnis, und das Ganze hatte noch dazu einen positiven, wenn auch nicht beabsichtigten Nebeneffekt: Als das Steinmosaikbild im Jahr darauf auf dem schwarzen Markt auftauchte, gingen die Beteiligten mit der notwendigen Zurückhaltung ans Werk – es hätte ja gefälscht sein können.

»Remy, stecken Sie dahinter?«, fragte die sonore Stimme am anderen Ende des Telefons am 18. Februar 1997. Der Mann hatte sich mit »Schultheiß vom Polizeipräsidium in Potsdam« vorgestellt. Ich hielt das zunächst für einen Scherz. Aber Polizeidirektor Peter Schultheiß aus Potsdam verfolgte gerade die Spur des Mosaikbildes und wollte sichergehen, nicht wie im Fall des Sockelpaneels einer Unterhaltungssendung auf den Leim zu gehen. Für Schultheiß überraschend war, dass ich seinen Verdacht nicht nur zerstreuen konnte, es war mir auch möglich, ihm ein entscheidendes Indiz für die Echtheit des Steinmosaikbildes zu liefern. Seit dem Interview mit Kutschumow wusste ich ja, dass eines der Bilder nicht in Königsberg angekommen war. Schultheiß schlug vor, mir die VHS-Kassette zuzusenden, mit der das Bild auf dem schwarzen Markt angeboten wurde. Mithilfe der zeitgenössischen Fotos gelang es zu rekonstruieren, welches Motiv der vier dargestellten Sinne im Bernsteinzimmer gefehlt hatte – es war die Allegorie auf den Riech- und Tastsinn, wie auch auf dem abgefilmten Steinmosaikbild zu sehen. Erst jetzt begann Schultheiß die Angelegenheit ernsthaft zu verfolgen.

Das Auftauchen des Steinmosaiks im Mai 1997 in Bremen war wie eine späte Bestätigung für mich, und sie belegte einmal mehr die Erzählungen Kutschumows. Dass dessen Glaubwürdigkeit ähnlich wie die der Tagebuchnotizen von Brjussow dennoch nach wie vor in nahezu allen Artikeln und Büchern in Zweifel gezogen werden, kann nicht verwundern; eine ernsthafte inhaltliche Auseinandersetzung mit den Primärquellen hat bislang nicht stattgefunden. So haben sich die zahlreichen Fälschungen und Fehler zur Geschichte des Bernsteinzimmers über die Jahrzehnte derartig verfestigt, dass sie heute für die Realität gehalten werden – eine Scheinwelt, die notgedrungen die eigentliche Wahrheit ausschließen muss, weil sie ihr widerspricht. Etwa so wie bei Tobias Mindner, der in seinem Buch

Bernsteinzimmersuche zu dem Schluss kommt: »Insgesamt muss vielleicht überhaupt an der Wahrhaftigkeit und ursprünglichen Existenz des ganzen Tagebuchs [von Alexander Brjussow] gezweifelt werden. Etliche der relevanten Fakten sind exakt 180 Grad verdreht zu den offiziellen und bekannten Aussagen und Taten dieses Brjussow.« Das heißt im Klartext etwa soviel wie: Das Tagebuch entspricht nicht den bekannten Fälschungen und falschen Behauptungen, also kann es nicht echt sein.

Dabei hatte Mindner im Vorwort seiner durchaus interessanten Arbeit eigentlich schon erkannt, dass »ein Großteil der Geschichte um das verschwundene Zimmer ... sich lediglich in Büchern, Zeitschriften, Fernsehsendungen und Zeitungen abgespielt [hat]«. Ein Zustand, der weit über das Bernsteinzimmer hinaus für die moderne Gesellschaft seine Gültigkeit zu haben scheint. Die Meinungsforscherin Elisabeth Noelle-Naumann hat es auf den Punkt gebracht, wenn sie sagt: »Was Sie heute in den Köpfen der Menschheit finden, ist oft gar nicht mehr die Realität, sondern eine von den Medien konstruierte, hergestellte Wirklichkeit.«

Dieses Buch wird kaum etwas daran ändern können. Die Wandvertäfelungen sind ohnehin nur eine Arabeske im Verlauf der wechselvollen Geschichte der deutsch-russischen Beziehungen. Das Ziel dieser Arbeit, die durch die Einweihung des wiederhergestellten Bernsteinzimmers im Katharinenpalast von Zarskoje Selo im Mai 2003 angeregt wurde, ist ein viel bescheideneres: Ich habe das Bernsteinzimmer nie gesucht – aber seit es mich im Lesesaal der National Archives in Washington gefunden hat, ließ es mich nicht mehr los. Wenn ich das letzte Wort auf dieser Seite geschrieben haben werde, kann ich endlich die zahllosen Aktenordner zu diesem Thema in Kisten verpacken und einlagern, so wie ich es immer halte, wenn ein Projekt abgeschlossen ist. Ein symbolischer Akt der Befreiung, der schon für sich allein – mein Verlag möge mir verzeihen – dieses Buch gerechtfertigt hätte.

Alt und neu. Das 1997 wieder aufgetauchte Steinmosaikbild (r.) und die zu diesem Zeitpunkt bereits fertiggestellte Nachbildung (l.)

ANHANG

ABKÜRZUNGEN

Archiv der Hauptkommission zur Aufklärung von Verbrechen am polnischen Volk	GKW
Bundesarchiv-Militärarchiv Freiburg	BA-MA
Bundesarchiv Koblenz	BAK
Bundesarchiv Potsdam	BAP
Geheimes Staatsarchiv, Berlin	GStA Berlin
Die Bundesbeauftragte für die Unterlagen des Staatsicherheitsdienstes	BStU
Russische Staatsbibliothek	RSL
Sächsisches Hauptstaatsarchiv Dresden	HstaDd
Staatsarchiv der Russischen Föderation	GARF
Staatsarchiv Nürnberg	StaNü
Thüringisches Hauptstaatsarchiv, Weimar	ThHSta Weimar

ANMERKUNGEN

SPUREN

7 *Die Auktion war* – Im Folgenden zur Auktion vgl. Christie's, Important, Auktionskatalog.

8 *»Medaillon, Kopf des Cäsar …«* – Ebd., S. 45.
das Kunstwerk für 10350 Pfund … – Vgl. Christie's, Sale Results, 15.12.1994.
»Bei der Entdeckung des Quedlinburger Domschatzes …« – Zit. nach: Michal, Der Fall, in: GEO, S. 149.
zum so genannten Quedlinburger Domschatz – Vgl. Kogelfranz, Quedlinburg-Texas.

9 *das Wiederauftauchen des Priamos-Schatzes* – Vgl. Goldmann, Das Gold.
Auszüge aus den geheimen Beuteakten – Vgl. Akinscha, Beutekunst.
»Gebt uns erst das Bernsteinzimmer zurück!« – Zit. nach: Lewis, Jo Ann, The art that came out of the woodwork, in: Washington Post, 14.2.1995, (aus dem Engl. ins Deutsche übersetzt).

10 *so erklärte sein Besitzer* – Im Folgenden zum Steinmosaikbild: Schultheiß, Peter, mündl. Mittlg. an den Verf.; vgl. Achtermann, Auszüge, unveröffentl. Vgl. auch Bayer, Bernsteinzimmer, in: Der Spiegel, S. 34 ff.

11 *dankend lehnten sie ab* – Vgl. Mathes, Finderlohn, in: Stern, S. 162.
ebenfalls kein Interesse – Der Verf. informierte den Autor des GEO-Artikels, Wolfgang Michal, bereits am 18. Februar 1997 über das aufgetauchte Steinmosaikbild.
In der Hausmitteilung – Vgl. Hausmitteilung, Betreff: Bernsteinzimmer, in: Der Spiegel.

12 *sich um die Rückführung zu bemühen* – Zit. nach: Pauckert, Wolfgang, Bernsteinzimmermosaik nach Russland?, in: Berliner Morgenpost, 6.6.1997
»Weil wir meinen …« – Hausmitteilung, a.a.O.
»gutgläubiger Erbe des bösgläubigen Erblassers« – Vgl. Krämer, Bernstein-Mosaik, in: Neue Juristische Wochenschrift, S. 2580 f., sowie Finkenauer, Gutgläubiger Erbe, ebd., S. 960 ff. Der Verf. dankt Dr. Hans Peter Halmburger für den Hinweis auf diese Aufsätze.
Schließlich zahlte ein Bremer Kaufmann – Erwes, Walther, Bremen, mündl. Mittlg. an den Verf.
»Der Spiegel suche in höherem Auftrag …« – Knopf, Stefan, in: Süddeutsche Zeitung, S. 18.
im Berliner Büro des Spiegels ablieferte – Vgl. N.N., Die Inventarnummern, in: Berliner Morgenpost

13 *für 20000 Mark erworben* – Vgl. Mertin, Wolfgang, Das Bernsteinzimmer – Zwischen Schatzsuche und Wiedergeburt, Fernsehdokumentation, ORB, Potsdam, 2001.
Johannes Elste aus Leipzig – Vgl. ebd.
die kyrillischen Buchstaben ZDU – Außerdem ZDP 3320, vgl. N.N., Die Inventarnummern.

auf den Verlustlisten des Palastes erfasst – Vgl. Ministerstwo, Gossudarstwennyj Muzej-Zapowednik »Zarskoe Selo«

Allein 50 neue Spuren – Vgl. Schön, Das Geheimnis, S. 152 f., 157, 159 f., 165 f.

14 *Der Spiegel lässt seit der Jahrtausendwende* – Vgl. Hausmitteilung, Betreff: Kaliningrad, in: Der Spiegel, S. 3.

»Die barocke Kostbarkeit …« – Haedicke, Schlüter, in: Schuch, Westpreußen-Jahrbuch, S. 44.

Die Gesamtkosten für die Wiederherstellung – Vgl. S. 179.

Das Jahr 1701 kommt für den Auftrag – Vgl. S. 31, 34.

15 *»Wobei die 8 Masken sterbender Krieger …«* – Rohde, Das Bernsteinzimmer, in: Pantheon, S. 202.

den 22 Köpfen sterbender Krieger – Vgl. Müller, Das Berliner Zeughaus, in: Magazin, S. 5 ff.

Für eine ARD-Dokumentation – Remy, Maurice Philip, Das Bernsteinzimmer – Ende einer Legende, Fernsehdokumentation, NDR, Hamburg, 1990.

16 *verschiedene jüngere wissenschaftliche Publikationen* – Vgl. Eichwede, »Betr.: Sicherstellung«.

neben verschiedenen exzellenten Aufsätzen – Vgl. Hinterkeuser, Ehrenpforten, in: Jahrbuch; Peschken, Bernsteinkabinett, in: Aspekte, sowie Netzer, Bernsteingeschenke, in: Jahrbuch.

Magisterarbeit über die Legendenbildung – Vgl. Welter, Das Bernsteinzimmer, Magisterarbeit.

DAS KUNSTWERK

19 *»Des Ozeans, der Thetis Tochter, …«* – Zit. nach: Goethe, Auswärtige Literatur und Volkspoesie, in: Goethe's sämmtliche Werke, Bd. 33, S. 22.

20 *»O weh! – mein Kind!«* – Zit. nach: ebd., S. 35 f.

Durch den griechischen Dichter – Vgl. Appolonius Rhodius, Der Argonautenzug oder die Eroberung des goldenen Vließes, Köln 1832.

»… doch siehe, blutig rinnen hervor …« – Ovid, Metamorphosen, Bd. 1, München 1987.

Schon Goethe war bei der Rekonstruktion – Vgl. Goethe, a.a.O., S. 23.

vor 35 bis 55 Millionen Jahren – Vgl. Reineking, Bernstein, S. 11 f.

21 *»… untersuchen das Meer …«* – Tacitus, Publius Cornelius, Beschreibung des alten Teutschlands mit Anmerkungen, Altenburg 1786.

oder sogar Drachenblut – Vgl. Reineking, a.a.O., S. 9 f.

ebenso kostbare wie begehrte Handelsobjekte – Zur Geschichte der Bernsteinverarbeitung vgl. Bismarck, Bernstein; Pelka, Bernstein; Reineking, a.a.O., sowie Rohde, Bernstein.

Martin Luther habe einige Körner – Vgl. Netzer, Bernsteingeschenke, in: Jahrbuch, S. 229.

dem Arzt Johann Meckbach aus Hessen – Vgl. ebd.

22 *In den »Kunst- und Wundercamern«* – Vgl. Laue, Wunder, S. 7 f.

das »preußische Silber« – Zit. nach: Rohde, Das Buch, S. 13.

»als ein von Gott den Landesherren …« – Netzer, a.a.O., S. 229.

23 *»den Verfall der Bernsteinschneidekunst …«* – Zit. nach: Rohde, Bernstein, S. 58.

26 *künden von der einstigen Pracht dieses Staatsgeschenks* – Vgl. Netzer, a.a.O., S. 233 ff.

»Wie nun dieser Stuel …« – Zit. nach: Laue, Bernstein, Magisterarbeit, S. 77.

Nicolaus Turau – Vgl. Netzer, a.a.O., S. 235.

Den »schiefen Fritz« – Zit. nach: Ribbe, Preußen, S. 36.

»Alles in allem: er war groß …« – Zit. nach: Bedürftig, Preußisches Lesebuch, S. 42 f.

27 *»… auch der recht Königliche …«* – Zit. nach: Netzer, a.a.O., S. 242.

»eine Anhäufung von Mittel- und Kleinfürstentümern …« – Haffner, Preußen, S. 52.

»den … Bernsteinarbeiter Gottfried Wolffram …« – Pelka, Bernstein, S. 65.

28 *um eine Anstellung* – Zit. nach: Netzer, a.a.O., Quelle 23, S. 246.

»auch dazumahlen wie Ihro Gott …« – Zit. nach: ebd., S. 235.

im Preußischen Geheimen Staatsarchiv – Vgl. ebd., Quelle 22, S. 245 f.

Schloss Lietzenburg erbauen – Zur Baugeschichte von Schloss Lietzenburg/Charlottenburg vgl. Kühn, Die Bauwerke, S. 11–21.

30 *Schon die Kunsthistorikerin Margarethe Kühn* – Vgl. ebd., S. 40.

31 *Jüngste Forschungen des Kunsthistorikers Guido Hinterkeuser* – Vgl. Hinterkeuser, Ehrenpforten, in: Jahrbuch, S. 89–95.

34 *die Fregatte »Liburnica«* – Vgl. Kühne, Das Bernstein-Kabinet, in: Schriften, S. 101.
»Phantastischste an Inkrustationstechnik« – Rohde, Bernstein, S. 55.
»Einzigartigkeit dieses Denkmals deutschen Kunstgewerbefleißes« – Pelka, Bernstein, S. 65.

36 *acht »alte Kerls Köpfe«* – so benannt in der Auflistung der »Copia Deß Contrackts, der Börnstein Arbeit, welche die beyden Meister auß Dantzig, alß Ernst Schacht, undt Gottfried Turow, den 27. Jan: 1707. haben verdungen, undt auf ihr gewissen zu verfertigen angenommen«. Zit. nach: Pelka, Die Meister, S. 55.
jeweils ein »Seitenkopf« – Ebd. A. Rohde irrt, wenn er in der Zeitschrift Pantheon, S. 202, die »8 Masken sterbender Krieger [für] … »Alte-Kerls-Köpfe« hält. Vgl. auch Foto und Bildunterschrift auf ders. Seite. Tatsächlich muss es sich bei den Kriegerköpfen auch wegen ihrer Anzahl um die ebenfalls in der Auflistung genannten »16 Seiten Köpffe« handeln.
»typisch teigige, gravitätische« – Peschken, Bernsteinkabinett, in: Aspekte, S. 56.
»die den Dessin nur verderbete« – Zit. nach: Hinterkeuser, a.a.O., S. 93.
»leuthe, die doch der arbeith nicht gewachsen …« – Zit. nach: ebd., S. 92.
ein kleines Bernsteinkästchen – Vgl. Laue, Der Bernsteinschrank, S. 13.

37 *»gewalthätig«* – Zit. nach: Hinterkeuser, a.a.O., S. 93.
»die Ehre [zu] haben …« – Zit. nach: ebd., S. 92.
»die Wand [bei der Aktion] nicht wenig beschädiget …« – Zit. nach: ebd.

39 *»ein Altar von Bernstein …«* – Zit. nach: Hein, Ivories, in: Scandinavian Journal, S. 31.
Erstaunlicherweise ist er genauso hoch – Höhe: 1,27 cm, Breite 91,5 cm. Mittlg. durch Kirsten Christiansen, De Danske Kongers Kronologiske Samling, Schloss Rosenborg, Kopenhagen. Der Verf. dankt Jorgen Hein für den Hinweis auf den Spiegelrahmen.
einer von vier Rahmen fehlte – In einer Art Protokoll der Überprüfung der Wandtafeln kurz vor ihrem Versand nach St. Petersburg wurde am 13. Januar 1717 festgehalten: »1) Zwei Große Wandstücken, worinnen zwei Spiegelrahmen mit Spiegeln. 2) Zwei dergleichen Stücke, bei welchen nur ein lediger Spiegel Rahm«. Zit. nach: Kühne, a.a.O., S. 100.
Immerhin fehlte an dem versteigerten Kriegerkopf – Vgl. Foto S. 6.
die hohe Qualität der Arbeit – Laue, Georg, München, mündl. Mittlg. an den Verf.
aufwendig angefertigten Lederschachtel – Vgl. Christie's, Important, Auktionskatalog, S. 45.
Seinen Angaben nach – Vgl. Hinterkeuser, a.a.O., S. 93 f.

41 *nur noch 1337 Taler und 14 Groschen* – Vgl. »Copia Deß Contrackts«, a.a.O., S. 55.

42 *mit der endgültigen Ablehnung seiner Ansprüche* – Vgl. Hinterkeuser, a.a.O., S. 92, und Pelka, Die Meister, S. 46.
nicht mehr richtig Fuß fassen – Vgl. Hein, a.a.O., S. 31.
»Das Bernsteinzimmer war die letzte Großaufgabe …« – Reineking, Bernstein, S. 40.
»die bernstein Camer mit Carmosin damast …« – Zit. nach: Hinterkeuser, a.a.O., S. 89.
»die Gallerie auf den rechten Flügel …« – Zit. nach: Peschken, a.a.O., S. 53.

43 *aufbewahrt, aufgestellt oder sogar eingebaut* – Vgl. Welter, Das Bernsteinzimmer, Magisterarbeit, S. 58 f.
»… eine Schäferey von Bernstein …« – Nicolai, Friedrich, Beschreibung der königlichen Residenzstädte Berlin und Potsdam aller daselbst befindlichen Merkwürdigkeiten und der umliegenden Gegend, Bd. II, Berlin 1769. Zit. nach: Welter, a.a.O., S. 45 f.

44 *auch die Kunstkammer besichtigt hat* – Vgl. ebd., S. 59, Fußnote 183.
die Buchhaltung des Hofes – Vgl. Ribbe, a.a.O., S. 42.
»die dollste Wirtschaft von der Welt« – Zit. nach: Haffner, a.a.O., S. 51.
von den 24 Schlössern behielt er – Vgl. Ribbe, a.a.O., S. 43.

45 *Für die Kunstkammer* – Vgl. Berliner Festspiele, Preußen, Bd. 1, S. 137.
im Zeughaus eingelagert – Vgl. den Bericht von Zacharias Grübel und Franz Hermann Ortiges vom 5.12.1716, in: Welter, a.a.O., S. 77.
»Preußen war immer noch ein Programm« – Haffner, a.a.O., S. 53.

46 *Mit einer Vorliebe, die einer Marotte gleichkam* – Vgl. Bedürftig, a.a.O., S. 54 f.
»*wohlfeile Pflanzschule für Giganten*« – Ebd., S. 55.
»*mit dergleichen Figuren …*« – Zit. nach: ebd., S. 54.

48 *Treffen der beiden Monarchen* – Vgl. im Folgenden Welter, a.a.O., S. 69–80. Welter hat als Erster das Treffen und seine politischen Hintergründe in den richtigen Kontext mit der Schenkung des Bernsteinzimmers gebracht.

49 »*Katherinchen, mein Herzensfreund …*« – Zit. nach: Welter, a.a.O., S. 80 f.
zwei Jahre später in St. Petersburg – Vgl. ebd., S. 89.
Eingehüllt in Flanell – Vgl. ebd., S. 83 f.
in einer gemeinsamen Deklaration – Vgl. ebd., S. 74 f.
»*200 solcher Leute [zu] sammeln …*« – Zit. nach: ebd., S. 79.
»*einen Pokal unserer eigenen Hände Arbeit*« – Zit. nach: ebd., S. 79.
Friedrich Wilhelm I. zeigte sich hocherfreut – Vgl. ebd., S. 80.

50 »*Ehrlich gesagt ist dies ein solche Seltenheit …*« – Zit. nach: ebd., S. 89. Der Verf. folgt in seiner Darstellung des Bernsteinzimmers in Russland bis Anfang des 20. Jahrhunderts ebenfalls Sebastian Welter, dem das große Verdienst zukommt, in seiner Magisterarbeit die russischen Publikationen und Quellen ausgewertet zu haben und somit die erste stimmige Darstellung dieser Periode für den deutschen Sprachraum geschrieben zu haben.

51 *im »Großen Saal« des Sommerpalastes* – Vgl. ebd., S. 92.
»*zeigte ihnen die dort befindliche große Anzahl …*« – Zit. nach: ebd., S. 93.
»*… für die Ausschmückung der Gemächer im Winterhaus …*« – Zit. nach: ebd., S. 99; vgl. ebd., S. 119 f.

52 *um 26 Pilaster* – Vgl. ebd., S. 106.
in Bernstein nachschnitzen zu lassen – Vgl. ebd., S. 119.
Das Ergebnis war ernüchternd – Vgl. ebd., S. 101.

53 *um den Preis einer schnellen Alterung* – Vgl. ebd., S. 131.
und endete erst 1746 – Vgl. ebd., S. 119.
drei Bernsteinmeister in Königsberg – Vgl. ebd., S. 118.
»*welcher einen Delphin aus dem Meer ziehet …*« – Zit. nach: Kühne, a.a.O., S. 104.

54 »*Wir sind hier in einer großen Krise …*« – Zit. nach: Dollinger, Hans, Friedrich II. von Preußen, München, 1986, S. 46.
Am 8. November des Jahres – Vgl. Welter, a.a.O., S. 116, 118.
im Namen seiner Kaiserin an Elisabeth – Vgl. ebd., S. 130.
Von 1746 bis 1755 spielte sich hier – Vgl. ebd., S. 119 f., 123 f.

55 *die dringend einer Ausbesserung bedurften* – Vgl. ebd., S. 121.
Dass die Zarin sich deshalb 1755 entschloss – Vgl. ebd., S. 125.

56 *mit Achat ausgekleidet werden* – Vgl. ebd., S. 126 f.

57 *Rastrelli konnte … 24 … der Spiegelpilaster übernehmen* – Bei den von Welter, ebd., S. 130, erwähnten zehn neu bestellten Spiegelgläsern kann es sich um Ersatz für zerbrochene Pilaster handeln. Jedenfalls fanden im Katharinenpalast zwei Spiegelpilaster weniger Verwendung als zuvor im Winterpalast.
durch die Steinmosaikbilder der österreichischen Kaiserin – Vgl. ebd.
Gift für die Inkrustationsarbeiten – Vgl. ebd., S. 131.
Scheint schließlich entnervt aufgegeben zu haben – Vgl. ebd.
Am 14. Juli 1760 trafen die ersten Handwerker … ein – Vgl. ebd., S. 133 f.

59 »*alle leeren Stellen mit echtem Bernstein …*« – Zit. nach: ebd., S. 134.
»*Frederic Rogenbuck … maitre et inventeur …*« – Zit. nach: ebd.
zwei Kommoden stellen – Vgl. Aussage von Kutschumow, Anatoli, in: Bayer, Verkaufte Kultur, S. 76 f.
»*aus ihren inneren Zimmern in das Bernsteinzimmer …*« – Zit. nach: Welter, a.a.O., S. 136.
Von 1770 an – Vgl. ebd., S. 140 f.
ein besonders pikantes Zimmer – Vgl. Woditsch, Peter, Le secret perdu, Fernsehdokumentation, arte, Straßburg 2002.

60 *1796 verwaiste der Katharinenpalast* – Vgl. Welter, a.a.O., S. 143.
gleich mehreren Naturwissenschaftlern gelungen war – Vgl. Räther, Heinz, Rund
um den Bernstein, in: Schuch, Westpreußen-Jahrbuch, S. 35; Reineking, a.a.O., S. 40.
Bürgersfrauen und Bäuerinnen – Vgl. ebd.
»Wir werden über einen Bernsteinsaal sprechen …« – Zit. nach: Gautier, Théophile, Trésors d'art
de la russie ancienne et moderne, Paris, 1859, S. 7–10, (aus dem Franz. ins Deutsche übersetzt).
61 *und der Kleber nicht mehr an ihnen hafte* – Vgl. Welter, a.a.O., S. 150.
umfangreichere Ausbesserungsarbeiten genehmigt – Vgl. ebd.
eine erneute große Restaurierung – Vgl. ebd., S. 151 ff.
die letzte Generalüberholung – Vgl. ebd., S. 154 ff.
64 *Bei den Mengen an Rohbernstein* – Vgl. zum Ausverkauf sowjetischer Kunstschätze Bayer, a.a.O.
fehlte bereits in der zweiten Hälfte des 18. Jahrhunderts – Vgl. Kühne, a.a.O., S. 110.
in einem kleinen Band vorgestellt – Vgl. Viltchkovsky, Tsarskoe, S. 111 f.
65 *»Den in den Gängen des Palais hängenden …«* – Zit. nach: Bayer, a.a.O., S. 21 f.
66 *»ehemals kaiserlich russischen Residenzschlosses«* – Lukomski, Zarskoje, S. XI.
in die Wohnzimmer der Zaren – Vgl. Bayer, a.a.O., S. 24 f.
67 *»Wie in allen Königsschlössern …«* – Kisch, Nichts ist erregender, Bd. 1, S. 196.
Kunstwerke und Antiquitäten – Vgl. zum Ausverkauf sowjetischer Kunstschätze Bayer, a.a.O.
70 *»Als die Beschlagnahmen einsetzten …«* – Zit. nach: ebd., S. 76 f.
»Liste der Museumswerte …« – Ministerstwo, Gossudarstwennyj Muzej-Zapowednik »Zarskoe
Selo«.
versehentlich als Verlust aufgeführt – Vgl. Koslow, Grigori, »Wie und mit welchem Ziel Stalin
seine Kulturverluste im Krieg zählte«, in: Eichwede, »Betr.: Sicherstellung«, S. 163.
71 *an Wert deutlich übersteigt* – Vgl. Bayer, a.a.O., S. 8.
»Der jahrzehntelang gepflegte Mythos …« – Ebd., S. 19.
genau 276 auf der Evakuierungsliste – Vgl. Grenzer, Andreas, Die Reaktion: Sowjetische Evakuierungen und Sicherungsmaßnahmen, in: Eichwede, a.a.O., S. 124.
über 10 000 zu evakuierende Kunstgegenstände – Vgl. ebd., S. 125.
nicht auf der Evakuierungsliste – Vgl. Kutschumow, Interview; Gafifullin, Rifat, Auskunft a. d.
Verf.
72 *seine Arbeit im Katharinenpalast 1932* – Vgl. zu Kutschumows Lebenslauf Massie, Pavlowsk,
S. 176–179.
auf seinen täglichen Rundgängen – Vgl. Kutschumow, Interview.
73 *blauer Himmel wölbte sich über der Stadt* – Vgl. Salisbury, 900 Tage, S. 15.
»Gerade begann der Sommer zu sich selbst zu stehen …« – Zit. nach: Massie, a.a.O., S. 182 f., (aus
dem Engl. ins Deutsche übersetzt).

DER ORTSWECHSEL

75 *»Deutscher Stein aus deutschem Boden …«* – Zit. nach: Erichson, Die Staatliche, S.21.
»Gold der Ostsee« – Vgl. ebd., S. 20–24.
»Der blonde Stein …« – Zit. nach: ebd., S. 21.
76 *Über 60 Millionen solcher Anhänger* – Vgl. ebd., S. 136 ff., sowie Rohde, Das Buch, S. 22.
»Bernstein, ein deutscher Werkstoff« – Vgl. Gause, Die Geschichte, S. 139.
»Diese Arbeit, die auf der Wiederentdeckung …« – Rohde, Das Buch, S. 22 f.
»ein beschämendes Stück Wissenschaftsgeschichte« – Zit. nach: Netzer, Bernsteingeschenke, in: Jahr-
buch, S. 227.
Koch, 1896 in Elberfeld im Ruhrgebiet geboren – Vgl. Gause, a.a.O., S. 111 ff.; Höffkes, Hitlers,
S. 183–188; Tilitzki, Alltag, S. 13–21; Koch, Interviewabschrift.
77 *die Arbeitslosigkeit bis 1936* – Vgl. Tilitzki, a.a.O., S. 17.
weltfremd und ängstlich – Vgl. Henkensiefken, Friedrich, Brief an Gerlach, Hans, 9.10.1960,
XX. HA, Rep. 100 A, Nr. 75, Briefe von Henkensiefken, GStA Berlin.

Eingabe an die Reichsschrifttumskammer – Vgl. Rohde, Alfred, Fragebogen zur Bearbeitung des Befreiungsantrages für die Reichsschrifttumskammer, 3.2.1942, Faksimile, in: Stein, Gesucht wird, Buchmanuskript, S. 106 ff.

78 *der 1892 in Hamburg geborene Rhode* – Vgl. ebd.; Gause, Fritz, Nachruf für Alfred Rohde, in: Das Ostpreußenblatt.

»Der Stil des Bernsteinzimmers ...« – Rhode, Bernstein, S. 56.

Rohdes Vorliebe galt vielmehr – Vgl. Rhode, Interview; Gause, Die Geschichte, S. 86.

79 *hatte Propagandaminister Joseph Goebbels* – Vgl. Heuß, Der Kunstraub, in: kritische berichte, S. 39 ff.

»alle Vorraussetzungen für einen rechtmäßigen Besitzwechsel ...« – Lammers, Hans, Reichsminister und Chef der Reichskanzlei, Brief an Goebbels, Joseph, 13.8.1940, KV Ankl.Dok.Fotokop. NG 394, StaN.

80 *zwei Tafeln des Genter Altars* – Vgl. Nicholas, Der Raub, S. 166 f.

Hitler selbst stoppte – Vgl. Heuß, a.a.O., S. 41.

das Eigentum der verfolgten Juden – Vgl. Feliciano, Das verlorene Museum.

ein »Führermuseum« – Vgl. Kubin, Sonderauftrag.

»Die überwiegende Mehrheit ...« – Zit. nach: ebd., S. 70.

waren etwa 200 Bilder – Vgl. ebd.

»Der Sieg der Israeliten ...« – Vgl. Heuß, a.a.O., Anmerkung 13, S. 43.

im Januar 1941 vorsorglich angefertigt – Vgl. ebd., S. 40 f.

81 *lediglich 300 Objekte* – Vgl. ebd., S. 41.

Für die Kunstwerke – Vgl. im Folgenden zum nationalsozialistischen Kunstraub in den besetzten Gebieten der Sowjetunion: Freitag, Gabriele; Grenzer, Andreas, Der nationalsozialistische Kunstraub in der Sowjetunion, in: Eichwede, »Betr.: Sicherstellung«, S. 20–66.

82 *Der Baltendeutsche Alfred Rosenberg* – Vgl. auch Bollmus, Reinhard, Alfred Rosenberg – »Chefideologe« des Nationalsozialismus?, in: Smelser, Die braune Elite, S. 223–235.

»Kulturgüter sicherzustellen ...« – Zit. nach: Freitag, a.a.O., S. 32.

83 *Erst zwei Tage nach dem Einmarsch* – Vgl. Grenzer, Andreas, Die Reaktion: sowjetische Evakuierungen und Sicherungsmaßnahmen, in: Eichwede, a.a.O., S. 126 ff.

schon am 23. Juni vor dem Katharinenpalast versammelt – Vgl. Massie, Pavlovsk, S. 186 ff.

»Bringen Sie alles weg ...« – Zit. nach: ebd., S. 187, (aus dem Engl. ins Deutsche übersetzt).

»Deshalb wurde beschlossen ...« – Kutschumow, Interview; vgl. ders., Bericht über die Suche nach dem Bernsteinzimmer, 1950, A-659, Op. 1, d. 3 Blatt 24–45, GARF; Woronow, Jantarnaja, S. 160f.; Massie, a.a.O., Fußnote, S. 186.

85 *»Wir haben alles unternommen ...«* – Kutschumow, Interview.

In den frühen Morgenstunden des 30. Juni 1941 – Vgl. Massie, a.a.O., S. 189, 226–234; Grenzer, a.a.O., S. 128.

86 *am 15. September 1941* – Vgl. Husemann, Kriegsgeschichte, in: Kameradschaft; – Vgl. ebd.; ders., Gesprächsnotiz, »Anruf des Kameraden Rothe«, 16.1.1975, MSg 2/683, BA-MA; ders., Leserbrief, in: Die Zeit.

Hauptmann Hans Hundsdörfer – Vgl. Hundsdörfer, Interview; ders., Leserbrief, in: Frankfurter Allgemeine Zeitung; ders., Leserbrief, in: Die Zeit; ders., Brief an: Die Welt, 13.7.1984.

87 *Mit der 4. Panzergruppe* – Vgl. Achtermann, Auszüge, unveröffentl.

88 *bis hin zu den hohen Offizieren* – Vgl. Solms, Ernstotto, Augenzeugenbericht, o. D., Sammlung Schön.

89 *»Die noch in der Stadt verbliebenen Zivilisten ...«* – Zit. nach: Husemann, Leserbrief, a.a.O.

In der Nacht des 15. Mai 1942 – Vgl. v. Hehn, o. Vornamen, »Betrifft: den von der Tass-Agentur am 17.11.1941 veröffentlichten angeblichen Brief des SS-Obersturmführers Dr. Förster«, Anlage 1, 23.6.1943, Faksimile, MfS Arbeitsbereich Neiber 408, Blatt 57, BStU.

90 *am 3. Februar 1944* – Vgl. Koslow, Grigori, Wie und mit welchem Ziel Stalin seine Kulturverluste im Krieg zählte, in: Eichwede, a.a.O., S. 163.

»Rittmeister Graf Solms, vom O[ber] K[ommando der] W[ehrmacht] ...« – Kriegstagebuch, 18. Armee, 29.9.1941, 16.00 Uhr, RH 20-18/1203, BA-MA.

Dr. Ernstotto Graf zu Solms Laubach – Vgl. Solms, Lebensbericht, unveröff.; ders., Augenzeugenbericht, a.a.O.

91 *den Kunstschutz wieder ins Leben gerufen.* – Vgl. ebd., S. 1.

»dass die Bergung wertvoller Kunstgegenstände ...« – Küchler, Georg, Eidesstattliche Erklärung, 5. 7. 1946, S. 3, All.Proz. 1/LI F3, BAK.

»die Tätigkeit des Stabes Rosenberg ...« – Solms, Augenzeugenbericht, a.a.O., S. 1 f.; vgl. Jeltsch, Karin, Der Raub des Neptunbrunnens aus Schloss Peterhof, in: Eichwede, a.a.O., S. 69 f.

zu 20 Jahren Haft verurteilt. – Militärgerichtshof der Vereinigten Staaten von Amerika, Fall 12, Das Urteil gegen das Oberkommando der Wehrmacht, Berlin 1960.

94 *Posten unter Gewehr an den gefährdeten Stellen* – Vgl. Solms, Augenzeugenbericht, a.a.O., S. 3.

konnte er 400 Gemälde retten – Vgl. Freitag, a.a.O., S. 24. Die Autoren vertreten allerdings im Gegensatz zum Verf. die herkömmliche Meinung, dass es sich beim Einsatz von Solms um Kunstraub gehandelt habe.

die Einrichtung des erotischen Kabinetts – Vgl. Schmidt-Scheeder, Reporter, S. 252, 254 ff., 353, sowie Meyer, Im Liebesnest, in: Der Spiegel, S. 216 f. Beide Arbeiten nennen Schloss Gatschina als Aufbewahrungsort für das erotische Kabinett. Im Gegensatz dazu: vgl. Woditsch, Peter, Le secret perdu, Fernsehdokumentation, arte, Straßburg 2002.

eine Grotte im Park – Vgl. Wunder, Gerhard, Bericht über den derzeitigen Zustand der Zarenschlösser, 3.12.1941, in: Hartung, Verschleppt, Dokument I/34, S. 101.

Marmorstatuen im Park vergraben – Vgl. ebd., S. 99.

»Die einzelnen hohen Wandfelder ...« – Solms, Augenzeugenbericht, a.a.O., S. 3.

innerhalb von nur 36 Stunden – Vgl. Rohde, Das Bernsteinzimmer, in: Kunstrundschau, S. 91; Kersten, Ein Zimmer, in: Berliner Lokal-Anzeiger.

»Auf dem Fußboden ...« – Vgl. Alexandrowna, Anna, Vernehmungsprotokoll, 29.2.1944, zit. nach: Hartung, a.a.O., Dokument II, 14, S. 249.

Hauptmann Dr. Georg Poensgen. – Vgl. Poensgen, o.T., unveröff. Manuskript.

95 *der Umfang der sichergestellten Kunstwerke* – Vgl. Solms, Augenzeugenbericht, a.a.O., S. 3.

Am 14. Oktober 1941 brachten – Vgl. Kriegstagebuch L. Armee Korps, 14.10.1941, RH 21 717/13, BA-MA; v. Hehn, a.a.O., S. 3.

Per Bahn in fünf Eisenbahnwaggons – Vgl. Freitag, a.a.O., S. 24; Henkensiefken, Interview.

97 *Dem Regime gegenüber als kritisch eingestellt* – Vgl. Gall, Interview; Kühn, Margarete, Gesprächsnotiz, 20.3.1984, S. 3, Sammlung Wermusch; dies., Interview.

»Wände aus Bernstein im Schloss ...« – N.N., Wände aus Bernstein, in: Königsberger Allgemeine.

unwahrscheinlich, dass Erich Koch – Der von Iwanow in seinem Buch »Von Königsberg«, S. 62 f., zit. Brief Rohdes an Koch findet sich in keinem der zugänglichen russischen Archive, weder als Original noch als Abschrift oder Übersetzung. Höchstwahrscheinlich handelt es sich hierbei um eine Fälschung, so wie das gesamte Buch laut Jochen Range im Vorwort eine »interessante Mischung aus Dichtung und Wahrheit« ist.

von Leningrad bis nach Königsberg begleitet. – Vgl. Henkensiefken, Interview.

98 *»Der kann tragen ...«* – Ebd.

im Familienkreis prophezeit – Vgl. Rohde, Interview.

99 *im dritten Stock des so genannten Unfriedbaues* – Vgl. Verwaltung der Staatlichen Schlösser und Gärten, Hrsg., Das Schloss in Königsberg (Pr.) und seine Sammlungen, Museumsführer, 1942, in: Königsberg, Bd. 12, S. 208 f.

deutsche Impressionisten wie Max Slevogt – Vgl. Städtisches Verkehrsamt, Führer durch Königsberg und Umgebung, 1938, in: ebd., S. 140.

zwei der schmaleren Wandfelder – Dies ergibt sich aus dem Vergleich der bekannten Fotos vom Bernsteinzimmer im Königsberger Schloss mit den bekannten Maßen im Katharinenpalast.

die feuervergoldeten Bronzeleuchter – Vgl. Henkensiefken, Interview: »...und dann waren da noch die Wandblaker ... diese feuervergoldeten Bronzeleuchter, die konnte man sowieso nicht aufhängen, denn einmal passte es ja alles nicht [vom Platz her] ... und dann hatten die auf dem Transport sehr gelitten, die waren nicht eingepackt [gewesen] ... Die haben wir dann unten gelassen, [die] waren sowieso verbogen. Was daraus geworden ist, das weiß ich gar nicht mehr. Die hielten wir auch nicht für so wichtig.«

102 *zwei der drei Türen aus dem Bernsteinzimmer* – Vgl. Rohde, Alfred, Brief an Pitschmann, o. Vornamen, Major, 13.1.1942; Blumschein, o. Vornamen, Hauptmann, Brief an Pitschmann, Durchschlag, 26.1.1942, beide RH 20-18/1289, BA-MA.

»Der Andrang war ungeheuer ...« – Henkensiefken, Interview.

»Es hat keinen großen Eindruck bei mir hinterlassen ...« – Zit. nach: Schön, Das Geheimnis, S. 62.

»Leider sah ich nur noch eine Ruine ...« – Hundsdörfer, Brief, a.a.O.

»Das Zimmer ... erzählt beinahe selbst seine Geschichte ...« – Zit. nach: Kersten, a.a.O.

104 *von einer »ganz schlimmen Entgleisung des Dr. Rohde ...«* – Wermusch, Bernsteinzimmer-Saga, S. 27.

»einer der ganz großen Architekten in Russland ...« – Rohde, Das Bernsteinzimmer, in: Pantheon, S. 203.

Buch über das Bernsteinzimmer – Vgl. Verwaltug, a.a.O., S. 214.

»zurückgekehrt in des Wortes bester und tiefster Bedeutung ...« – Rohde, Das Bernsteinzimmer, a.a.O., S. 201.

»Stellungnahme des Konservators – Kriegstagebuch, 18. Armee, 13.12.1941, 20.40 Uhr, a.a.O.

105 *nach den Erinnerungen von Solms* – Vgl. Solms, Augenzeugenbericht, a.a.O., S. 4.

»in der Tatsache, dass einige der Kulturgüter ...« – Küchler, Eidesstattliche Erklärung, a.a.O., S. 5.

»Ich will ... damit nichts zu tun haben!« – Zit. nach: Henkensiefken, Interview.

»von den Russen ganz persönlich als Schuldiger ...« – Poensgen, a.a.O., S. 80.

»Jede Beschlagnahmung ...« – Kurz, Jakob, Kunstraub in Europa 1938–45, Hamburg, 1989, S. 408 f.

106 *für Hitler als auch für Göring* – Vgl. zu Hitler: Adjutant der Wehrmacht beim Führer, Brief an den Oberbefehlshaber des Heeres, 26.9.1941, in: Hartung, a.a.O., Dokument I/6, S. 57; zu Göring: Kurz, Jakob, Kunstraub in Europa 1938–45, Hamburg, 1989, S. 310 f.

107 *»Bericht über den derzeitigen Stand ...«* – Wunder, Bericht, a.a.O., S. 99.

»Ich habe in meinem Bericht gesagt ...« – Wunder, Gerhard, Vernehmungsprotokoll, 26.8.1947, S. 2, Microfilm, 44229 /0118, BAP.

»Es wurde an das Oberpräsidium geschrieben ...« – Utikal, Gerhard, Vernehmungsprotokoll, 25.8, 1947, S. 3, Microfilm, 44229 /0118, BAP.

den Neptunbrunnen – Vgl. Jeltsch, a.a.O., S. 67 ff.

»Der Brunnen steht im Park an ungünstiger Stelle ...« – Wunder, Bericht, a.a.O., S. 102.

aus Wien abtransportieren lassen – Vgl. Nicholas, a.a.O., S. 59 f.

108 *den berühmten Altar des Veit Stoß* – Vgl. ebd., S. 97 f.

»... als man Frankreich besetzt habe ...« – Zit. nach: Picker, Hitlers Tischgespräche, S. 244; vgl. ebd., S. 260, sowie Jochmann, Adolf Hitler, S. 154.

»über dieses Kunstwerk endgültig zu verfügen ...« – Zit. nach: Jeltsch, a.a.O., S. 71.

»ergab eine Besprechung bei der Gauleitung ...« – Ebd., S. 71 f.

»Es gibt nichts Schöneres ...« – Zit. nach: Jochmann, Adolf Hitler, S. 201.

109 *bis zu 76 Millionen Bücher* – Vgl. Eichwede, Wolfgang, a.a.O., S. 10, Einleitung: Krieg gegen die Kultur.

564 723 kulturelle Objekte aus 427 Museen – Vgl. ebd.; Koslow, in: ebd., S. 164.

Wolfgang Eichwede weist zu Recht – Vgl. ebd., S. 10 ff.

110 *eine überraschende Kehrtwende.* – Vgl. Koslow, in: ebd., S. 142 f.

»was wir jahrzehntelang ...« – Zit. nach: ebd., S. 141.

»Das Thema der Vernichtung ...« – Ebd., S. 141.

111 *»Anderthalb Monate lang ...«* – Zit. nach: Internationaler, Der Prozess, Bd. VIII, S. 88.

112 *»Beweise des deutschen Vandalentums ...«* – Zit. nach: Koslow, in: Eichwede, a.a.O., S. 143.

»Ich bestimmte das ›Schloss‹ ...« – Guderian, Erinnerungen, S. 233.

»Der vorsätzliche verbrecherische Vandalismus …« – Zit. nach: Koslow, in: Eichwede, a.a.O., S. 141.

»Die deutschen Faschisten und der deutsche Kleinbürger …« – Ebd., S. 141 f.

114 *wie Koslow nachweist.* – Vgl. ebd., S. 142.

»unbeschädigt, aber völlig ausgeplündert …« – Zit. nach: Schön, a.a.O., S. 67.

»die Deutschen … [hätten] elf enorme Zeitbomben …« – Zit. nach: Internationaler, a.a.O., Bd. VIII, S. 95.

»die totale Plünderung des Schlosses …« – Schön, a.a.O., S. 68.

115 *eine der damals typischen Wehrmachtsausstellungen* – Vgl. Henkensiefken, Interview; vgl. ders., Brief an Gerlach, Hans, 15.10.1960, XX. HA, Rep. 100 A, Nr. 75, Briefe von Henkensiefken, GStA Berlin.

»von der Kampfhandlung über Versorgung …« – Zit. nach: Solms, Lebensbericht, a.a.O., S. 8; Solms beschreibt hier eine von ihm ausgerichtete »Wehrmachtsausstellung« im Schloss von Breslau.

»Deutsche Soldaten … retteten im Herbst 1941 …« – Zit. nach: Henkensiefken, Friedrich, Brief an Gerlach, Hans, 9.10.1960, a.a.O.

Am 28. Oktober 1943 – Vgl. Henkensiefken, Friedrich, Brief an Gerlach, 15.10.1960, a.a.O.

So erinnert sich der Schlossverwalter – Vgl. Henkensiefken, Interview.

Seit den englischen Luftangriffen – Vgl. Denkschrift über die im Lande Thüringen vom Thür. Landesamt für Denkmalpflege und Heimatschutz bisher getroffenen und angeregten Kulturluftschutzmaßnahmen an Bau- Kunstdenkmälern, 18.2.1944, Faksimile, MfS, Arbeitsbereich Neiber 391, Blatt 41, BStU.

Beinahe so weiter wie zu Friedenszeiten – Vgl. Henkensiefken, Interview.

116 *»ein besatzungspolitisches Desaster …«* – Tilitzki, a.a.O., S. 50.

Am 22. Juni 1944 – Zum Kriegsverlauf bis zum Fall der Festung Königsberg vgl. im Folgenden: Zeidler, Kriegsende; Dieckert, Der Kampf; Lasch, So fiel Königsberg.

117 *»verschiedene Museumsbestände«* – Vgl. Schwerin, Leserbrief, in: Frankfurter Allgemeine Zeitung.

Für besonders kostbare Stücke – Vgl. Rohde, Alfred, Brief an Zimmermann, Heinrich, 7.8.1944, Faksimile, MfS Arbeitsbereich Neiber 382, Blatt 57, BStU; zu Haberberg: vgl. Koch, Erich, Gesprächsprotokoll durch Gerhard Strauss, 24.6.1959, S. 1 f., Sammlung Strauss.

Im Schloss eigneten sich nur – Vgl. Henkensiefken, Friedrich, Brief an Gerlach, Hans, 9.10.1960, a.a.O.

erinnerte sich Schlossverwalter Friedrich Henkensiefken – Vgl. Henkensiefken, Interview; ders., Brief an den Verf., 13.11.1992; Der Oberbürgermeister der Stadt Königsberg, Kulturamt, durch Zander, o. Vornamen, Brief an Dohna, Alexander, 6.9.1944, Sammlung Dohna.

118 *die Evakuierung des historischen Inventars* – Vgl. Rohde, Brief an Zimmermann, a.a.O.; Henkensiefken, Friedrich, Brief an Albinus, Ulrich, 1.8.1966, S. 3; im Besitz der Verf.

verständigte umgehend und diensteifrig – Vgl. Henkensiefken, Interview.

»wegen Beunruhigung der Öffentlichkeit …« – Rohde, Brief an Zimmermann, a.a.O.

»… die Frage der etwaigen Räumung …« – Ebd.

Der Angriff traf vor allem den Vorort Marauenhof. – Zu den Luftangriffen vgl. Gause, a.a.O., S. 159 f.; Will, Fragebogen, unveröffentl.

Henkensiefken erinnerte sich – Vgl. Henkensiefken, Interview.

119 *»An Löschen und Retten …«* – Zit. nach Tilitzki, a.a.O., S. 280.

120 *»Ich habe die Stadt brennen gesehen …«* – Amm, Interview.

4200 Menschen wurden vermisst – Vgl. Gause, a.a.O., S. 159.

»Er war aschfahl …« – Amm, Interview.

»eine honigähnliche Masse« – Ebd.

Baltischer Bernstein schmilzt – Weidschat, Dr. Wolfgang, Kurator am Geologisch-Paleonthologischen Institut und Museum, Hamburg, und Koller, Dr. Johann, Doerner Institut, München, mündl. Mittlg.

123 »*Na, wenigstens das Bernsteinzimmer ist geblieben.*« – Henkensiefken, Interview. Ders. zu den Spiegelpilastern: »Die Spiegel waren verbrannt, also, das war ja eine Holzeinfassung und dann mit dem Stuck … diese vergoldeten Teile … das war verbrannt, aber das Glas? Es geht ja alles durcheinander, es kann ja sein, dass das Glas auch da lag. Das interessierte in dem Augenblick gar nicht, die [Spiegel] waren jedenfalls, wie so vieles andere, war[en] auch [die] verbrannt.« »*Rohde … erwog gerade …*« – Strauss, Gerhard, Bericht, »Betr.: Bernsteinzimmer aus Detschkoje-Selo«, 20.2.1950, Sammlung Strauss.

    dass das Bernsteinzimmer bis auf sechs Sockelplatten … « – Rohde, Alfred, Brief an Zimmermann, Heinrich, 2.9.1944, Bode-Museum, Berlin.

    auch die Kunstschätze aus den Zarenschlössern – Vgl. Hirschmann, Ida, Gesprächsprotokoll durch Enke, Paul, 9.9.81, S. 3, Sammlung Wermusch.

124 »*Die Gerichtsstube eines Notars …*« – Vgl. Brjussow, Alexander, Bericht, Betr.: Aufgefundener Briefwechsel von Dr. Rohde und das Schicksal der in Königsberg gehorteten Kunstschätze, A-659, op. 1, d. 3, Blatt 9 u. 10, GARF. Nicht zu verwechseln mit demselben Motiv, »Die Gerichtsstube eines Notars«, ebenfalls von Peter Breugel dem Jüngeren aus den Städtischen Kunstsammlungen Königsberg (vgl. Kunstverein, Katalog, S. 18), das vermutlich auf Schloss Wildenhof ausgelagert war. Vermutlich ebenfalls in Wildenhof war der Höllenbreughel »Christi Höllenfahrt« des Landesmuseums Kiew, Abtlg. für Westeuropäische Kunst, vgl. Verzeichnis der aus dem Landesmuseum nach Kamenez-Podolsk verbrachten und nach Königsberg weitergeleiteten Kunstgegenstände, KV Ankl.Dok.Fotokop. NG 4353, StaN; Anders Wermusch, Eine gerechte Beute?, in: Neues Deutschland, S. 14.

    kein wesentliches Bild aus ihrem Besitz …« – Rohde, Brief an Zimmermann, 2.9.1944, a.a.O.

    von seiner privaten Wohnung aus in der Beekstraße 1 – Vgl. ebd., Briefkopf.

    … der Aufbau der Kunstsammlung war sein Lebenswerk …« – Elias-Rohde, Lotti, a.a.O.

    … für diese Kunstwerke etwa 2-3 Luftschutzräume …« – Der Oberbürgermeister der Stadt Königsberg, Brief an Dohna, a.a.O. Vgl. Dohna, Interview; ders., Brief an Schön, Heinz, 18.1.1975, Sammlung Schön; ders., Leserbrief, in: Frankfurter Allgemeine Zeitung; ders., Leserbrief, in: Das Ostpreußenblatt; ders., Leserbrief, in: Die Zeit.

    wegen politischer Unzuverlässigkeit« – Zit. nach: Dohna, Erinnerungen, S. 260; vgl. zur Verlagerung von Kunstschätzen aus Schlobitten: ebd. S. 292–305.

    sehr feucht [seien], so dass sie für die Aufnahme …« – Dohna, Alexander, Brief an den Oberbürgermeister der Stadt Königsberg, Kulturamt, 11.9.1944, Durchschlag, Sammlung Dohna.

126 *Vom Oberpräsidium hatte er die Genehmigung erhalten* – Vgl. Genehmigung, 8.11.1944, russ. Zusammenfassung, Dokument 8, Brjussow, Alexander, Bericht, a.a.O., Blatt 11.

    Vom 2. bis zum 11. November – Vgl. Rohde, Alfred, russ. Zusammenfassung diverser Briefe und Dokumente bzgl. Rautenburg, November 1944, Dok. 6 A–B, Blatt 11, ebd.

    Am 13. und 14. November begleitete Rohde – Vgl. Rohde, Alfred, russ. Zusammenfassung diverser Briefe und Dokumente bzgl. der Verlagerung der Kiewer Kunstschätze von Wehlau nach Wildenhoff, Okt./Nov. 1944, Dok. 10 A-M, Blatt 12-15, ebd.. Milve Schroedern, o. Vornamen, Brief an Lammers, Hans Heinrich, 12.9.1944, KV Ankl.Dok.Fotokop. PS 55, StaN; Schwerin, Leserbrief, a.a.O.

    diese wohl kostbarste Sammlung – Vgl. Freitag, a.a.O., S. 53.

    eine russische Kunsthistorikerin – Vgl. Krolewski, Die Geschichte, S.23–29.

127 *zwei Gemälde niederländischer Schule* – Vgl., Wermusch, Eine gerechte Beute?, a.a.O. Allerdings sind die beiden von Wermusch erwähnten Bilder nicht in dem Verzeichnis der aus Kamenenz-Podolsk nach Königsberg verbrachten Kiewer Museumsbeständen aufgeführt. Vgl. Verzeichnis, a.a.O. Die Bilder könnten also auch an einem anderen Ort gelagert haben.

    zahlreiche ausgebrannte Überreste von Ikonen – Vgl. Krolewski, a.a.O., S. 30 f.; N.N., Kunstsammlung aus Kiew in Allenstein gefunden, in: Frankfurter Rundschau, 19.8.1960.

    mit Auslagerungen nach Volpriehausen – Vgl. Hoffmann, Josef, Brief an Peters, o. Vornamen, Hauptmann, 1.11.1944, Faksimile, Sammlung Böttger. Die Albertus-Universität Königsberg lagerte außerdem umfangreiches Material direkt bei ihrer Partneruniversität in Göttingen ein, Böttger, Tete, mündl. Mittlg. an den Verf.

das Prussia-Museum brachte Bestände – Vgl. Zekri, Die gesunkene Titanic, in: Frankfurter Allgemeine Zeitung, S. 52; LaBaume, Wolfgang, Brief an Antoniewicz, Jerzy, 1.3.1960, A-659, op. 1, d. 3, Blatt 138; Information über das Auffinden einer Vorgeschichtssammlung aus Königsberg (Kaliningrad/UdSSR), 25.4.1983, MfS, Arbeitsbereich Neiber 393, Blatt 656–658, BStU.

die preußischen Kroninsignien – Vgl. Hirschmann, Ida, Gesprächsprotokoll, S. 4, a.a.O.

»die Unterbringung unersetzlicher Kunstschätze …« – Graefe, Arthur, Gesprächsprotokoll, 23.11.1944, Sächs. Staatskanzlei Nr. 320/25, Blatt 48, HstaDd.

»dass die Möglichkeit bestehe …« – Zit. nach: ebd., 8.12.1944, Blatt 51.

128 *»dass Einlagerung erfolgen darf …«* – Junge, o. Vornamen, handschr. Vermerk an Graefe, Arthur, 19.12.1944, Sächs. Staatskanzlei Nr. 320/25, Blatt 52, HstaDd.

»Ich verpacke das Bernsteinzimmer …« – Rohde, Alfred, Brief an das Kulturamt der Stadt Königsberg, 12.01.1945, russ Abschrift, im Besitz des Verf., (aus dem Russischen ins Deutsche übersetzt).

»Achtung! Hier befinden sich …« – Zit. nach: Krolewski, a.a.O., S. 27.

129 *Rohdes Sohn Wolfgang zu Besuch* – Vgl. Interview, Rohde.

»dass er vor den Russen …« – Rohde, Alfred, Brief an die Redaktion der »Freien Welt«, 29.3.1959, Sammlung Rohde.

»lag das Bernsteinzimmer …« – Rau, Magdalene, Brief an Strauss, Gerhard, 4.4.1959, Sammlung Strauss. In einem späteren Brief vom 17.4.1959 (ebd.) schreibt Rau an Strauss: »Zu Ihrem Schreiben vom 4.4.1959 teile ich Ihnen mit, dass das Bernsteinzimmer im letzten Raum des Erdgeschosses lag, von wo man aus nach dem Kunstgewerbe-Museum gelangte.« Damit bezog sich Rau auf die Arbeitsräume im Südflügel. Dieser Irrtum rührt vermutlich daher, dass Rohde seit dem Bombenangriff das Büro nach Hause verlegt hatte und Rau deshalb keine Kenntnis von der Verlagerung in den Nordflügel hatte.

die Kisten zum Hauptbahnhof bringen zu lassen. – Vgl. Elias-Rohde, a.a.O.

130 *unmittelbar danach am 27. Januar 1945* – Vgl. Zeidler, a.a.O., S. 88.

er habe einfach keinen Wagen mehr bekommen – Vgl. Brjussow, Alexander, Bericht, a.a.O., Blatt 15 f.

131 *die sterblichen Überreste des Feldmarschalls Paul von Hindenburg* – Vgl. Sailer, Das Ende, Eine Dokumentation, unveröffentl.

privater Besitz noch aus Ostpreußen evakuiert – Vgl. Lasch, a.a.O., S. 37.

von holländischen Juden geraubtem Eigentum – Vgl. Henkensiefken, Friedrich, Brief an den Verf., 13.11.92, a.a.O.; ders., Interview.

in der Ukraine beschlagnahmten Gemälden. – Vgl. Freitag, a.a.O., S. 54.

»moderner Wollbehang …« – Verzeichnis der vom Gauleiter Koch – Königsberg am 9. Februar 1945 als Museumsgut im Landesmuseum eingestellten Bände, C 802 Bd. 1, Blatt 209–215, ThHSta Weimar.

vom vergleichsweise sicheren Fliegerhorst – Vgl. Gause, a.a.O., S. 162.

Zwei Eisbrecher, die »Ostpreußen« und die «Pregel« – Vgl. Dieckert, a.a.O., S. 96 f.

132 *soweit möglich, um Normalität.* – Vgl. Gause, a.a.O., S. 160 ff.

133 *»zwei Fluchtwege von den Kellerräumen …«* – Gerlach, Die letzten Monate, in: Ostpreußenblatt, S. 12.

»progressiver Schüttellähmung« – Kecker, o. Vornamen, Dr. med., Attest für Alfred Rohde, 25.2.1945, Faksimile, abgedruckt in: N. N., Bernsteinzimmer – zerstört oder noch versteckt?, Ostpreußenblatt, 11.3.1967; vgl. Elias-Rohde, Leserbrief, in: Ostpreußenblatt.

»von keinerlei Sachkenntnis getrübt …« – Gerlach, Hans, Tagebuch, 5.4.1945, Sammlung Sätteli. Die Aufzeichnungen zu diesem Tagebuch wurden von Gerlach nach dem Krieg rekonstruiert; das Originaltagebuch verbrannte er am Tage der Kapitulation Königsbergs.

134 *Den 35000 Soldaten* – Vgl. Lasch, a.a.O., S. 82; Will, a.a.O.; Zeidler, a.a.O., S. 93.

An die 70000 Zivilisten – Vgl. Fisch, Miszellen, in: Zeitschrift, S. 399 f.

»Am ausschlaggebendsten aber war …« – Lasch, a.a.O., S. 106.

»Da ich keine besondere Funktion mehr habe …« – Gerlach, Hans, Tagebuch, 9.4.1945, a.a.O.

137 *»Zweiundzwanzig, Hörigstraße ...«* – Zit. nach: Grube, Flucht, S. 134 f.
Die Besetzung der Städte und Orte – Vgl. Zeidler, Kriegsende; Ehemaliges Bundesministerium, Die Vertreibung, Bde. 1–3.

138 *»Vernichtung der faschistischen Bestie ...«* – Zit. nach: Zeidler, a.a.O., S. 110, (aus dem Russ. ins Deutsche übersetzt).
ein langer Leidensweg für die Zivilbevölkerung – Vgl. Luschnat, Die Lage; Gause, Königsberg, S. 170–177; Hoppe, Auf den Trümmern; Falk, Ich blieb; Kalusche, Unter dem Sowjetstern; Kreutz, Das große Sterben; Linck, Königsberg; Starlinger, Grenzen; Wieck, Zeugnis.
»An vielen Punkten ...« – Deichelmann, Ich sah Königsberg, S. 35 f.
Dieses Vorgehen, das sich in nahezu allen – Vgl. Zeidler, a.a.O., S. 143 f.; Gause, a.a.O., S. 171.
»die Wiege des verhassten Preußentums.« – Luschnat, a.a.O., S. 42.
hatte die Besetzung der Stadt eine neue Phase erreicht – Ebd., S. 43–47.

140 *»Museums- und Bibliotheksschätze ...«* – Brjussow, Alexander, Über das Schicksal des Bernsteinzimmers, Manuskript, o.D., nach 1961, S. 1, (aus dem Russ. ins Deutsche übersetzt), Nachlass Brjussow, RSL.
der so genannten Trophäenbrigaden – Vgl. Akinscha, Beutekunst; Koslow, Grigori, Wie und mit welchem Ziel Stalin seine Kulturverluste im Krieg zählte, in: Eichwede, »Betr.: Sicherstellung«, S. 141–168.
bei weitem übertreffen sollte – Vgl. Akinscha, a.a.O., S. 7.
Über 2,5 Millionen Kunstwerke – Vgl. Koslow, a.a.O., S. 162.
eine Gruppe der Moskauer Staatsuniversität – Vgl. Bericht der Kommission der Moskauer Staatsuniversität, 25.04.1945, A-659, op. 2, d. 46, Blatt 219 f., GARF.

141 *»alles zerstört, verbrannt, vernichtet [wäre]«.* – Richter, Interview; vgl. Richter, Leserbrief, in: Frankfurter Allgemeine Zeitung.
»auf der restlichen Fläche kein ausreichender Platz ...« – Brjussow, Alexander, Tagebuch, Eintrag o.D., (aus dem Russ. ins Deutsche übersetzt), Nachlass Brjussow, RSL.

142 *»[Er] sieht greisenhaft aus ...«* – Ebd.
wegen ihrer »Rasse« oder politischen Überzeugung – Vgl. Wieck, a.a.O.
entließ man häufig gerade jene Deutschen – Vgl. Luschnat, a.a.O., S. 44.
»Für meine Begriffe ist er ...« – Brjussow, Alexander, Tagebuch, 25.6.1945, a.a.O.
in Königsberg eingetroffenen Trophäenbrigade – Vgl. Einleitung zur Akte über das Bernsteinzimmer, (aus dem Russ. ins Deutsche übersetzt), A-659, GARF.
Zirlin, im Zivilleben Doktorand – Vgl. Akinscha, a.a.O., S. 338.

143 *»Türangeln aus Zarskoje Selo ...«* – Brjussow, Alexander, Tagebuch, Eintrag o.D., a.a.O.

144 *»Im genannten Gebäude ...«* – Brjussow, Alexander, Akt Nr. 1, Stadt Königsberg, 12.6.1945, handschriftl. Entwurf, (aus dem Russ. ins Deutsche übersetzt), Nachlass Brjussow, RSL.
der Erinnerung des Schlossverwalters – Vgl. S. 123.
»Die Angelegenheit ... schien klar ...« – Brjussow, Alexander, Über das Schicksal, a.a.O., S. 3.
»Wahrscheinlich war der von unseren Soldaten ...« – Brjussow, Alexander, Tagebuch, Eintrag o.D., a.a.O.
noch über 1000 unversehrte Objekte – Vgl. ebd.
»Heute wurde der dritte Raum ...« – Ebd., 25. 6. 1945.

145 *»Meine Späher erscheinen ...«* – Lehndorff, Ostpreußisches Tagebuch, S. 155.
in der Asche auch ein Bündel Dokumente entdeckt – Vgl. Brjussow, Alexander, Tagebuch, 19.6.1945, a.a.O.
»Sagen Sie, Herr Oberst ...« – Zit. nach: Brjussow, Über das Schicksal, a.a.O., S. 7.

146 *»Die Ausgrabungen sind beendet ...«* – Brjussow, Alexander, Tagebuch, 13.7.1945, a.a.O.
»als Grundstein des zukünftigen Museums.« – Ebd., Eintrag o.D.
»Ohne einen Fachmann ...« – Brjussow, Alexander, Protokoll, Königsberg, 12.06.1945, handschriftl. Entwurf, (aus dem Russ. ins Deutsche übersetzt), Nachlass Brjussow, RSL.

»Die Dekorationen des Bernsteinzimmers …« – Zit. nach: Wermusch, Die Bernsteinzimmer-Saga, S. 135.

Reibereien mit den Offizieren der anderen Trophäenbrigade – Vgl. Brjussow, Tagebuch, 25.6.1945, a.a.O.

ein grotesker Zwischenfall – Vgl. ebd., 2.7.1945.

ein Truppenteil im Schloss einquartiert – Vgl. ebd.

147 *»Nun ja, unsere Arbeit scheint umsonst …«* – Ebd.

laut Auskunft des russischen Kunsthistorikers Grigori Koslow – Koslow, Grigori, mündl. Mittlg. an den Verf., vgl. Wermusch, Eine gerechte Beute?, in: Neues Deutschland, S. 14.

befand sich Rhode bereits im Deutschen Zentralkrankenhaus – Vgl. Brjussow, Alexander, Über das Schicksal des Bernsteinzimmers, a.a.O., S. 9; B., Martha, Brief an Rohde, Wolfgang, 29.11.1956, Sammlung Rohde; Henkensiefken, Friedrich, Brief an Gerlach, Hans, 10.11.1960, XX. HA, Rep. 100 A, Nr. 75, Briefe von Henkensiefken, GStA Berlin.

148 *In einem Keller in der Kunkelstraße* – Vgl. B., Martha, Brief, a.a.O.

zu Fällen von Kannibalismus – Vgl. Luschnat, a.a.O., S. 80.

allein in diesem Winter 21000 Menschen – Vgl. Fisch, Miszellen, in: Zeitschrift, S. 396.

im Ambulatorium an der Stägemannstraße – Vgl. B., Martha, Brief, a.a.O.; Bols, Leserbrief, in: Ostpreußenblatt; Sohr, Leserbrief, in: ebd.

»in der Endphase des Hungertodes …« – Ebd.; vgl. Linck, a.a.O., S. 63 f.

»zu deutsch …: den unmenschlichen Lebensumständen …« – B., Martha, Brief an Rohde, Wolfgang, 21.11.1956, Sammlung Rohde.

der Königsberger Zahnarzt Harry U. – Vgl. Henkensiefken, Brief, a.a.O.

in Massengräbern an der Altrossgärtner Kirche – Vgl. Beckherrn, Die Königsberg-Papiere, S. 112.

auf dem Neuen Luisenfriedhof begraben – Vgl. A., Anna, Erklärung, o.D., Sammlung Rohde.

weit über 40 000 Bürger – Über die Zahlen der seit der Kapitulation verstorbenen Königsberger liegen keine gesicherten Angaben vor; vgl. Fisch, a.a.O.; Luschnat, a.a.O., S. 65 ff.

149 *Im März 1946 traf erneut eine russische Kommission* – Vgl. Einleitung zur Akte, a.a.O.; Kutschumow, Anatoli, Bericht über die Suche nach dem Bernsteinzimmer, 1950, A-659, op. 1, d. 3, Blatt 24 f.; Woronow, Jantarnaja, S. 169–190; Kutschumow, Interview.

einer der wenigen Museumsdirektoren – Vgl. Koslow, a.a.O., S. 153 f.

Unter oft abenteuerlichen Umständen – Vgl. Massie, Pavlovsk, S. 293–311.

Der Kunstschutzoffizier hatte nach den Bombentreffern – Vgl. v. Hehn, o. Vornamen, »Betrifft: den von der Tass-Agentur am 17.11.1941 veröffentlichten angeblichen Brief des SS-Obersturmführers Dr. Förster«, Anlage 1, 23.6.1943, Faksimile, MfS, Arbeitsbereich Neiber 408, Blatt 57, BStU.

So etwa auch ein zerlegtes Parkett – Vgl. ebd.

in einem ehemaligen Getreidespeicher – Vgl. Hartung, Ulrike, Der Weg zurück: Russische Akten bestätigen Rückführung eigener Kulturgüter aus Deutschland nach dem Zweiten Weltkrieg. Probleme ihrer Erfassung, in: Eichwede, a.a.O., S. 211 ff.

150 *274 Kisten mit Kunstschätzen* – Vgl. ebd., S. 213.

fotografisches Gedächtnis – Vgl. Massie, a.a.O., S. 294.

stieß er auf die Marmorbüste – Vgl. Kutschumow, Interview; ders. Bericht, a.a.O., S. 6 ff.; Woronow, a.a.O., S. 169–190.

zwischen Tür und Fenster drei völlig ausgeglühte Steinmosaikbilder – Vgl. ebd.

lediglich Teile der Bronzerahmen – Vgl. Kutschumow, Interview.

151 *»Das ist keine ausreichend überzeugende …«* – Kutschumow, Bericht, a.a.O., S. 7.

»zur dienstlichen Benutzung« – Ebd.

des ehemaligen Wirtes der Schlossgaststätte – Vgl. Feierabend, Paul, Zeugenaussage, eigenhändige Niederschrift, 2.4.1946, A-659, op. 1, d. 3, Blatt 121, 122 GARF.

152 *»mit Dr. Rhode eine ernste Auseinandersetzung …«* – Ebd.

nicht in das Bernsteinzimmer eingebaut worden – Vgl. S. 99.

Fotos aus dem Königsberger Schloss – Vgl. S. 101.

aus der Wandvertäfelung genommen – Vgl. Henkensiefken, Friedrich, Brief an Gerlach, Hans, 9.10.1960, XX. HA, Rep. 100 A, Nr. 75, Briefe von Henkensiefken, GStA Berlin.

die Tatsachen oft durcheinander – Vgl. Kutschumow, Bericht, a.a.O., S. 16.

nicht mehr im Schloss – Vgl. S. 133.

nicht daran erinnern konnte – Vgl. Gerlach, Hans, Brief an das Ostpreußenblatt, o.D., Sammlung Sätteli. Hierin schreibt Gerlach: »Koch soll den Befehl zur Fortschaffung der Kisten mit dem Inhalt Bernsteinzimmer angeblich bei seinem letzten Besuch im Königsberger Schloss gegeben haben, der am 5. April in den späten Nachmittagsstunden stattfand und bei dem ich die ganze Zeit zugegen war …«. Vgl. Henkensiefken, Friedrich, Brief an Kurz, Jakob, 11.3.1985. Hierin schreibt Henkensiefken: »Herr Gerlach bestätigte mir auch, dass der Gauleiter Koch am 5. April 1945 im Schloss gewesen sei … Von irgendwelchen Anordnungen über den Abtransport des Bernsteinzimmers hätte er nichts gehört und auch am nächsten Vormittag, 6.4., hätte er von einem Transport mit Lastwagen nichts bemerkt. Dann wäre ein Abtransport nicht mehr möglich gewesen.«

weniger als einen Prozent des ursprünglichen Volumens – Vgl. Remy, Anorganische Chemie, Bd. II, S. 583.

153 *1946 einen Fehler gemacht* – Koslow, Grigori, mündl. Mittlg. an den Verf.

zum stellvertretenden Hauptabteilungsleiter – Vgl. Strauss, Gerhard, Bericht, »Betr.: Bernsteinzimmer aus Detschkoje-Selo [sic!]«, 20.2.1950, Sammlung Strauss.

154 *»erneute Mitteilung über Verlagerung …«* – Ebd., S. 2.

gesichtet und für den Versand nach Russland vorbereitet – Vgl. Hartung, a.a.O., S. 219.

»die Lage des Bernsteinzimmers …« – Kutschumow, Bericht, a.a.O., S. 18.

Am 7. Dezember 1949 – Vgl. Strauss, Bericht, a.a.O., S. 2 f.

100 sowjetische Soldaten und Feuerwehrmänner – Vgl. Kutschumow, Bericht, a.a.O., S. 18.

»In den Verhandlungen …« – Strauss, Bericht, a.a.O., S. 2.

155 *»umgehenden Rückreise nach Berlin …«* – Strauss, Gerhard, Antrag auf Heimreise, 13.12.1949, handschriftl., A-659, op. 1, d. 4, Blatt 26, GARF.

156 *»Zufällige Grabungen können …«* – Strauss, Gerhard, Aufzeichnung, Was ich über das Bernsteinzimmer aus Detschkoje-Selo weiß, 8.12.1949, Blatt 30, GARF.

»schlechte Arbeitsmoral« – Kutschumow, Anatoli, u.a., Bestätigung über schlechte Arbeitsmoral von Dr. Strauss, o.D., A-659, op. 1, d. 4, Blatt 6, GARF.

auf jede Weise abgelenkt hätten – Vgl. Kutschumow, Bericht, a.a.O., Blatt 20.

»Gebiet Chemnitz/Plauen als möglichen Verlagerungsort« – Vgl. Strauss, Bericht, a.a.O., S. 3.

Am 23. Dezember 1945 – Vgl. Brjussow, Alexander, Bericht von der Dienstreise nach Kaliningrad, 5.12.1949, A-659, o. 1, d. 3, Blatt 46–51, GARF.

157 *»Ich gehe davon aus …«* – Ebd., Blatt 3.

Brjussow erinnerte sich jetzt … – Vgl. ebd., Blatt 5.

um die Tiefkeller der Stadtbank – Vgl. Rau, Magdalene, Brief an Strauss, Gerhard, 24.3.59, Sammlung Strauss.

158 *»Da wir das Bernsteinzimmer damals nicht mehr suchten …«* – Brjussow, Bericht, a.a.O., Blatt 5.

»dass das Bernsteinzimmer im Ordensraum …« – Brjussow, Über das Schicksal, a.a.O., S. 9.

159 *»krimineller Nachlässigkeit angeklagt …«* – Akinscha, a.a.O., S. 28.

Rohde seinerzeit in Königsberg – Brjussow, Über das Schicksal, a.a.O., S. 5 f.

160 *»ungefähr 200 Bilder und 98 Kisten …«* – Brjussow, Alexander, Akt Nr. 2, Stadt Königsberg, 12.6.1945, handschriftl. Entwurf, (aus dem Russ. ins Deutsche übersetzt), Nachlass Brjussow, RSL.

750 Gemälde der Dresdner Gemäldegalerie – Vgl. Akinscha, a.a.O., S. 239.

den Raub der Bilder zur Rettungsaktion – Vgl. ebd., S. 235 ff.

»Das war eine eklatante Lüge …« – Zit. nach: ebd., S. 243.

ordnete Chruschtschow die Rückgabe – Vgl. ebd., S. 255.

161 *»Trotz umfangreicher Nachforschungen …«* – Zit. nach: ebd., S. 251.

Kaum einer von ihnen hatte gewusst – Vgl. ebd., S. 51 ff.; Freitag, Gabriele, Die Restitution von NS-Beutegut nach dem Zweiten Weltkrieg, in: Eichwede, a.a.O., S. 170-208.

»demzufolge Hunderttausende von erbeuteten …« – Akinscha, a.a.O., S. 252; vgl. ebd., S. 299.

162 *Rückgabe von 1 569 176 »Trophäen«* – Vgl. ebd., S. 259.

Über eine Million Kunstwerke – Vgl. S. 247.

»Auf der Suche nach dem Bernsteinzimmer« – Dimitrijew, Auf der Suche, in: Kaliningradskaja Prawda.

163 *»Als die Kunstexperten der Deutschen Demokratischen Republik«* – Dimitrijew, Wo blieb, in: Freie Welt.

Karl-Heinz Wegener, Chefredakteur der Freien Welt – Vgl. Krolewski, Die Geschichte, S. 46.

unter dem Pseudonym »Dimitrijew« – Vgl. Iwanow, Von Kaliningrad, S. 146.

Rudi Wyst aus Elsterberg – Vgl. Band 29, AV 14/79, BStU.

164 *»BEFEHL an Obersturmbannführer Wyst …«* – Zit. nach: Krolewski, a.a.O., S. 49.

mit ernüchterndem Ergebnis – Vgl. Abschluss der Ermittlungen gegen Wyst, Rudi … wegen Desinformation sowjetischer Organe bei der Suche nach dem Bernsteinzimmer, o.D., wohl 1979, AV 14/79, Bd. 29, Blatt 362–366, BStU.

»Befehl und Bericht sind eine Erfindung …« – Ebd., Blatt 365.

kam die russische Zeitung Iswestia – Vgl. Schatrow, Das Geheimnis, in: Iswestia.

»Auf den Spuren des Bernsteinzimmers« – Poerzgen, Auf den Spuren, in: Frankfurter Allgemeine Zeitung.

einem kleinen Büchlein – Vgl. Dimitrijew, Das Geheimnis.

»die ganze Geschichte der Suche …« – Brjussow, Alexander, Das Bernsteinzimmer, Manuskript, o.D., nach 1961 (wohl erste Fassung des Manuskripts: Das Schicksal, a.a.O.), S. 1, (aus dem Russ. ins Deutsche übersetzt), Nachlass Brjussow, RSL.

165 *die Fährte aufgenommen* – Vgl. Enke, Paul, Kurzauskunft, o.D., wohl um 1982, MfS, Arbeitsbereich Neiber 386, Blatt 179, 180, BStU.

»betreibt er … aus eigenem Antrieb« – Ebd.

»im Schatten des Matterhorns …« – Stein, Gesucht wird, Buchmanuskript, S. III.

den so genannten Klosterschatz von Petschur – Vgl. Heuß, Der Klosterschatz, in: kritische berichte, S. 45–51; die folgende Ausführung beruht auf: Stein, a.a.O., 107–208.

167 *bis zum 11. März 1967* – Vgl. Protokoll der 1. Sitzung der Kommission zur Suche nach dem Bernsteinzimmer, o.D., wohl März 1967, A-659, op. 1, d. 1, Blatt 6–22, GARF.

über Exgauleiter Erich Koch ausgelöst – Vgl. Orlowski, Auf den Spuren, in: Dziennik Ludowy. Striganow sagte in der konstituierenden Sitzung der Komission, die auf Anordnung vom 11.3.1967 des Ministerrates der Russischen Föderation gegründet worden war, wörtlich: »In letzter Zeit gibt es in der Presse Berichte, die auf Informationen aus Polen beruhen, dass der Kriegsverbrecher Koch einen der Orte genannt haben soll, an dem angeblich das Bernsteinzimmer in Kaliningrad versteckt worden sein könnte. Wir sollten diese Angaben kritisch untersuchen. Aber ich muss betonen, dass diese Berichte nicht zur Schaffung der Kommission geführt haben. Die Gründung der Kommission resultiert aus der objektiven Notwendigkeit, seriös und wissenschaftlich nach den Werten zu suchen, die unserem Volk gehören.«

168 *abgemagert und gesundheitlich schwer angegriffen* – Vgl. Koch, Erich, Aussage, 21.10.1958, GKW.

Für Mord an 72 000 Polen und über 200 000 Juden – Vgl. Höffkes, Hitlers politische, S. 188.

Unter Berufung auf Artikel 407 – Vgl. ebd.; Iwanski, Inreneusz, mündl. Mittlg. an den Verf.

Slawomir Orlowski hatte … die Genehmigung erhalten – Vgl. Orlowski, Interview.

Am 22. Februar 1967 erschien dann ein erstes Interview – Orlowski, Auf den Spuren, a.a.O.

169 *»Als die Russen [Königsberg] unmittelbar bedroht haben …«* – Zit. nach: ebd.

Auf Wunsch der staatlichen Inspektion – Vgl. A-659, op. 1, d. 5, Blatt 8 f., GARF.

»[Koch] hat behauptet …« – Ebd., Blatt 10.

»E. K. war durchaus bereit zu sprechen …« – Koch, Erich, Gesprächsprotokoll durch Gerhard Strauss, 24.6.1959, S. 1 f., Sammlung Strauss..

befragte den Gefangenen vor der Kamera – Schieminski, Interview.

172 *»Alle fragen mich nach dem Bernsteinzimmer …«* – Zit. nach: ebd.

173 *auf das Bergwerk Wittekind in Volpriehausen* – Zu Volpriehausen hat der Verleger Tete Böttger noch vor Stein begonnen zu recherchieren. Er verfügt über die wohl umfangreichste Sammlung zu diesem Thema.

»Stein scheint mir vor allem wegen seiner unrealistischen Denkweise …« – Enke, Paul, Brief an Semjonow, Julian, April 1985, handschriftl. Entwurf, MfS, Arbeitsbereich Neiber 409, Blatt 129, BStU.

einen offiziellen Auftrag – Vgl. Enke, Kurzauskunft, a.a.O.; ders., Briefe an Beater, Bruno, 30.1. und 5.2.1978, AV 14/79, Bd. 1, Blatt. 356–358, BStU. Bereits 1976 war eine regionale Suchexpedition in Dresden durch die Stasi unterstützt worden; vgl. ebd., Blatt 342, 343. Zum »offiziellen Vorgang« des Ministeriums für Staatssicherheit wurde die Suche nach dem Bernsteinzimmer endgültig allerdings erst 1980; vgl. Aktenvermerk, 30.5.1980, ebd., Blatt 7.

174 *1984 die Akten der Kommission* – Vgl. Anordnung des Kulturministers der RSFSR betr. Liquidation der Bernsteinzimmer-Kommission, 22.07.74, A-659, op. 2, d. 59, Blatt 3, 4, GARF. Bereits 1981 war die Entscheidung gefallen, die Suche auf dem Gelände des ehemaligen Ordensschlosses in Kaliningrad einzustellen; vgl. A-659, op. 1, d. 8, Blatt 7–15, GARF.

bereits 1979 die Entscheidung getroffen – Vgl. Staatliches Museum Zarskoje Selo, Ruhrgas AG, Chronologie

dem es 1978 mit verschiedenen Reproduktionen – Vgl. Beljakowa, Alla, Die Leningrader Renaissance, in: Sowjetunion heute, Nr. 9. September 1986, S. 6 f.

durch sowjetische Zeitungen geisternde Plan – Vgl. Pörzgen, Das Bernsteinzimmer, in: Frankfurter Allgemeine Zeitung.

In Vorbereitung auf die Wiederherstellung – Einzelheiten über die Rekonstruktion erfuhr der Verf. bei seinen Aufenthalten in der Restaurierungswerkstatt in Zarskoje Selo 1989 und 1990.

175 *»Wenn diese Hilfe ausbleibt …«* – Zit. nach: N. N., Ende der Arbeiten zur Restauration des Bernsteinzimmers?, in: Wostok, April 1992.

die Sockelpaneele und eines der schmalen Wandfelder – Vgl. Staatliches, Chronologie, a.a.O.

»Seit Januar stehen die Arbeiten still …« – Siegl, Elfie, Die Sorgen der Restauratoren in der Bernsteinzimmer-Werkstatt von Zarskoje Selo, in: Frankfurter Allgemeine Zeitung, 25.8.1997, S. 3.

178 *für den Vorstandsvorsitzenden war klar* – Middelschulte, Achim, mündl. Mittlg. an den Verf.

unter den deutschen Experten zwei Lager gebildet – Vgl. ebd.

179 *Am 6. September 1999* – Vgl. Staatliches Museum, Chronologie, a.a.O.

Über sechs Tonnen Rohbernstein – Zimmermann, Astrid, mündl. Mittlg. an den Verf.

etwa drei Millionen Euro wert – Der Preis für Rohbernstein lag Anfang 2003 bei ca. 500 Euro pro Kilo; ebd.

zwischen fünf und siebeneinhalb Millionen – Auch wenn sich die Vorarbeiten, Recherchen, erworbenen Techniken etc. kaum abschätzen lassen, so scheint unter Berücksichtigung der Tatsache, dass ca. 75 Prozent der Wandvertäfelungen mit den 3,5 Millionen Dollar der Ruhrgas AG fertiggestellt werden konnten, die niedrigere Schätzung der Realität am nächsten zu kommen. Im Gegensatz hierzu veranschlagt das Staatliche Museum von Zarskoje Selo inoffiziell die Herstellungskosten auf ca. 11,5 Millionen Dollar.

IN EIGENER SACHE

183 *»Der denkende Mensch …«* – Zit. nach: Goethe, Wilhelm Meisters Wanderjahre, in: Goethe's sämmtliche Werke, Band 10.

184 *Bergung – Evakuierung – Rückführung* – Kühnel, Bergung.
Rohr in ihrem Artikel – Vgl. Rohr, »Irene Kühnel-Kunze«, in: Museumskunde, S. 54–57.
»Nichts ist zarter als die Vergangenheit …« – Zit. nach: Kühnel, Bergung, S. 7.

186 *durch die US-Truppen im April 1945* – Im Folgenden nach Remy, Die Spur, in: Stern, S. 75 f.
wies der Bernsteinexperte Günter Wermusch nach – Vgl. Wermusch, Bernsteinzimmer-Saga, S. 67.

187 *in Höhe von 220 000 DM* – Vgl. Stein, Epikrise, S. 5.
»man hätte versucht, ihn zu betäuben …« – Zit. nach: ebd., S. 7.
»mit dem Ziel Schweiz …« – Zit. nach: ebd., S. 9 f.

188 *in das Kreiskrankenhaus nach Starnberg* – Vgl. »Betr.: Pat. Georg STEIN«, Kreiskrankenhaus Starnberg, Bericht vom 20.8.1987.
erneut den Bauch aufgeschnitten – Kriminalinspektion Ingolstadt, Brief an Splieth, Benno, 25.08.1987. Hierin u.a.: »Zu Ihrer Information darf ich noch mitteilen, dass die gerichtsmedizinische Untersuchung des Leichnams von Herrn Stein zweifelsfrei ergeben hat, dass dieser durch Suizid zu Tode gekommen ist.«
Baron Eduard Falz-Fein – Alle biographischen Angaben sowie Einzelheiten zu Georg Stein durch Falz-Fein, Eduard, mündl. Mittlg. an den Verf.

189 *von einem Freund auf Stein aufmerksam gemacht* – durch den bekannten Publizisten Klaus Mehnert. Vgl. Stein, Gesucht wird, Buchmanuskript, S. 316.
er sei einem »Mordanschlag« zum Opfer gefallen – Enke, Paul, mündl. Mittlg. an den Verf.; vgl. Wermusch, a.a.O., S. 77.
Der Bernsteinzimmer-Report – Enke, Der Bernsteinzimmer-Report.

190 *Dass er im Auftrag der Staatssicherheit* – Vgl. MfS, Arbeitsbereich Neiber 386, Blatt 146, BstU.
bei ihm nicht mehr gemeldet – Enke, Paul, mündl. Mittlg. an den Verf.; vgl. Wermusch, a.a.O., S. 77.
die letzten Tage des unglücklichen Bernsteinforschers – Splieth, Benno, mündl. Mittlg. an den Verf.
»Es geht mir gut, ich laufe viel …« – Stein, Georg, Postkarte an Splieth, Benno, 18.8.1987.
»Ein tragisches Ende …« – Splieth, Benno, Brief an Falz-Fein, Eduard, 4.9.87.
Seine letzte große Hoffnung – Vgl. Wermusch, a.a.O., S. 63.
»Die Spur führt nach Amerika« – Remy, a.a.O., S. 70–76.

191 *»An diesem Tag …«* – Wermusch, a.a.O. S. 11.
»ehrenamtlicher« Mitarbeiter – Zit. nach: MfS, Arbeitsbereich Neiber 381, Blatt 11, BStU.
Kopien unserer damaligen umfangreichen Korrespondenz – Vgl. MfS, Arbeitsbereich Neiber 401, BstU.

192 *mit der Koch'schen Kunstsammlung nach Weimar* – Enke, Bernsteinzimmer-Report, S. 188–192.
»108 kleine Teile von [silbernen] Kerzenleuchtern …« – Verzeichnis der vom Gauleiter Koch – Königsberg am 9. Februar 1945 als Museumsgut im Landesmuseum eingestellten Bände, C 802, Bd. 1, Blatt 215, ThHSta Weimar.
den 139 feuervergoldeten Leuchterarmen – Vgl. Enke, a.a.O., S. 191 f.; Enke griff hier wohl ohnehin zu hoch, da er die Leuchter des Deckenfrieses mitzählte. Aller Wahrscheinlichkeit nach wurden nur die Leuchter der Spiegelpilaster abmontiert, also insgesamt 72 Teile.
Unter Leitung eines anerkannten Baugutachters – Es handelt sich um Prof. Rudolf Grimme, München.
»auf neun bis zehn Metern Tiefe …« – Zit. nach: Remy, Maurice Philip, Leserbrief, in: Die Zeit, Nr. 1, Jan. 1992. Vgl. auch Prüfamt, Seismische Untersuchung, Prüfbericht.

193 *Sunday Times von 1969* – Vgl. Terry, Brewery, in: Sunday Times.
eine offizielle Drehgenehmigung – Davor war es lediglich Bengt und Irmgard von zur Mühlen gelungen, als Bundesbürger offiziell in Kaliningrad drehen zu können.

194 *«Ob [Remy] wohl ernsthaft glaubte …«* – Birjukow, Jantarnaia, S.147, (aus dem Russ. übersetzt).
195 *Auf einem der frühen Fotos* – Vgl. S. 101.
   »In alle vier Rahmen …« – Rohde, Das Bernsteinzimmer, in: Pantheon, S. 203.
196 *»Niemand wird je sagen können …«* – Zit. nach: Remy, Maurice Philip, Das Bernsteinzimmer – Ende einer Legende, Fernsehdokumentation, NDR, Hamburg, 1990.
   »Bei Grabungsarbeiten auf dem Gelände …« – Zit. nach: Wermusch, a.a.O., S. 127 f.
197 *er wisse, wo sich das Bernsteinzimmer befände* – Vgl. Reuth, Auf der Spur, S. 9.
   Vermutlich veranlasste ihn – Böttger, Tete, mündl. Mittlg. an den Verf.
   »Wenn nicht alles täuscht …« – Janßen, Spur, in: Die Zeit, S. 24.
   »in neun bis zehn Meter Tiefe …« – Ebd.
   auf 70 000 DM veranschlagt – dpa, Suche nach Bernsteinzimmer, dpa-Meldung.
   »in der Oberlausitz … nach eigenen Angaben …« – dpa, Meisterfälscher, dpa-Meldung.
   die ganze Geschichte frei erfunden – Mündl. Mittlg. an den Verf. aus dem Umfeld von Konrad Kujau.
199 *Prof. Dr. Winfried Baer* – Vgl. Baer, Winfried, offener Brief an das Auswärtige Amt und andere, 13.5.1996.
200 *in der vollen Höhe von 10 000 DM* – Vgl. Reuters, Bewusste, in: Süddeutsche Zeitung.
201 *»Insgesamt muss vielleicht überhaupt …«* – Mindner, Bernsteinzimmersuche, S. 25.
   »ein Großteil der Geschichte …« – Ebd., S. 7.
   »Was Sie heute in den Köpfen der Menschheit finden ….« – Zit. nach: Ulfkotte, So lügen, S. 6.

QUELLEN- UND LITERATURVERZEICHNIS

ARCHIVE UND SAMMLUNGEN

Bode-Museum, Berlin
Bundesarchiv Berlin
Bundesarchiv-Militärarchiv Freiburg
Die Bundesbeauftragte für die Unterlagen des Staatssicherheitsdienstes der ehemaligen Deutschen
    Demokratischen Republik (BStU) Berlin
Geheimes Staatsarchiv, Berlin
Archiv der Hauptkommission zur Aufklärung von Verbrechen am polnischen Volk, Warschau
National Archives, Washington
Private Sammlungen (Auswahl)
    Böttger, Tete, Göttingen
    Dohna-Schlobitten, Alexander Fürst zu (†), Basel
    Falz-Fein, Eduard Baron, Vaduz
    Henkensiefken, Friedrich (†), Oldenburg
    Rhode, Wolfgang, Köln
    Schön, Heinz, Bad Salzuflen
    Strauss, Anneliese (†), Berlin
    Sätteli, Barbara, Rielasingen
    Wermusch, Günther, Berlin
Russische Staatsbibliothek (Lenin-Bibliothek), Moskau
Sächsisches Hauptstaatsarchiv Dresden
Staatsarchiv der Russischen Föderation (Gossudarstwennyj Archiv Rossijskoj Federazii), Moskau
Staatsarchiv Nürnberg
Thüringisches Hauptstaatsarchiv Weimar

Im Juni 1990 wurden dem Autor durch einen nicht namentlich bekannten Mitarbeiter des KGB in Kaliningrad sechs kopierte Seiten mit der russischen Übersetzung von acht Briefen und Durchschlägen aus dem Konvolut übergeben, das Alexander Brjussow am 19.06.1945 im Schloss von Königsberg gefunden hatte. Die Briefe stehen in Zusammenhang mit den Bemühungen Dr. Alfred Rohdes zum Schutz und zur Verlagerung von Kulturgütern, u.a. des Bernsteinzimmers. Diese Briefe von Rohde, gleichwohl sie bis heute nicht im Original aufgetaucht sind, wurden seit 1959 auszugsweise in zahlreichen Publikationen zitiert. Auch die russischen Übersetzungen befinden sich, soweit dem Autor bekannt, in keinem zugänglichen Archiv. Allerdings fand der Verfasser später zu drei der o. a. Briefe die deutschen Originale oder Originaldurchschläge in der Sammlung Dohna-Schlobitten und im Archiv des Kaiser-Friedrich-Museums vor. Sie entsprechen bis auf unwesentliche Übersetzungsfehler denen in Russisch. Außerdem hat Brjussow 1945 einen Bericht in Form einer Kurzzusammenfassung aller Briefe aus dem gefundenen Konvolut verfasst, der sich im Fonds A-659 des russischen Zentralstaatsarchivs Moskau befindet. Auch die jeweiligen Zusammenfassungen entsprechen dem Inhalt der Briefe. Der Autor hat daher keinen Anlass, an ihrer Echtheit zu zweifeln. Vielmehr geht er davon aus, dass sich in den Archiven des KGB eines Tages auch die Originalbriefe Rhodes wiederfinden lassen werden.

LITERATUR

Akinscha, Konstantin; Koslow, Grigori, Beutekunst. Auf Schatzsuche in russischen Geheimdepots, München 1995

Akinscha, Konstantin; Koslow, Grigori; Toussaint, Clemens, Operation Beutekunst. Die Verlagerung deutscher Kulturgüter in die Sowjetunion nach 1945, Nürnberg 1995

Andrée, Karl, Der Bernstein und seine Bedeutung in Natur- und Geisteswissenschaften, Kunst und Kunstgewerbe, Technik, Industrie und Handel, Königsberg 1937

Bayer, Waltraud, Hrsg., Verkaufte Kultur. Die sowjetischen Kunst- und Antiquitätenexporte 1919–1938, Frankfurt a. M. 2001

Beckherrn, Eberhard; Dubatow, Alexej, Die Königsberg-Papiere. Schicksal einer deutschen Stadt. Neue Dokumente aus russischen Archiven, München 1994

Bedürftig, Friedemann, Hrsg., Preußisches Lesebuch. Bilder, Texte, Dokumente, Stuttgart 1981

Bencard, Mogens, Rosenborg Studier. De danske kongers kronologiske samling, Kopenhagen 2000

Benz, Wolfgang, Hrsg., Die Vertreibung der Deutschen aus dem Osten. Ursachen, Ereignisse, Folgen, Frankfurt a. M. 1995

Berliner Festspiele GmbH, Hrsg., Preußen. Versuch einer Bilanz, 5 Bde., Reinbek bei Hamburg 1981

Birjukow, Waleri, Jantarnaia komnata: mify i realnost, Moskau 1992

Bismarck, Rule von, Bernstein – das Gold des Nordens, Neumünster 1982

Bruhn, Peter, Internationale Bibliographie des Schrifttums über die Suche nach dem Bernsteinzimmer, Berlin/Fürstenwalde 1999

Courtois, Stéphane u.a., Das Schwarzbuch des Kommunismus. Unterdrückung, Verbrechen und Terror, München 1998

Christie's, Manson & Woods Limited, Auktionskatalog, Important European Sculpture and Works of Art, London 1993

Deichelmann, Hans, Ich sah Königsberg sterben. Aus dem Tagebuch eines Arztes, Schnellbach 2000

Dimitrijew, Wenjamin; Jerachow, Walentin, Das Geheimnis des Bernsteinzimmers, Riga 1961

Dieckert, Kurt; Grossmann, Horst, Der Kampf um Ostpreußen. Der umfassende Dokumentarbericht über das Kriegsgeschehen in Ostpreußen, Stuttgart 1976

Dohna-Schlobitten, Alexander Fürst zu, Erinnerungen eines alten Ostpreußen, Berlin 1989

Dönhoff, Marion Gräfin, Kindheit in Ostpreußen, Berlin 1988

Dönhoff, Marion Gräfin, Namen, die keiner mehr nennt: Ostpreußen – Menschen und Geschichte, München 1989

Ehemaliges Bundesministerium für Vertriebene, Flüchtlinge und Kriegsgeschädigte, Hrsg., Die Vertreibung der deutschen Bevölkerung aus den Gebieten östlich der Oder-Neiße, Bd. I/1– Bd. I/3, Augsburg 1992

Eichwede, Wolfgang; Hartung, Ulrike, Hrsg., »Betr.: Sicherstellung«. NS-Kunstraub in der Sowjetunion, Bremen 1998

Enke, Paul, Der Bernsteinzimmer-Report. Raub, Verschleppung und Suche eines weltbekannten Kunstwerkes, Berlin 1986

Erichson, Ulf, Hrsg., Die Staatliche Bernstein-Manufaktur Königsberg 1926–1945, Ribnitz-Damgarten 1998

Falk, Lucy, Ich blieb in Königsberg. Tagebuchblätter aus dunklen Nachkriegsjahren, München 1965

Feliciano, Hector, Das verlorene Museum. Vom Kunstraub der Nazis, Berlin 1998

Fisch, Bernhard, Nemmersdorf, Oktober 1944. Was in Ostpreußen tatsächlich geschah, Berlin 1997

Franz, Walther, Vom Blutgericht zu Königsberg, Königsberg/Leipzig 1938

Gause, Fritz, Die Geschichte der Stadt Königsberg in Preußen, Bd. 3, Köln 1971

Gause, Fritz, Königsberg so wie es war, Düsseldorf 1988

Goethe's sämmtliche Werke in vierzig Bänden, Stuttgart/Augsburg 1857

Goldmann, Klaus; Schneider, Wolfgang, Das Gold des Priamos. Geschichte einer Odyssee, Leipzig 1995

Goldmann, Klaus; Wermusch, Günter, Vernichtet. Verschollen. Vermarktet. Kunstschätze im Visier von Politik und Geschäft, Asendorf 1992

Grube, Frank; Richter, Gerhard, Flucht und Vertreibung. Deutschland zwischen 1944 und 1947, Hamburg 1981

Guderian, Heinz, Erinnerungen eines Soldaten, Stuttgart 1998

Haase, Günther, Die Kunstsammlung des Reichsmarschalls Hermann Göring. Eine Dokumentation, Berlin 2000

Haffner, Sebastian, Preußen ohne Legende, Hamburg 1979

Hartung, Ulrike, Verschleppt und Verschollen. Eine Dokumentation deutscher, sowjetischer und amerikanischer Akten zum NS-Kunstraub in der Sowjetunion (1941–1948), Bremen 2000

Höffkes, Karl, Hitlers politische Generale: die Gauleiter des 3. Reiches. Ein biographisches Nachschlagewerk, Tübingen 1986

Hoppe, Bert, Auf den Trümmern von Königsberg. Kaliningrad 1946–1970, Schriftenreihe der Vierteljahrshefte für Zeitgeschichte, Bd. 80, München 2000

Hubatsch, Walther, Die Albertus-Universität zu Königsberg/Preußen in Bildern, Würzburg 1966

Internationaler Militär Gerichtshof Nürnberg, Der Prozess gegen die Hauptkriegsverbrecher vor dem Internationalen Militärgerichtshof Nürnberg, 14. November 1945–1. Oktober 1946, Bd. I–XLII, Nürnberg 1949

Iwanow, Juri Nikolajewitsch, Von Kaliningrad nach Königsberg. Auf der Suche nach verlorenen Schätzen, Leer 1991

Jochmann, Werner, Hrsg., Adolf Hitler. Monologe im Führerhauptquartier 1941–1944, Hamburg 1980

Kalusche, Elfriede, Unter dem Sowjetstern. Erlebnisse einer Königsbergerin in Nordostpreußen 1945–1947, München 1981

Kisch, Egon Erwin, Nichts ist erregender als die Wahrheit. Reportagen aus vier Jahrzehnten, 2 Bde., Köln 1979

Knyschewski, Pawel Nikolajewitsch, Moskaus Beute. Wie Vermögen, Kulturgüter und Intelligenz nach 1945 aus Deutschland geraubt wurden, München/Landsberg am Lech 1995

Kogelfranz, Siegfried; Korte, Willi A., Quedlinburg–Texas und zurück. Schwarzhandel mit geraubter Kunst, München 1994

Königsberg. Reiseführer von Anno dazumal. Bd. 2, Leer 1988

Königsberg. Reisebücher von Anno dazumal, Bd. 12, Leer 1991

Konsalik, Heinz G., Das Bernsteinzimmer, Bayreuth 1988

Kreutz, Anneliese, Das große Sterben in Königsberg 1945–47, Kiel 1988

Krolewski, Wenjamin, Die Geschichte des Bernsteinzimmers, Moskau 1966

Kubin, Ernst, Sonderauftrag Linz. Die Kunstsammlung Adolf Hitler. Aufbau, Vernichtungsplan, Rettung. Ein Thriller der Kulturgeschichte, Wien 1989

Kühn, Margarete, Die Bauwerke und Kunstdenkmäler von Berlin. Schloss Charlottenburg, Berlin 1970

Kühnel-Kunze, Irene, Bergung – Evakuierung – Rückführung. Die Berliner Museen in den Jahren 1939–1959, Jahrbuch Preußischer Kulturbesitz, Sonderbd. 2, Berlin 1984

Kunstverein Königsberg i. Pr. e. V., Hrsg., Katalog der Städtischen Gemäldegalerie zu Königsberg i. Pr., Im Schloß, Königsberg i. Pr. 1924

Lange, Heinrich; Normann, Alexander von, Auf der Suche nach dem alten Königsberg, Würzburg 1992

Lasch, Otto, So fiel Königsberg, Stuttgart 1976

Laue, Georg, Hrsg., Der Bernsteinschrank. The Amber Cabinet, München 2001

Laue, Georg, Hrsg., Wunder kann man sammeln, München 1999

Lehndorff, Hans Graf von, Ostpreußisches Tagebuch. Aufzeichnungen eines Arztes aus den Jahren 1945–1947, München 1961

Linck, Hugo, Königsberg 1945–1948, Leer 1959

Lukomski, G. K., Zarskoje Selo. Innenräume und Möbel des ehemals Kaiserlich Russischen Residenzschlosses, Berlin 1924

Luschnat, Gerhild, Die Lage der Deutschen im Königsberger Gebiet 1945–1948, Frankfurt a. M. u. a. 1996

Massie, Suzanne, Pavlovsk. The Life of a Russian Palace, Blue Hill 1990

Matthes, Eckhard, Hrsg., Als Russe in Ostpreußen. Sowjetische Umsiedler über ihren Neubeginn in Königsberg/Kaliningrad nach 1945, Bietigheim-Bissingen 2002

Mindner, Tobias, Bernsteinzimmersuche. Mit Presse und Trompeten, Berlin/Fürstenwalde 1998

Ministerstwo kultury Rossijskoj Federazii, Hrsg., Gossudarstwennyj Muzej-Zapowednik »Zarskoe Selo«, Moskau 2000

Ministerstwo kultury Rossijskoj Federazii, Hrsg., Gossudarstwennyj Muzej-Zapowednik »Pawlowsk«, Moskau 2000

Nicholas, Lynn H., Der Raub der Europa. Das Schicksal europäischer Kunstwerke im Dritten Reich, München 1995

Orlowski, Slawomir, Tajemnica Gauleitera, Warschau 1990

Pelka, Otto, Bernstein, Berlin 1920

Pelka, Otto, Die Meister der Bernsteinkunst, Kiel 1916

Picker, Henry, Hitlers Tischgespräche im Führerhauptquartier. Hitler, wie er wirklich war, Stuttgart 1976

Reimann, Dietmar B., Bernsteinzimmerkomplott. Die Enttarnung eines Mythos, Berlin/Fürstenwalde 1997

Reimann, Dietmar B., Das versteckte Königreich. Bernsteinzimmer-Komplott. Teil 2, Berlin/Fürstenwalde 2000

Reineking von Bock, Gisela, Bernstein. Das Gold der Ostsee, München 1981

Remy, Heinrich, Lehrbuch der Anorganischen Chemie, Bd. I, Leipzig 1965

Remy, Heinrich, Lehrbuch der Anorganischen Chemie, Bd. II, Leipzig 1973

Reuth, Ralf Georg, Auf der Spur des Bernsteinzimmers: Puschkin – Königsberg – Weimar – Coburg, Berlin 1998

Ribbe, Wolfgang; Rosenbauer, Hansjürgen, Hrsg., Preußen. Chronik eines deutschen Staates, Berlin 2000

Rogner, Klaus P., Hrsg., Verlorene Werke der Malerei. In Deutschland in der Zeit von 1939 bis 1945 zerstörte und verschollene Gemälde aus Museen und Galerien, München 1965

Rohde, Alfred, Bernstein. Ein deutscher Werkstoff. Seine künstlerische Verarbeitung vom Mittelalter bis zum 18. Jahrhundert, Berlin 1937

Rohde, Alfred, Das Buch vom Bernstein. Bernstein ein deutscher Werkstoff, Königsberg/Berlin 1937

Rohde, Alfred, Das Schloss in Königsberg. Preußen und seine Sammlungen, Museumsführer, Berlin 1933

Salisbury, Harrison E., 900 Tage. Die Belagerung von Leningrad, Frankfurt a. M. 1970

Schmidt-Scheeder, Georg, Reporter der Hölle. Die Propaganda-Kompanien im 2. Weltkrieg. Erlebnis und Dokumentation, Stuttgart 1977

Schneider, Wolfgang, Die neue Spur des Bernsteinzimmers. Tagebuch einer Kunstfahndung, Leipzig 1994

Schneider-Henn, Dietrich, Auktionskatalog. Teil II. Fotografie: Historische und zeitgenössische Bildleistungen sowie Beiträge zur Farbfotografie, München 2001

Schön, Heinz, Das Geheimnis des Bernsteinzimmers. Das Ende der Legenden um den in Königsberg verschollenen Zarenschatz, Stuttgart 2002

Schuch, Hans-Jürgen, Hrsg., Westpreußen-Jahrbuch. Aus dem Land an der unteren Weichsel, Bd. 43, Münster 1992

Smelser, Ronald; Syring, Enrico; Zitelmann, Rainer, Die braune Elite. 22 biographische Skizzen, Bd. 1, Darmstadt 1989

Smelser, Ronald; Syring, Enrico; Zitelmann, Rainer, Die braune Elite. 21 weitere biographische Skizzen, Bd. 2, Darmstadt 1993

Starlinger, Wilhelm, Grenzen der Sowjetmacht, Kitzingen-Main 1974

Thomas, Ludmila; Wulff, Dietmar, Hrsg., Deutsch-russische Beziehungen. Ihre welthistorischen Dimensionen vom 18. Jahrhundert bis 1917, Berlin 1992

Tilitzki, Christian, Alltag in Ostpreußen 1940–45. Die geheimen Lageberichte der Königsberger Justiz, Leer 1991

Ulfkotte, Udo, So lügen Journalisten. Der Kampf um Quoten und Auflagen, München 2001

Viltchkovsky, S., Tsarskoe Selo, englische Ausgabe, Berlin 1912

Wermusch, Günter, Die Bernsteinzimmer–Saga. Spuren, Irrwege, Rätsel, Berlin 1991

Wermusch, Günter, Tatumstände (un)bekannt: Kunstraub unter den Augen der Alliierten, Braunschweig 1991

Wieck, Michael, Zeugnis vom Untergang Königsbergs. Ein »Geltungsjude« berichtet, Heidelberg 1996

Woronow, Michail; Kutschumow, Anatoli, Jantarnaja komnata: schedewry dekoratiwno-prikladnogo iskusstwa is jantarja w sobranii Ekaterininskogo Dworza-Museja, Leningrad 1989

Zeidler, Manfred, Kriegsende im Osten. Die Rote Armee und die Besetzung Deutschlands östlich von Oder und Neiße 1944/45, München 1996

AUFSÄTZE UND ARTIKEL IN SAMMELBÄNDEN; ZEITSCHRIFTEN UND ZEITUNGEN (Auswahl)

Albinus, Ulrich, Das Bernsteinkabinett. Seine Entstehung und sein Schicksal, in: Das Ostpreußenblatt, 1. 10. 1966

Bayer, Wolfgang, Bernsteinzimmer. »Das kann man nicht fälschen«, in: Der Spiegel, Nr. 21, 19.5.1997

Bols, Lise, Leserbrief, in: Das Ostpreußenblatt, 22.10.1960

Brodbeck, Albert, Wie das Bernsteinzimmer nach Russland kam, in: Berliner Volks-Zeitung Abendausgabe, Nr. 134, 19.3.1942

Broder-Keil, Lars, Das Geheimnis des Bernsteinzimmers, Teil I, in: Das Blatt, Nr. 40, 1990

Broder-Keil, Lars, Das Geheimnis des Bernsteinzimmers, Teil II, in: Das Blatt, Nr. 41, 1990

Dimitrijew, Wenjamin, Auf der Suche nach dem Bernsteinzimmer, in: Kaliningradskaja Prawda, 6., 9., 12., 15. 7. 1958

Dimitrijew, Wenjamin, Wo blieb das Bernsteinzimmer? Teil I, in: Freie Welt, Nr. 9, 26.2.1959

Dimitrijew, Wenjamin, Wo blieb das Bernsteinzimmer? Teil II, in: Freie Welt, Nr. 10, 5.3.1959

Dohna-Schlobitten, Alexander Fürst zu, Leserbrief, in: Das Ostpreußenblatt, 31.8.1984

Dohna-Schlobitten, Alexander Fürst zu, Leserbrief, in: Die Zeit, Nr. 51, 14.12.1984

Dohna-Schlobitten, Alexander Fürst zu, Leserbrief, in: Frankfurter Allgemeine Zeitung, 5.8.1965

dpa, Meisterfälscher in Oberlausitz »fündig« geworden, dpa-Meldung, 30.1.1992

dpa, Suche nach Bernsteinzimmer in Weimar abgebrochen, dpa-Meldung, 7.3.1992

Elias-Rohde, Lotti, Leserbrief in: Das Ostpreußenblatt, 15.10.1960

Finkenauer, Thomas, Gutgläubiger Erbe des bösgläubigen Erblassers – Das Bernsteinzimmer-Mosaik, in: Neue Juristische Wochenschrift, Heft 14, 1998

Fisch, Bernhard; Klemeševa, Marina, Miszellen. Zum Schicksal der Deutschen in Königsberg 1945–1948 (im Spiegel bisher unbekannter russischer Quellen), in: Zeitschrift für Ostmitteleuropaforschung, Heft 44, 1995

Gerdau, Kurt, Ein Ende aller Legenden. Das Bernsteinzimmer ist in Königsberg verbrannt, in: Das Ostpreußenblatt, 16. 2. 1991

Gerlach, Hans, Die letzten Monate im Blutgericht. Das Ende des berühmten Lokals, in: Das Ostpreußenblatt, 7.6.1969

Goldmann, Klaus, Berliner Kulturschätze – unterwegs, in: Berliner Festspiele GmbH, Hrsg., Die Reise nach Berlin, Berlin 1987

Goldmann, Klaus, Unternehmen »Sonnenuntergang«. Operation »sunrise«. Berliner Museen zwischen 1937 und 1987, in: Museums-Journal, Nr. 1, August 1987

Goldmann, Klaus, Verborgene Geschichte, in: MUT. Forum für Kultur, Geschichte und Politik, Nr. 349, September 1996

Hausmitteilung 18. 5. 2002. Betreff: Kaliningrad, in: Der Spiegel, Heft 21, 2002

Hausmitteilung 19. 5. 2000. Betreff: Bernsteinzimmer, in: Der Spiegel, Heft 21, 2002

Hein, Jørgen, Ivories by Gottfried Wolffram, in: Gelfer-Jørgensen, Mirjam, Hrsg., Scandinavian Journal of Design History. An Annual. Volume I. 1991, Copenhagen 1991

Heuß, Anja, Der Klosterschatz Petschur, in: kritische berichte. Zeitschrift für Kunst- und Kulturwissenschaft, Jg. 23. Nr. 2, 1995

Heuß, Anja, Der Kunstraub der Nationalsozialisten. Eine Typologie, in: kritische berichte. Zeitschrift für Kunst- und Kulturwissenschaft, Jg. 23. Nr. 2, 1995

Hinterkeuser, Guido, Ehrenpforten, Gläserspind und Bernsteinzimmer. Neue und wieder gelesene Quellen zur Baugeschichte von Schloss Charlottenburg (1694–1711), in: Generaldirektor der

Stiftung Preußische Schlösser und Gärten Berlin-Brandenburg, Hrsg., Jahrbuch, Bd. 3, 1999/2000, Berlin 2002

Hundsdörfer, Hans, Leserbrief, in: Die Zeit, Nr. 51, 14.12.1984

Hundsdörfer, Hans, Leserbrief, in: Frankfurter Allgemeine Zeitung, 25. 8. 1966

Husemann, Friedrich, Kriegsgeschichte, in: Kameradschaft der Polizeidivision – 4. SS-Pol.Pz. Gren.Div., Nr. 28, Dezember 1974

Husemann, Friedrich, Leserbrief, in: Die Zeit, Nr. 51, 14. 12. 1984

Janßen, Karl-Heinz, Die ganz heiße Spur, in: Die Zeit, 29. 11. 1991

Janßen, Karl-Heinz, Großfahndung nach dem Bernsteinzimmer, in: Die Zeit, Nr. 47, 16. 11. 1984

Jürgs, Michael, »Old Soldiers Never Die«, in: Stern, Heft 42, 2002

Kaswinow, M., »Die Spur führt nach Bonn«. Auf der Suche nach dem »Bernsteinzimmer«, in: Sowjetskaja Kultura, Nr. 55, 9.5.1966

Kersten, Paul, Ein Zimmer ging auf Reisen, in: Berliner Lokal-Anzeiger, Nr. 88, 12. 4. 1942

Kleßmann, Eckart, »Ich kenne das Versteck«, Teil I–III, in: Die Zeit, Zeitmagazin, Dezember 1978

Knopf, Michael, Stefan und die Detektive, in: Süddeutsche Zeitung, Nr. 128, 7./8.6.1997

Krämer, Gerd, Bernsteinzimmer-Mosaik: Ersitzung durch den gutgläubigen Erben des bösgläubigen Besitzers?, in: Neue Juristische Wochenschrift, Heft 39, 1997

Kühne, Freiherr B. von, Das Bernstein-Kabinet im Königlichen Schlosse zu Berlin und Das Bernstein-Zimmer im Kaiserlichen Palais zu Zarskoje-Sselo, in: Schriften des Vereins für die Geschichte der Stadt Berlin, Heft XX, Berlin, Moskau, St. Petersburg. 1649–1763, 1882

Laue, Georg, Bernstein – ein außergewöhnlicher Bildträger für die Kunst des Amelierens, in: Salmen, Brigitte, Hrsg., Glas. Glanz. Farbe. Vielfalt barocker Hinterglaskunst im Europa des 17. und 18. Jahrhunderts, Murnau 1997

Matern, Norbert, Sowjets schaffen Bernsteinzimmer, in: Das Ostpreußenblatt, 25. 8. 1979

Mathes, Werner, »Finderlohn« für Beutekunst, in: Stern, 22. 5. 1997

Meyer, Fritjof, Im Liebesnest der Zarinnen, in: Der Spiegel, Heft 50, 2000

Michal, Wolfgang, Der Fall Bernsteinzimmer, in: GEO, Heft 5, Mai 1997

Müller, Regina, Das Berliner Zeughaus, in: Magazin des deutschen historischen Museums, Heft 6, 2. Jg., 1992

N. N., »Bewusste Irreführung«. Falscher Film über Bernsteinzimmer, in: Süddeutsche Zeitung, 3. 5. 1996

N. N., Die Inventarnummern stimmen überein. Vermutlich Kommode aus dem Bernsteinzimmer in Berlin aufgetaucht, in: Berliner Morgenpost, 24. 5. 1997

N. N., Ein Kunde unter vielen, in: Der Spiegel, Nr. 39, 1991

N. N., Im Königsberger Schloß: Bernsteinkabinett vor dem Kriege, in: Das Ostpreußenblatt, 15.10.1960

N. N., NS-Raub. Geliebter Gast, in: Der Spiegel, Nr. 20, 1973

N. N., The Amber Room, in: Art & Antiques, März 1989

N. N., Wände aus Bernstein im Schloß. Kostbarkeit von deutschen Soldaten gerettet – Bernsteinzimmer von Zarskoje Selo, in: Königsberger Allgemeine Zeitung, 13.11.1941

Nadolny, Rose, Leserbrief, in: Frankfurter Allgemeine Zeitung, 25.7.1966

Netzer, Susanne, Bernsteingeschenke in der preußischen Diplomatie des 17. Jahrhunderts, in: Jahrbuch der Berliner Museen. Ehemals Jahrbuch der Preußischen Kunstsammlungen. Neue Folge, Bd. 35, Berlin 1993

Orlowski, Slawomir, Auf den Spuren der Bernsteinkammer, in: Dziennik Ludowy, 22.2.1967

Orlowski, Slawomir, Bekenntnisse des Gauleiters Koch, in: Dziennik Ludowy, 23.4.1967

Pelka, Otto, Beiträge zum Werk der Königsberger Bernsteinmeister, in: Zeitschrift des Deutschen Vereins für Kunstwissenschaft, Bd. 3, Jg. 1936

Pelka, Otto, Beiträge zur Geschichte der Bernsteinkunst, in: Kunstgewerbeblatt. Neue Folge, 28. Jg., 1916/17

Pelka, Otto, Die Meister der Bernsteinkunst, in: Mitteilungen aus dem Germanischen Nationalmuseum, Jg. 1916, Nürnberg 1917

Peschken, Goerd, Bernsteinkabinett und Rote Kammer, in: Generaldirektion der Stiftung Preußische Schlösser und Gärten Berlin-Brandenburg, Hrsg., Aspekte der Kunst und Architektur in Berlin um 1700, Potsdam 2002

Ponarth Königsberg 1839–1939, Festschrift, Berlin 1939

Pörzgen, Hermann, Auf den Spuren des Bernsteinzimmers, in: Frankfurter Allgemeine Zeitung, 12.9.1960

Pörzgen, Hermann, Das Bernsteinzimmer wird rekonstruiert, in: Frankfurter Allgemeine Zeitung, 8.4.1976

Remy, M. P.; Quibeldey, R., Die Spur führt nach Amerika, in: Stern, Heft 47, 12. 11. 1987

Richter, Gustav Adolf, Leserbrief, in: Frankfurter Allgemeine Zeitung, 5. 8. 1965

Rohde, Alfred, Das Bernsteinzimmer Friedrichs I. im Königsberger Schloss, in: Pantheon, Nr. 30, August 1942

Rohde, Alfred, Das Bernsteinzimmer Friedrichs I. von Zarskoje Selo zum Königsberger Schloss, in: Kunstrundschau, Heft 6, 50. Jg., 1942

Rohr, Alheidis von, »Irene Kühnel-Kunze: Bergung – Evakuierung – Rückführung. Die Berliner Museen in den Jahren 1939–1959«, in Deutscher Museumsbund, Hrsg., Museumskunde, Bd. 50, Heft 1, Bonn 1985

Sachartschenko, Wassili, Das Rätsel der Weichselbucht, I–III, Technika – molodjoschi, Moskau, April 1989

Schatrow, Jewgeni, Das Geheimnis des Bernsteinzimmers, Teil 1–4, in: Iswesti, 31.8., 2., 4., 8.9.1960

Schwerin, Esther Gräfin, Leserbrief, in: Frankfurter Allgemeine Zeitung, 29. 05. 1964

Sohr, Lisa, Aufklärung zum Schicksal Dr. Rohdes. Zur Geschichte des Königsberger Bernsteinzimmers, in: Das Ostpreußenblatt, 26. Juli 1975

Stein, Georg, Wer hat Informationen über das Bernsteinzimmer?, in: Die Zeit, 8. 7. 1983

Terry, Antony, Brewery clue to £20m booty, in: The Sunday Times, 24.8.1969

Terry, Antony, Tsars´ treasure »in German salt mine«, in: The Sunday Times, 24. 7. 1977

Terry, Antony; Spackman, Anne, Amber thieves foil Kremlin´s »Tsarist« plans, in: The Sunday Times, 20. 10. 1985

Völklein, Ulrich, Das Geheimnis der elf Kisten, in: Stern, 5.12.1991

Völklein, Ulrich, Der Schatz war nur Asche, in: Stern, Nr. 51, 1990

Wermusch, Günter, Eine gerechte Beute?, in: Neues Deutschland, 28.12.1993

Wermusch, Günter, Kriegsbeute aus der Goethe-Stadt, in: Die Zeit, Nr. 49, 30.11.1990

Wiedemann, Erich, Operation Puschkin. Die Jagd nach dem Bernsteinzimmer (I), in: Der Spiegel, Nr. 48, 27. 11. 2000

Wiedemann, Erich, Operation Puschkin. Die Jagd nach dem Bernsteinzimmer (II), in: Der Spiegel, Nr. 49, 4. 12. 2000

Zekri, Sonja, Die gesunkene Titanic der preußischen Archäologie, in: Frankfurter Allgemeine Zeitung, Nr. 38, 15. Februar 2000

UNVERÖFFENTLICHTE MANUSKRIPTE (Auswahl)

Achtermann, Hans, Strafverfahren gegen, Auszüge aus einer Anklageschrift und Fotokopien von Aktenteilen, Staatsanwaltschaft

Koch, Erich, Interview mit Schiminski Mycziszław. Interviewabschrift in Englisch, Barczevo 1986, bei: Schiminski, Mycziszław, Warschau

Laue, Georg, Bernstein. Der Versuch einer Materialikonologie und seine Rolle in europäischen Kunstkammern. Magisterarbeit am Institut für Kunstgeschichte an der Ludwig-Maximilian-Universität München, München 1995

Poensgen, Georg, o. T., maschinenschriftl. Manuskript im Besitz der Erben, o. D.
Prüfamt für Grundbau, Bodenmechanik und Felsmechanik, Seismische Untersuchungen Weimar. Prüfbericht Projektnummer 10 193/4. Technische Universität München, München 11.07.1990

Sailer, Gerd, Das Ende des Tannenbergdenkmals. Eine Dokumentation, Karlsruhe 1987
Solms-Laubach, Ernstotto Graf zu, Lebensbericht, Vortragsmanuskript, Frankfurt a. M., 12. August 1974, im Besitz der Erben
Staatliches Museum Zarskoje Selo, Ruhrgas AG, Chronologie, Anlage zur Pressemeldung am 31. Mai 2003
Stein, Georg, Die Suche nach dem Bernsteinzimmer, Kapitel 13, Eppendorf, 1987, im Besitz der Erben
Stein, Georg, Epikrise. Psychiatrie Uniklinik Eppendorf, Hamburg, Juni 1987
Stein, Georg, Gesucht wird: »Das Bernsteinzimmer des Zaren Peter d. Gr.«, Buchmanuskript, Stelle 1986, im Besitz der Erben

Welter, Sebastian, Das Bernsteinzimmer des Katharinenpalastes (1701–1941). Diplomatiegeschenk – Audienzsaal am Zarenhofe – Legendenbildung. Magisterarbeit an der Philosophischen Fakultät der Rheinischen Friedrich-Wilhelms-Universität zu Bonn, Bonn 1994
Will, Hellmuth, Fragebogen »Aktion Ostpreußen«, Kiel 19.12.1955, im Besitz der Erben

INTERVIEWS (Auswahl)

Amm, Liesl, Berlin, Mai 1990
Czaja, Leon, Barczewo, Juni 1990
Dohna-Schlobitten, Alexander Fürst zu, Basel, August 1990
Gall, Dr. Günther, Frankfurt a. M., Mai 1990
Henkensiefken, Friedrich, Oldenburg, März 1990
Hundsdörfer, Hans, Göppingen, Juni 1990
Kühn, Dr. Margarete, Berlin, April 1990
Kutschumow, Anatoli, Puschkin, Februar 1990
Orlowski, Slawomir, Warschau, Juni 1990
Rohde, Wolfgang, Köln, März 1990
Richter, Gustav Adolf, Neuss, März 1990
Sätteli, Barbara, Rielasingen/Worblingen, März 1990
Schiminski, Mycziszław, München, Juli 1990
Solms-Laubach, Friedrich Ernst Graf zu, Frankfurt a. M., Mai 1990
Strauss, Anneliese, Berlin, Februar 1990
Wyst, Rudi, Stralsund, März 1990

FINNLAND

Pori
Tampere
Lahti
Lappeenranta
Ladoga-see
Turku
HELSINKI
SANKT PETERSBURG
Wyborg

Åland-Inseln

Finnischer Meerbusen

Dagö

REVAL
Tapa
Narva

SOWJET-UNION

ESTLAND

Ösel

Arensburg
Pernau
Wirzsee
DORPAT
Peipus-see
Pleskauer See
PLESKAU

Rigaischer Meerbusen

Windau
Goldingen
RIGA
LETTLAND
Livland

Kurland
Mitau
Düna

LIBAU
DÜNABURG
Windau
Schaulen
Ponewiesch

Polangen
MEMEL
LITAUEN

O S T S E E

Tauroggen
Memel
Kurische Nehrung
Kurisches Haff
Gilge
Tilsit
KAUNAS
WILNA
MINSK

Heiligenkreutz
Groß Friedrichsberg
KÖNIGS-BERG
Insterburg
Pillau
Wehlau
Pregel
Gumbinnen
Ponarth
Domäne Richau
Nemmersdorf
Braunsberg
Pr. Eylau
Angerapp
ZIG
Landsberg
Gut Wildenhof
Gut Schlobitten
Alle
Wolfsschanze
Passarge
Rastenburg
Ermland
Masuren
Memel
Allenstein
Ortelsburg
Neidenburg

Danziger Bucht
Frisches Haff
Frische Nehrung
Nogat
Weichsel

POLEN

Grenzen 1939
0 20 40 60 80 km

DANK

Mein besonderer Dank gilt Eduard Baron von Falz-Fein. Er hat meine historischen Recherchen zum Bernsteinzimmer unterstützt wie kein Zweiter, er hat mich vom ersten Tag an aufgenommen wie einen Freund, er hat mir seine Heimat gezeigt und seine Erinnerungen mit mir geteilt. Mein Dank reicht weit über den Anlass dieses Buches hinaus.

Tete Böttger, der Grauen Eminenz unter den Bernsteinzimmer-Forschern, danke ich für den jahrelangen fruchtbaren Austausch, für Unterstützung und wichtige Anregungen für dieses Buch.

Ich danke Lothar Kompatzki, damals SFB, der 1989 als Einziger an das Dokumentarfilmprojekt über das Bernsteinzimmer glaubte. Ich danke vor allem Bernd Michael Finke vom NDR, der ihm schließlich beisprang. Die Arbeit mit ihm als Redakteur zählt für mich bis heute zu den wichtigsten Erfahrungen überhaupt als Dokumentarfilmautor.

Dankbar und gern denke ich zurück an jene Mitarbeiter, die in den Jahren 1988 bis 1990 gemeinsam mit mir das Fundament gelegt haben für dieses Buch, an Babette Monecke, deren Ordnung in allen Dokumenten den Jahrtausendwechsel mühelos überstanden hat und bis heute reicht; an Ruprecht von Nagel und Clemens Graf Stauffenberg, die mich auf den abenteuerlichen Reisen nach Weimar und Königsberg begleiteten, und an Raimund Kreuther, der dieses Projekt ebenso enthusiastisch wie professionell produzierte.

Ich danke Prof. Dr. Rudolf Grimme und Dipl. Ing. Hans Peter Lassas, deren Urteil und hohe fachliche Kompetenz die Vorraussetzung dafür schufen, nach der Wahrheit nicht länger in Kellern, Gewölben oder Bunkern zu suchen.

Ich danke den damaligen Fachberatern Dr. Willi A. Korte, Ireneusz Iwanski, Dr. Klaus Goldmann, Günther Wermusch, Hans Stadelmann und Heinz Schön. Manch einer von ihnen hat inzwischen seinen Schatz gefunden, mancher sucht bis heute. Auf meinem Weg haben sie mir jeder für sich mit ihrem Wissen entscheidend weitergeholfen.

Mein Dank gilt insbesondere auch meinen Mitarbeitern, die in den vergangenen Jahren schwerpunktmäßig und im letzten halben Jahr mit größtem Einsatz für das Projekt recherchiert haben. Ich danke vor allen Peter Kremer, der erneut zur Säule der Arbeit wurde und damit in hohem Maße zum Gelingen des Vorhabens beigetragen hat.

Ich danke Prof. Dr. Dietmar Wulf und Vanessa von Mandelsloh, die für mich in Moskau den Fonds A-659 im Staatlichen Archiv der Russischen Föderation sachkundig ausgewertet haben.

Ich danke Christian Augustin, Franz Ferdinand Fleischmann, Christina Hohr, Hubertus zu Löwenstein, Felicitas Piwaronas, Simone Seidel und Thomas Staehler für ihren Einsatz.

Ebenso danke ich all jenen, die die Recherchen von außerhalb mit ihrem Wissen unterstützten, insbesondere Georg Laue für seinen historischen Rat; Gerhard Ehlert für seine Recherchen in den

Akten der ehemaligen Staatssicherheit der DDR; Prof. Wolfgang Eichwede und Ulrike Hartung sowie Grigori Koslow.

Ich danke Dr. Achim Middelschulte, Astrid Zimmermann und Ursula Razko von der Ruhrgas AG für die freundliche Aufnahme, die anregenden Gespräche und die professionelle Unterstützung unserer Arbeit.

Einen besonderen Dank schulde ich seiner Exzellenz, dem stellvertretenden Kulturminister der Russischen Föderation Pavel Choroschilow, Moskau.

Ich danke Kristof Berking, Gescher; Klaus Brucker, »Lange Kerls« e.V., Berlin; Anke Bruns, *Stern*, Hamburg; Kurt Erdmann, Bundesarchiv-Militärarchiv, Freiburg; Ulf Erichson, Bernsteinmuseum Ribnitz-Damgarten; Walther Erwes, Landgericht Bremen; Gunther Friedrich, Staatsarchiv Nürnberg; Margarete Eichelmann, Ursula Zabka, BStU, Berlin; Fritz Flamm, Dieter Wirthmann, Stein an der Traun; Rifat Gafifullin, Gatschina; Katja Gloger, *Stern*, Hamburg; Charlotte Grant, Christie's, London; Dr. Hans Peter Halmburger, München; Matthias Hänsch, *Der Spiegel*, Hamburg; Benedikt Haupt, Kunsthistorisches Museum, Wien; Andreas Heese, Kupferstichkabinett, Berlin; Jorgen Hein, Kopenhagen; Guido Hinterkeuser, Düsseldorf; Karl Heinz Höffkes, Gescher; Lew Hohmann, Berlin; Hans-Jürgen Jakobs, *Süddeutsche Zeitung*, München; Dr. Johann Koller, Doerner Institut, München; Lars Broder-Keil, Berlin; Christoph Links, Heerdegen Susanne, Links Verlag, Berlin; Renate Maczka, Nordost Bibliothek, Lüneburg; Dr. Guntram Martin, Hauptstaatsarchiv Dresden; Alexander von Normann, München; Bernhard Pfeifer, Graz; Berrit Pistora, Monika Geilen, Bundesarchiv Koblenz; Anne Schulte, Anne Meister; Archiv für Kunst und Geschichte, Berlin; Peter Schultheiß, Potsdam; Sabine Schumann, Bildarchiv Preußischer Kulturbesitz, Berlin; Ilona Studre, Berlin; Nicola Swann, Mary Evans, Picture Library, London; Edith Temm, Stiftung Preußische Schlösser und Gärten, Berlin-Brandenburg; Susanne Ulbrich, Eva Mikoleietz, Landesamt für Denkmalpflege, Berlin; Susanne Vierthaler, artothek, Weilheim; Birgit Voss, Delia Hoerold, Staatsbibliothek PK, Handschriftenabt., Berlin; Dr. Wolfgang Weidschat, Geologisch-Paläontologisches Institut, Hamburg; Thomas Wellmann, Stadtmuseum, Berlin; Peter Woditsch, Brüssel; Dr. Joachim Zeller, Staatsbibliothek Berlin.

Jedes Buch hat seinen Anfang weit vor der Zeit seiner Entstehung; dieses hatte seit nunmehr über einem Jahrzehnt auch einen Agenten. Ich danke Lionel von dem Knesebeck für seine Ausdauer. Und dafür, dass in diesen zehn Jahren mehr gewachsen ist als nur ein geschäftliches Arrangement.

Ich danke Dr. Doris Janhsen für ihr Vertrauen in mich und für ihre Geduld mit mir. Ich bin der Lektorin des Verlages, Berrit Barlet, dankbar dafür, dass sie so souverän zwischen den Erfordernissen des Verlages und den Realitäten des Autors vermittelt hat. Mein Dank gilt ebenso dem technischen Stab des List Verlages, insbesondere Harald Becker und Helga Schörnig, die ebenso kompromisslos in ihrem Streben nach Qualität wie geduldig mit mir an diesem Buch gearbeitet haben.

Schließlich, letztens und erstens mein tief empfundener Dank der Lektorin Dr. Antje Taffelt, Fels in der Brandung zu jeder Tages- und Nachtzeit, stilvollendet den Text glättend, messerscharf seinen Inhalt hinterfragend. Ihr Interesse und ihre Freude an der Arbeit waren mir eine ebenso große Stütze, wie ihr Können meine Bemühungen adelt.

Von ganzem Herzen danke ich meinen Freunden und allen voran meiner Mutter, ohne deren Verständnis, Hilfe und Zuspruch dieses Buch kein Ende gefunden hätte.

Maurice Philip Remy, München, März 2003